Emanuela Marinelli et Marco Fasol

LUMIÈRE DU TOM-BEAU

Enquête sur l'authenticité du Suaire et des Évangiles

Présentation par
le card. Agostino Vallini

gondolin press

LUMIÈRE DU TOMBEAU – *Emanuela Marinelli e Marco Fasol*

Titre original: *Luce dal sepolcro (2015)*
© Fede & Cultura (Italy)
www.fedecultura.com

Traduit de l'italien par Augusto Monacelli
© *gondolin press*

1915 Aster Rd.
Sycamore, IL 60178

www.gondolinpress.com
info@gondolinpress.com

2022 © Gondolin Institute LLC

ISBN 978-1-945658-28-0 *(soft cover)*

Première édition: mai 2022

Les auteurs remercient le professeur Antonio Calisi pour ses précieux conseils.

Toutes les illustrations sont tirées des archives de Collegamento pro Sindone.

PRÉFACE

Chère Madame, Cher Monsieur,

Le texte Lumière du tombeau, dont vous êtes les auteurs, vise à répondre aux objections soulevées contre l'historicité des Évangiles et particulièrement contre les textes de la Résurrection du Seigneur. Douter de ce que les évangélistes ont écrit sur la Passion, la Mort et la Résurrection de Jésus compliquerait l'adhésion à Lui et, par conséquent, une profession de foi mûre ainsi qu'un engagement à Lui rendre témoignage. Les Évangiles, en revanche, sont historiquement fondés.

Les contributions utilisées dans le livre amènent les lecteurs, à travers l'approfondissement du mystère contenu dans la toile du Suaire, à comprendre que la narration évangélique de l'Évangile trouve une confirmation objective dans l'image de l'Homme qui était enveloppé dans ce tissu et à confirmer l'historicité des Évangiles.

C'est donc un texte qui peut aider ceux qui ont l'intention de s'ouvrir à la foi pour trouver des raisons même rationnelles de croire et en même temps d'approfondir les raisons de l'espérance de ceux qui ont déjà adhéré au Seigneur Jésus.

J'espère que le livre sera apprécié par de nombreux lecteurs et les amènera à comprendre, comme l'a dit le Pape Benoît XVI, que la Résurrection de Jésus est «la plus grande mutation, le saut absolument plus décisif vers une dimension totalement nouvelle qu'on a jamais eu dans la longue histoire de la vie et de ses évolutions: un saut dans un tout nouvel ordre, qui nous concerne et concerne toute l'histoire».

Je profite de cette occasion pour vous exprimer mes salutations les plus cordiales.

Rome, le 15 janvier 2015.

Agostino Card. Vallini
Vicaire Général
du Diocèse de Rome

INTRODUCTION

L'ostension du Saint Suaire en 2015 nous offre une occasion précieuse de faire le point sur les recherches scientifiques les plus récentes concernant non seulement le Saint Tissu, mais aussi la fiabilité historique des Évangiles, qui sont la clé de son interprétation.

Sans les Évangiles, le Suaire resterait en fait une énigme indéchiffrable et, à l'inverse, les Évangiles reçoivent une confirmation inattendue de la part de la relique conservée à Turin. Il semble que le noyau génétique de la foi chrétienne, la mort et la résurrection de Jésus de Nazareth, ait été photographié dans un instantané qui résume tous les moments les plus importants de l'histoire. C'est précisément pour cette raison que le Suaire a parfois été défini comme *le cinquième Évangile*, ou *l'Évangile scientifique*.

Ce lien évident entre le Suaire et les Évangiles a donc suggéré que nous combinions l'étude du Suaire avec une enquête tout aussi scientifique et documentée sur la fiabilité des Évangiles. En un seul texte, nous avons résumé, sous une forme brève et essentielle, les résultats des sciences historiques, afin d'offrir un bref *vademecum* à l'homme moderne qui ne veut pas rester analphabète sur les questions les plus profondes.

Nous proposons ce type d'enquête car nous avons besoin de comprendre le monde contemporain, les signes des temps. La révolution scientifique et les Lumières, avec leur attitude critique, ont changé notre vision du monde en seulement trois siècles. Dans les écoles, les jeunes étudient toujours les déclarations scientifiques. Rien ne peut être accepté à moins d'être étayé par des preuves. Nous devons tous faire face à cette révolution culturelle. Pour cette raison, une recherche critique et à jour sur les Évangiles devient de plus en plus nécessaire.

Les jeunes surtout ressentent une distance culturelle entre un monde technologique, dans lequel tout est expliqué et démontré, et le monde des croyances, parfois non critiques, fanatiques, délégitimées à leurs yeux. Un professeur d'université d'histoire a déclaré que les deux tiers de ses étudiants pensent qu'il n'y a pas de différence dans la documentation historique entre Jésus et Jupiter: le deux seraient des personnages mythiques et légendaires. Si les adultes n'ont pas d'arguments face à cette ignorance historique, ils deviennent au moins en partie responsables de la désorientation et de la crise de foi des jeunes. Notre expérience de plus de trente ans d'enseignement a confirmé cette responsabilité devant les jeunes.

Évidemment, l'étude que nous allons faire ne sera pas une excuse anachronique. Elle n'a pas d'intentions triomphalistes, mais se situe dans une perspective laïque, orientée vers le dialogue et la rencontre. Elle se limite à offrir les outils indispensables pour redécouvrir les fondements historiques de l'identité chrétienne, sans lesquels aucun dialogue n'est possible. Un croyant adulte doit connaître au moins un résumé des résultats des sciences historiques, car ce n'est que grâce à celles-ci qu'il sera à l'abri du soupçon de falsification ou de tricherie.

Notre voyage commencera par la présentation du Suaire. Nous commençons par son impact visuel et émotionnel très fort, qui a ému des millions de croyants et de non-croyants au cours des siècles. Il s'agit sans aucun doute de la pièce archéologique la plus étudiée au monde. Il y a un intérêt extraordinaire, même dans les coins les plus reculés de la planète, pour ce tissu mystérieux. Le Suaire nous interpelle, en effet, avec ses traces d'une douleur qui semble insupportable pour un être humain. Le fait que personne, même dans les laboratoires les plus sophistiqués du monde, n'ait jamais réussi à reproduire intégralement le Suaire dans ses caractéristiques macroscopiques et microscopiques spécifiques, nie définitivement l'hypothèse d'un faussaire médiéval, formulée à la hâte après le test par radiocarbone de 1988. Les recherches les plus récentes nous orientent donc vers l'authenticité du Suaire, que l'on peut désormais définir comme la relique la plus précieuse du christianisme.

À ce stade, nous ne pouvons certainement pas éluder ou ignorer les grandes questions sur le Jésus historique. Il devient alors indispensable d'étendre l'investigation à l'authenticité des textes évangéliques, qui constituent la seule clé de lecture, la seule interprétation résolutive de cette énigme. L'entreprise semble titanesque, car la consultation de la bibliographie sur le sujet est devenue désormais impossible pour un esprit humain. Pensez simplement qu'au siècle dernier, environ cent mille livres sur Jésus de Nazareth ont été publiés dans le monde! Environ un millier de livres par an. Il est évidemment impossible de présenter une analyse complète, qui serait absolument inutile et trompeuse, car la plupart de ces textes ont été écrits par des auteurs incompétents et non préparés.

Par conséquent, la deuxième partie de ce texte a suivi un chemin plus direct et immédiat pour cette analyse scientifique nécessaire. Elle s'est concentrée sur trois certitudes incontestables pour les sciences historiques. La première concerne la concordance impressionnante des plus de quinze mille manuscrits anciens des Évangiles et des autres écrits du Nouveau Testament. Cette certitude nous assure que les Évangiles sont de loin le texte le plus documenté de l'histoire ancienne. Deuxièmement, l'origine araméenne et hébraïque du texte

évangélique est expliquée avec des exemples facilement compréhen-
sibles, ce qui est donc un témoignage fidèle de la prédication authentique du Maître de Nazareth. Enfin, il est expliqué comment les apparitions réelles du Ressuscité, véritable noyau génétique de la foi chrétienne, constituent la seule explication possible de la diffusion de l'annonce dans le monde antique. Si ces apparitions n'avaient pas été réelles, il n'aurait pas été possible d'affirmer qu'un homme flagellé, cou-
ronné d'épines, crucifié et placé dans le tombeau, était vraiment le Fils
de Dieu.

Nous avons essayé d'utiliser un langage accessible et à compréhension immédiate, malgré la difficulté objective des sujets. La relative
brièveté de l'exposition répond aux besoins de chacun d'entre nous,
sans pour autant manquer une intention qui traverse chaque page:
convaincre que la plus grande révolution éthique de l'histoire ne repose pas sur des légendes, mais sur des certitudes attestées par les
connaissances scientifiques les plus actualisées.

Notre recherche semble être orientée vers le passé, donc un lecteur
moderne pourrait se demander: «Le Suaire et les Évangiles sont des
documents d'il y a deux mille ans, mais aujourd'hui nous sommes en-
trés dans le troisième millénaire! Nous regardons plus vers l'avenir
que vers le passé! Quel est l'intérêt de toute cette étude?»

Il n'est pas difficile de répondre.

Notre question la plus importante est celle du sens de notre vie:
«Quel est le sens de ma vie?» Même les auteurs-compositeurs-inter-
prètes se demandent: «Dites-moi quel sens nous avons!» «Je veux
trouver un sens à cette vie!»

Et un simple regard sur notre passé suffit pour nous faire comprendre que ce sont les Évangiles qui ont donné un sens à notre vie.
Ils nous ont révélé que nous étions nés pour aimer. Ils nous ont dit
comment aimer, ils nous ont parlé de notre destin ultime.

En bref, lorsque nous étudions le Suaire et les Évangiles, nous étudions nous-mêmes, nous acquérons une conscience critique du sens
de notre vie; alors notre recherche devient aussi passionnante que
notre aventure humaine. Au terme de ce voyage, dans le paragraphe
de conclusion, nous pourrons encore mieux répondre à cette question
de sens, qui est la question la plus importante pour nous tous.

Nous sommes convaincus que c'est la seule manière de garantir un
avenir à nos jeunes.

Les auteurs

EMANUELA MARINELLI

LE SUAIRE DE TURIN
UNE RELIQUIE LUMINEUSE

> Tel est le mystère du Samedi Saint!
> Précisément de là, de l'obscurité de la mort
> du Fils de Dieu est apparue la lumière
> d'une espérance nouvelle: la lumière de la
> Résurrection. Eh bien, il me semble qu'en
> regardant ce saint linceul avec les yeux de
> la foi, on perçoit quelque chose de cette lu-
> mière. En effet, le Saint-Suaire a été im-
> mergé dans cette obscurité profonde, mais
> il est dans le même temps lumineux.
>
> (*Méditation du pape Benoit XVI*, Di-
> manche 2 mai 2010)

Un objet extraordinaire

Le Suaire de Turin est un objet extraordinaire, qui intrigue et fascine par le mystère qu'il contient. Cela est bien exprimé par une réflexion de l'écrivain Giovanni Arpino[1]: «Une toile de lin. C'est juste
une toile de lin. Sur une planète pleine de monuments, de pyramides,
de colisées, d'arcs de triomphe, de statues équestres, de temples im-
maculés ou corrodés par la moisissure et l'abandon, sur cette planète
seulement une toile de lin, avec cette empreinte, préserve son mystère».

En entendant parler pour la première fois, cela semble incroyable.
Est-il possible que l'authentique linceul pour la sépulture de Jésus-
Christ ait été préservé? Et qu'il ait aussi sa photo imprimée dessus?
Pour beaucoup, l'énormité de ces déclarations est un obstacle insur-
montable: ils ne s'intéressent pas à un objet qui, à première vue, a peu
de chances d'être authentique.

---

[1] ARPINO G., *Presentazione*, in *La Sindone, la Storia, la Scienza*, Edizioni
Centrostampa, Leinì (TO) 1986, pp. 9-11, p. 9.

Cependant, le Suaire de Turin est une relique très spéciale et étonne toujours ceux qui, d'une manière ou de l'autre, le rencontrent vraiment. Il n'est pas facile de le mettre de côté, de l'ignorer. Ce visage, majestueux dans la souffrance, intrigue, fascine et effraie. Présence incontournable, le Suaire réveille des questions enfouies qui conditionnent inévitablement la vie.

C'est un objet qui pose de nombreuses questions inquiétantes. Une trentaine de disciplines scientifiques se sont mesurées à ce mystérieux linceul; elles ont résolu certaines énigmes et en ont rencontré d'autres.

Beaucoup a été dit, pour et contre l'authenticité du Suaire. Souvent, on en sort étourdi par le bombardement des médias de masse, qui lancent, font chevaucher, comparent nouvelles après nouvelles, dans un tourbillon de déclarations souvent confuses, quand elles ne sont pas complètement fausses ou biaisées. A tel point que même certaines voix autorisées ont fini par déclarer que nous ne savons pas d'où vient le Suaire et que, tout compte fait, son authenticité en tant que drap funéraire de Jésus n'a pas d'importance.

San aucun doute, l'authenticité ou non du Suaire ne change rien au credo chrétien et on ne peut pas être obligé de considérer le Suaire comme authentique «par la foi». Au contraire, c'est la science qui nous convainc de le faire.

Bien sûr, même la science semblait donner un message contradictoire et trompeur avec le résultat médiéval de l'analyse au radiocarbone. Les questions se sont multipliées depuis, mais de plus grandes certitudes ont également été obtenues sur l'authenticité de cet objet, donc il est bon de faire le point sur les connaissances actuelles de la relique la plus précieuse du christianisme. Dans ce voyage entre histoire et science, le lecteur découvrira une toile ancienne et les mystères qu'elle renferme. Il ne pourra qu'en être fasciné.

CHAPITRE I

SCRUTÉ PAR LA SCIENCE

Un linceul ancien

Le mot *Sindone* (du grec *Sindon*, linceul) désigne la toile conservée pendant plus de quatre siècles dans la cathédrale de Turin et considérée, par la tradition constante, comme le linceul funéraire dans lequel le corps de Jésus-Christ était enveloppé lorsqu'il fut déposé de la croix. C'est un drap de lin jaunâtre, fabriqué dans des temps très anciens. Ses mesures sont de 442 cm sur 113 cm.

Grace à un fil très résistant à toutes les altérations des agents atmosphériques, le lin est obtenu de l'écorce du *Linum usitatissimum*, une plante de 50 à 110 cm de haut, dont la tige est macérée dans l'eau; la tige est ensuite écrasée pour libérer les peluches des fragments de bois. Les faisceaux de fibres sont nettoyés, étirés et disposés les uns après les autres; il s'en suit une torsion, qui les transforme en fil, et un blanchiment avec de la cendre ou du savon, qui contribue également à la résistance du tissu.

Au microscope, la fibre de lin apparaît comme un tube transparent, avec un canal interne. Chaque fil du tissu est composé de 70 à 80 (mais aussi de 100 à 120) fibrilles.

Les fils utilisés pour la réalisation du Suaire sont filés à la main: en fait ils ont un diamètre variable. La torsion des fils est de type «Z», dans le sens des aiguilles d'une montre[2]. Les restes de tissus funéraires trouvés dans les tombes en Israël sont pour la plupart du lin, mais avec une torsion en «S», dans le sens antihoraire[3].

Aussi le tissage est irrégulier, étant fait sur un métier à pédale manuel très rudimentaire. Il a des sauts et des erreurs; mais pour l'époque où il a été fabriqué, il doit être considéré comme un tissu raffiné. En fait, le tissu est en «chevron» (3/1), qui forme des «bandes» d'environ 11 mm de large. C'était un tissu recherché, destiné aux acheteurs fortunés. Il est à noter qu'à l'époque de Jésus, le processus des «chevrons» était déjà connu dans la région du Moyen-Orient.

---

[2] TYRER J., *Looking at the Turin Shroud as a textile*, in *Textile Horizons*, December 1981, pp. 20-23.

[3] SHAMIR O., *A burial textile from the first century CE in Jerusalem compared to Roman textiles in the land of Israel*, in ATSI 2014, *Workshop on advances in the Turin Shroud investigation, Bari, 4-5 September 2014*, pp. 102-107.

Il est très probable que le tissu du Suaire remonte au 1er siècle après JC, étant donné que dans les tombes égyptiennes antiques (Beni Assan) des métiers adaptés pour la production de ce type de tissu sont représentés. Dans la nécropole d'Antinoé (Haute Égypte, début du deuxième siècle après JC), des tissus similaires à celui du Suaire ont été trouvés.[4] Sa taille n'est pas surprenante: en 1993, les restes d'un grand tissu funéraire ont été trouvés dans la grotte du guerrier, à 3 km au nord-ouest de Jéricho. Ce drap de lin, qui date de 4000 avant JC, mesure 7 mètres sur 2 mètres.[5]

La toile du Suaire est composée d'une large bande de tissu, d'un plus d'un mètre de large, à laquelle a été ajoutée une bande d'environ 8 cm de large, qui faisait à l'origine partie du même tissu. Cette bande est cependant plus courte que le Suaire, environ 16 cm d'un côté et environ 36 cm de l'autre; dans ces zones, on voit donc le tissu de support sur lequel l'ensemble du Suaire est cousu. Les extrémités de la bande étaient probablement coupées parce qu'elles étaient usées; en fait, dans l'antiquité, il y avait l'habitude de soutenir le linceul avec les mains le long de la face supérieure lors des ostensions et les coins étaient probablement les plus sujets à l'usure.

Sur les longs côtés extérieurs du drap funéraire se trouvent les lisières. Puisque sur les côtés courts de tissu, cependant, il y a des ourlets, le Suaire doit avoir été coupé dans un rouleau de tissu plus long. Le tissu et la finition du linceul funéraire ne laissent aucun doute sur sa fabrication professionnelle. Cette toile n'a été ni tissée dans un métier à tisser domestique ni cousue par une main non qualifiée. C'est un linge de grande valeur.

Il pourrait s'agir d'une marchandise d'importation coûteuse provenant de produits manufacturés en Égypte ou en Syrie, dont les usines de tissus dans les temps anciens étaient supérieures à celles de Palestine. En tout cas, ce drap funéraire a été cousu avec soin par une main professionnelle, ce qui en fait un article au mètre. La couture longitudinale et l'ourlet des cotés courts ont été travaillés avec la même compétence, ce qui plaide clairement en faveur de la réalisation du linceul funéraire en une seule phase de travail.

Deux éléments particuliers documentés sont: la présence de la structure de tissu à chevrons 3/1, par la découverte de tels tissus à

---

[4] SAVIO P., *Ricerche sul tessuto della Santa Sindone*, Tip. San Nilo, Grottaferrata (Rome) 1973.

[5] FULBRIGHT D., *Akeldama repudiation of Turin Shroud omits evidence from the Judean Desert*, in DI LAZZARO P. (Ed.), *Proceedings of the IWSAI 2010, International Workshop on the Scientific approach to the Acheiropoietos Images*, 4-6 Mai 2010, ENEA, Frascati (Rome) 2010, pp. 79-85, pp. 80-81, http://www.acheiropoietos.info/proceedings/FulbrightAkeldamaWeb.pdf.

Krokodilô (Égypte, Mer Rouge) datant de la période 100-120 après
JC, et la typologie particulière de la structure de lisière pour la période
autour de la naissance du Christ, identifiée sur le tissu trouvé à Massada, Israël. Les résultats des fouilles de Massada ont fourni une
grande quantité de fragments de tissu, qui dans les années 1990 ont
été minutieusement examinés. Les recherches fournissent importantes sur les structures des tissus et leur transformation pour les vêtements pendant la période entre 40 avant JC et la chute de Massada
en 74 après JC.

La couture longitudinale, qui relie la bande latérale au tissu du
Suaire, n'est pas habituelle. Un type de couture a été choisi qui avait
pour but de le rendre le plus invisible possible du coté supérieur, ce
qui est un argument supplémentaire en faveur du professionnalisme
avec lequel le linceul funéraire a été conçu et réalisé. La couture a été
faite à partir du dessous et les points, fixés avec un soin extrême, sont
à peine visibles de la face supérieure: la couture reste ici plate et invisible, tandis que sur le dessous il y a un renflement sur le tissu. Aussi
pour cette structure particulière de la couture longitudinale, il y a des
comparaisons avec des fragments de tissu des découvertes susmen-
tionnées de Massada. Par conséquent, le tissu en lin du Suaire ne
montre, ni du point de vue de la technique de tissu, ni de celui de la
couture, aucun signe qui pourrait réfuter son originalité en tant que
produit de grande valeur d'une fabrication du premier siècle après
JC.[6]

La bibliste érudite Maria Luisa Rigato[7] estime que le Suaire peut
être un fin lin, disponible au Temple de Jérusalem, utilisé pour l'enterrement «royale» de Jésus:

«Il est intéressant de noter – souligne la paléographe Ada Grossi[8]
– que, dans le Nouveau Testament, l'homme riche mentionné en Luc

6 FLURY-LEMBERG M., *The linen cloth of the Turin Shroud: some observations on its technical aspects*, in *Sindon N.S.*, Cahier n. 16, December 2001,
pp. 55-76.

7 RIGATO M.L., *Il Titolo della Croce di Gesù. Confronto tra i Vangeli e la
Tavoletta-reliquia della Basilica Eleniana a Roma*, Editrice Pontificia
Università Gregoriana, Rome 2005, pp. 222-223.

8 GROSSI A., *Jewish Shrouds and Funerary Customs: a Comparison with the
Shroud of Turin*, in *I Congreso Internacional sobre la Sabana Santa en España*,
Valencia (Espagne) 28-30 avril 2012, pp. 1-33, p. 28, http://www.academia.edu/
2427474/Jewish_Shrouds_and_Funerary_Customs_a_Compari-
son_with_the_Shroud_of_Turin_in_1st_International_Con-
gress_on_the_Holy_Shroud_in_Spain_-_Valencia,_April_28-

16,19 porte des vêtements violets et de lin fin: ces deux, en fait, étaient les tissus les plus précieux disponibles».

Un regard d'ensemble

En observant le Suaire, on remarque quelques signes qui doivent être analysés et distingués afin d'approfondir la connaissance de la relique.

Deux lignes sombres évidentes parcourent toute sa longueur: ce sont les effets de l'incendie qui a éclaté la nuit du 3 au 4 décembre 1532, au cours duquel le Suaire risquait d'être détruit. A cette époque, le linge sacré était conservé, plié dans un reliquaire en bois recouvert d'argent dans la Sainte Chapelle du château de Chambéry, alors capitale du duché de Savoie. Le feu a roussi la partie la plus exposée du reliquaire et les plis du tissu les plus proches ont été brûlés. C'est ainsi que les deux lignes sombres ont été formées dans le sens de la longueur. Une partie du reliquaire a subi des dommages supplémentaires et ainsi quelques trous symétriques ont été causés, qui ont ensuite été recouverts de patches triangulaires, appliquées par les Clarisses de Chambéry en 1534. Les religieuses ont également fixé le Suaire sur une toile de Hollande. En 2002, tous les patches ont été enlevés et tous les trous ont été laissés découverts. A cette occasion, le tissu de Hollande a également été remplacé par un nouveau tissu de soutien.

Les traces d'un autre incendie sont visibles sur les deux lignes parallèles de carbonisation, sous la forme de quatre groupes de cercles noirs, chacun composé de quatre trous placés en forme de L, à la hauteur des mains de l'homme du Suaire et dans le siège correspondant dans l'empreinte dorsale, c'est-à-dire au niveau des fesses. Le Suaire doit avoir été plié en quatre lorsque ces dommages se sont produits. La preuve de ces brûlures les plus anciennes peut être trouvée dans une copie du Suaire réalisée à Chambéry en 1516, seize ans avant l'incendie. Elle est attribuée à Albrecht Dürer et est actuellement conservée à Lier, en Belgique, dans l'église de Saint Gommaire. On voit, sur cette peinture, quatre groupes de taches qui correspondent exactement aux signes des trous sur le Suaire.

Entre les deux lignes sombres, mais aussi à l'extérieur de celles-ci, il y a quelques traces ombrées en forme de losange ou demi-losange: ce sont des halos formés par la matière que l'eau a transportée des zones auparavant humides jusqu'au point où elle s'est arrêtée. On a longtemps pensé que cette eau avait été jetée sur le reliquaire du

30_2012_ed._Centro_Espanol_
de_Sindonologia_CES_

Suaire lors de l'incendie de 1532; mais en 1998 l'experte textile Mechthild Flury-Lemberg[9] a remarqué que seules les petites taches le long des traces de l'incendie peuvent être attribuées à ce moment, tandis que les grands halos se réfèrent à un mode de pliage en accordéon, différent de celui que le linceul avait à Chambéry. Ils se sont donc formés à une autre époque. En 2002, les chercheurs Aldo Guerreschi et Michele Salcito[10] ont émis l'hypothèse que le Suaire, plié en soufflet, aurait pu être placé verticalement dans un bocal, au fond duquel de l'eau s'était déposée et imbibait un coin du tissu.

Dans la zone entre les deux lignes sombres, on distingue, bien qu'estompée, la double empreinte, recto et verso, d'un corps humain torturé. La singularité du Suaire est précisément cette image, mystérieusement laissée par le cadavre qui y était enveloppé.

La révélation de la photographie

Le début de la recherche scientifique sur le Suaire remonte à la première photographie prise de la relique. Le négatif a révélé l'inversion en clair-obscur dans l'empreinte corporelle, la faisant apparaitre dans tous ses détails.

Le 25 mai 1898, à l'occasion de l'Exposition d'Art Sacré, débuta à Turin une exposition publique du Suaire qui aurait attiré, pendant ses huit jours de durée, près d'un million de personnes, animées par la curiosité et le désir de vénération.

Le salésien Natale Noguier de Malijay, professeur de physique et de chimie, eut l'idée de photographier le Suaire et la fit soumettre au roi Umberto I, qui, après un premier avis négatif, accepta. L'avocat et photographe Secondo Pia, originaire d'Asti, se vit confier l'exécution; l'entreprise, avec l'équipement technique disponible à l'époque, était tout sauf simple à réaliser. La première tentative, faite le 25 mai lui-même, échoua en raison de la chaleur excessive des lampes d'éclairage qui brisa les écrans en verre dépoli.

Lors de la deuxième tentative, qui eut lieu trois jours plus tard au milieu d'autres difficultés, Pia put effectuer deux poses sans incident. Il apporta immédiatement les plaques au cabinet photographiques de sa maison, où il les plaça dans une solution d'oxalate de fer. Peu de temps après, les premiers contours commencèrent à se révéler, puis

---

[9] FLURY-LEMBERG M., *Stato e problemi di conservazione della Sindone di Torino*, in BARBERIS B., ZACCONE G.M. (Edd.), *Sindone, cento anni di ricerca*, Istituto Poligrafico e Zecca dello Stato, Libreria dello Stato, Rome 1998, pp. 255-267.

[10] GUERRESCHI A., SALCITO M., *Tra le pieghe di un mistero*, in *Archeo*, n. 4, avril 2008, pp. 62-71.

progressivement tout le reste, de plus en plus clair et plein de détails.
À sa grande surprise, Pia réalisa que l'image sur la plaque était beaucoup plus claire et plus compréhensible que celle du Suaire lui-même.

L'historien Ian Wilson rappelle l'événement:[11]

> Dans la nuit du 28 mai, Pia réussit à impressionner deux plaques de
> verre qui étaient utilisées pour photographier, puis il se dépêcha de re-
> tourner dans sa chambre noire pour les développer. Compte tenu de la
> nature de l'image du Suaire, qui est en elle-même floue et fantomatique,
> Pia s'attendait que tout ce qu'il essayait de fixer sur la plaque photogra-
> phique négative, également nécessairement un spectre de l'original, serait
> encore plus difficile à reconnaître. Rien ne l'avait donc préparé au choc
> qui l'attendait cette nuit-là. Au cours du développement, les caractéris-
> tiques du Suaire commencèrent à apparaître – le tissu, maintenant noir,
> et les marques de brûlure du feu de 1532 devinrent blanches – et il remar-
> qua un changement extraordinaire dans la double empreinte de l'image
> du Suaire. Pour la première fois, il était possible de voir, en relief naturel,
> avec une lumière et une obscurité réaliste, comme sur une vraie photo-
> graphie, que le corps était bien proportionné et d'une conformation im-
> pressionnante. Les taches ressemblant à du sang, d'apparence blanches,
> prirent également un aspect d'un réalisme étonnant, comme des bles-
> sures aux mains, aux pieds, à la poitrine et dues à une couronne sur la
> tête. Au lieu du visage de hibou en forme de masque, le négatif photogra-
> phique révéla une attitude d'une majesté impressionnante, avec les yeux
> fermés par la mort. Comme Pia fut amené à le croire à ce moment-là et
> pour le reste de sa vie, l'image du négatif doit être l'apparence que le corps
> du Christ avait réellement lorsqu'il fut placé dans le tombeau. D'une cer-
> taine manière, le Suaire lui-même était une sorte de négatif photogra-
> phique, qui devenait positif lorsque l'appareil photo intervertissait son
> clair-obscur.

Un autre écrivain, John Walsh[12], décrit cet événement passionnant
de cette manière: «Ce qu'il vit, fit trembler ses mains et la plaque hu-
mide glissa, en risquant de tomber au sol. Le visage aux yeux fermés
avait acquis une incroyable réalité». Pia lui-même affirmera: «En-
fermé dans ma chambre noire et absorbé par mon travail, j'ai ressenti
une très forte émotion lorsque, pendant le développement, j'ai vu la
Sainte Face apparaître pour la première fois sur la plaque, avec une
telle clarté que j'ai été stupéfait». En rappelant ces instants, en revi-
vant l'appréhension qui l'avait pris, le faisant trembler, les yeux du
photographe d'Asti s'humidifiaient d'émotion.

---

[11] WILSON I., *The mysterious Shroud*, Doubleday & C., Garden City, New
York (USA) 1986, p. 10.
[12] WALSH J., *The Shroud*, Echo Books, New York (USA) 1965, pp. 31-32.

Walsh écrit encore:

L'image tachetée, diffuse et plate sur la relique, se détachait désormais comme le portrait d'un corps réel, dont les contours étaient indiqués par des dégradés minimaux de nuances. Le visage, qui paraissait bizarre sur le tissu, était devenu le portrait harmonieux et reconnaissable d'un homme à la barbe et aux cheveux longs. Les traits laissaient transparaître les émotions fixées par la mort; c'était une physionomie qui parlait d'une immense patience, d'une noble résignation. Même si les yeux étaient fermés, le visage était imprégné d'une expression de majesté impossible à analyser. Et tout cela sur la plaque négative! Pia savait bien que sur cette dernière on ne trouverait qu'une redistribution des lumières et des ombres inversées. Les zones claires devaient être devenues sombres et les zones sombres, claires. Le résultat aurait dû être la caricature grotesque habituelle de l'original, destinée à n'avoir de sens qu'une fois imprimée en positif. Au lieu de cela, ici, sur le négatif, il y avait une image positive, aussi réelle que toutes celles que Pia avait déjà vues.

L'avocat d'Asti émit diverses hypothèses sur ce phénomène, mais il dut «rejeter toute explication autre que la plus évidente: ce qui apparaissait sur le négatif était exactement ce que son appareil avait vu sur le tissu». Pour le prouver, il fit une copie positive du négatif et le compara: «Il n'y avait plus de doutes», conclut Walsh. «Ce portrait incroyable existait dans l'image tachée. Même si à l'œil nu les zones brunâtres ne présentaient que des contours aléatoires sur la relique, elles devaient en réalité former un négatif ou au moins posséder mystérieusement les qualités d'un négatif».

«La découverte photographique du Suaire – affirmait l'écrivain Paul Claudel[13] dans une lettre du 16 août 1935 – est d'une importance si grande que je ne puis la comparer qu'à une seconde résurrection. [...] Plus qu'une image, c'est une présence! Plus qu'une présence, c'est une photographie, quelque chose d'imprimé et d'inaltérable. Et plus qu'une photographie, c'est un "négatif" c'est-à-dire une activité cachée (un peu comme la Sainte Ecriture elle-même, prendrai-je la liberté de suggérer) et capable sous l'objectif de réaliser en positif une évidence!».

Le photographe professionnel italien Giuseppe Enrie en 1931 prit une nouvelle série de photographies plus décisive, qui comprenait des détails du visage et des photographies en gros plan des taches de sang. En 1969 et 1973, plusieurs photographies furent prises et en 1978, des

---

[13] CLAUDEL P., *Lettre à Monsieur Gérard Cordonnier*, in *Les Nouvelles de l'Association Jean Carmignac*, n. 45, mai 2010, pp. 5-6, p. 5, https://www.abbe-carmignac.org/IMG/pdf/n045.pdf.

millions de visiteurs, dans l'ostension de cette année-là, purent utiliser librement leurs appareils photo. Chaque raffinement technique de la photographie noir et blanc a révélé les caractéristiques du négatif avec toujours plus de clarté.

Les examens au microscope

En 1969, le cardinal Michele Pellegrino, archevêque de Turin, nomina une commission d'experts pour effectuer des recherches sur le Suaire. À cette occasion, des photographies, également en couleur, furent prises par Giovanni Battista Judica Cordiglia. Deux fils extraits du Suaire furent examinés par Guido Filogamo, professeur ordinaire d'Anatomie Humaine Normale à l'Université de Turin, avec son collaborateur Alberto Zina[14]. Ils trouvèrent des granules de matière amorphe de nature indéterminée, des spores bactériennes et d'autres corps arrondis de nature organique, qu'ils n'ont cependant pas identifiés. Ettore Morano[15], directeur du centre de microscopie électronique de l'hôpital Sant'Andrea de Vercelli, remarqua également une grande quantité de corps étrangers sur le Suaire, notamment des spores et des hyphes fongiques.

En 1973, une commission fut nommée pour authentifier les photographies prises en 1969; elle comprenait le botaniste Max Frei[16], directeur du service scientifique de la police de Zurich. Expert en microtraces, il remarqua la présence d'une quantité importante de poussière atmosphérique sur le tissu et obtint l'autorisation de prélever 12 échantillons de poussière avec des bandes adhésives.

Après trois ans de travail patient, il communiqua les premiers résultats: il avait découvert des grains de pollen de plantes du désert qui fleurissent à différentes époques en Palestine; d'autres de plantes de

---

[14] FILOGAMO G., ZINA A., *Esami microscopici sulla tela sindonica*, in *La S. Sindone. Ricerche e studi della commissione di esperti nominata dall'Arc. di Torino, Card. Michele Pellegrino nel 1969*, Supplemento *Rivista Diocesana Torinese*, Torino 1976, pp. 55-57.

[15] MORANO E., *Aspetti ultrastrutturali al microscopio elettronico a scansione di fibre della Sindone di Torino*, in COERO-BORGA P. (Ed.), *La Sindone e la Scienza, Atti del II Congresso Internazionale di Sindonologia*, Torino 7-8 octobre 1978, Ed. Paoline, Torino 1979, pp. 201-204 et 379-384.

[16] FREI M., *Il passato della Sindone alla luce della palinologia*, in COERO-BORGA P. (Ed.), *La Sindone e la Scienza*, op. cit., pp. 191-200 e 370-378; FREI M., *Identificazione e classificazione dei nuovi pollini della Sindone*, in COPPINI L., CAVAZZUTI F. (Edd.), *La Sindone, Scienza e Fede, Atti del II Convegno Nazionale di Sindonologia*, Bologne 27-29 novembre 1981, CLUEB, Bologne 1983, pp. 277-284.

l'est de la Turquie; d'autres des environs de Constantinople; d'autres encore d'espèces existant en France et en Italie. Cela confirma les étapes historiques probables du Suaire. Les pollens les plus fréquents sur le Suaire étaient identiques à ceux abondants dans les sédiments du lac Génésareth et de la Mer Morte, déposés il y a environ deux mille ans.

A l'issue de l'exposition de 1978, du 8 au 14 octobre, une cinquantaine de scientifiques et chercheurs de différentes nations, principalement américains, appartenant au STURP (*Shroud of Turin Research Project*), mirent en place un laboratoire de recherche physico-chimique bien équipé dans le Palais Royal de Turin et menèrent une série d'enquêtes systématique sur la relique, ce qui ne s'était jamais produit dans le passé. Ils effectuèrent des prélèvements, des mesures et des analyses sur le Suaire pendant 120 heures consécutives, afin de mener une enquête scientifique multidisciplinaire. Les résultats de cette recherche[17] confirmèrent amplement l'authenticité du Suaire.

A cette occasion, Frei put également effectuer de nouveaux prélèvements et dans les années suivantes il poursuivit ses études, qui furent malheureusement interrompues par son décès en 1983. En plus du pollen, il avait trouvé des fragments de fibres et de tissus végétaux, des spores de champignons et des particules minéralogiques.

Quant au pollen, on sait que 95% de la production d'une plante se dépose dans un rayon d'environ 100 mètres autour d'elle et le reste atteint un maximum de quelques dizaines de kilomètres. Les pollens trouvés sur le Suaire ne sont pas adaptés pour le transport à très longue distance qui, en tout cas, sont rares. L'étude des vents typiques de la zone méditerranéenne suggère que le Khamsin, un vent venant du sud-est au printemps et en automne, est responsable du transport de la poussière et du pollen des zones désertiques vers Jérusalem.

Les espèces identifiées par Frei sur le Suaire sont au nombre de 58: 38 d'elles poussent à Jérusalem mais n'existent pas en Europe et parmi elles, 17 sont typiques et fréquentes à Jérusalem et ses environs. Cela prouve la provenance palestinienne de ce linceul. Peu de

---

[17] JUMPER E.J., ADLER A.D., JACKSON J.P., PELLICORI S.F., HELLER J.H., DRUZIK J.R. – *A comprehensive examination of the various stains and images on the Shroud of Turin*, in *Archaeological Chemistry III*, ACS Advances in Chemistry, n. 205, J.B. Lambert Editor, Chapter 22, American Chemical Society, Washington D.C., 1984, pp. 447-476.

temps avant sa mort, Frei travaillait à l'identification de 19 autres pollens présents dans les échantillons du Suaire[18]. Il faut souligner l'importance de la présence sur le Suaire du *Zygophillum dumosum*, qui ne pousse, en Israël, que de Jérusalem au sud, dans une partie de la Jordanie et au Sinaï. Une partie du pollen pourrait également provenir de la fabrication de tissus et de substances aromatiques utilisées pour l'enterrement, telles que l'Aloès Succotrina, dont des cellules épidermiques ont été trouvées. Les analyses de Frei ont ensuite été confirmées par d'autres botanistes[19].

Pierluigi Baima Bollone[20], directeur de l'Institut de médecine légale de l'Université de Turin, a identifié certaines particules d'aloès et de myrrhe, en particulier dans les zones tachées de sang. Des gouttes de cire et des traces d'argent sur le Suaire sont également évidentes.

En 1978 le technicien Giovanni Riggi[21] aspira des échantillons de poussière du Suaire avec un équipement spécial. Il découvrit que la composition élémentaire de la poussière collectée était similaire à celle trouvée sur les tissus funéraires égyptiens antiques, dans lesquels des éléments légers sont présents (Ca, K, Mg, Cl, Na): ils sont attribuables à l'utilisation de *Natron*, une poudre utilisée pour la déshydratation des cadavres; similaires étaient également les petits parasites, interprétables comme des acariens.

Une nouvelle étude du pollen présent sur le Suaire a été menée par Marzia Boi[22], palynologue, chercheuse à l'Université des Iles Baléares. En analysant la liste des pollens trouvés sur le Suaire par Frei et en observant les photographies publiées par lui, Boi a noté la présence des plantes les plus utilisées pour réaliser des baumes coûteux, qui

---

[18] MALONEY P.C., *The current status of pollen research and prospects for the future*, in *The ASSIST Newsletter*, vol. 2, n. 1, juin 1990, pp. 1-7, p. 2.

[19] MARINELLI E., *La questione dei pollini presenti sulla Sindone di Torino e sul Sudario di Oviedo,* in *I Congreso Internacional sobre la Sabana Santa en España*, op. cit., pp. 1-13, www.sindone.info/VALENC-4.PDF.

[20] BAIMA BOLLONE P., *Primi risultati delle ricerche sui fili della Sindone prelevati nel 1978*, in *Sindon*, Quaderno n. 30, décembre 1981, pp. 31-35; BAIMA BOLLONE P., *La presenza della mirra, dell'aloe e del sangue sulla Sindone*, in COPPINI L., CAVAZZUTI F. (Edd.), *La Sindone, Scienza e Fede*, op. cit., pp. 169-174.

[21] RIGGI G., *Rapporto Sindone 1978/1982*, Il Piccolo Ed., Turin 1982, p. 208.

[22] BOI M., *El significado etnocultural del empleo de plantas en rituales funerarios y sus posibles implicaciones en el caso de los pólenes de la Sábana Santa de Turín*, in *I Congreso Internacional sobre la Sabana Santa en España*, op. cit., pp. 1-23, www.shroud.com/pdfs/boivspan.pdf; BOI M., *Pollen on the Shroud of Turin. The trace left by anointing and embalming*, in *ATSI 2014*, op. cit., pp. 6-11.

étaient utilisées dans les anciens rites funéraires du Moyen-Orient. Boi écrit:

> Les pollens reconnus dans le Suaire de Turin peuvent bien clarifier le rituel funéraire appliqué au corps enveloppé comme témoins et descripteurs de l'environnement et des pratiques de cette époque. Considérant qu'une partie du corps et le tissu funéraire furent traités avec des huiles et des onguents, selon le rituel et la préparation des Juifs d'il y a 2000 ans, il est possible que ces produits gras aient permis au pollen, sous forme de traces invisibles, de persister et de rester attaché au tissu à ce jour.

Les pollens les plus abondants sur le Suaire sont ceux d'*Helichrysum spp.*, *Cistus spp.* et *Cistaceae, Ferula spp.* et *Pistacia spp.* Cela indique que le Suaire fut traité avec de l'huile d'hélichryse, des résines de laudanum (ciste), de l'huile de cistacée, de l'huile de mastic (Pistacia spp.), du térébinthe et du galbanum aromatique (Ferula spp.), ou qu'il fut en contact avec eux en un instant du rituel funéraire. «On peut dire – conclut Boi – que le tissu et, probablement, le corps enveloppé, furent traités avec l'honneur d'un roi. En outre, le pollen révèle l'onction de parties du corps et du suaire avec de l'huile d'hélichryse, qui est un symbole d'immortalité, ainsi qu'un conservateur pour les tissus et le corps».

Des fragments de terre ont également été trouvés à l'extrémité du nez et du genou gauche[23]. Dans d'autres échantillons de matériau terreux, prélevés sur le Suaire en correspondance des pieds, de l'aragonite avec des impuretés de strontium et de fer a été identifiée; des échantillons prélevés dans les grottes de Jérusalem se sont révélés très similaires, car ils contenaient également de l'aragonite avec du strontium et du fer [24].

Datation au carbone 14 du Suaire

L'analyse du linceul réalisée en 1988 avec la méthode du carbone 14, qui aurait daté le Suaire entre 1260 et 1390 après JC, a eu une large

---

[23] PELLICORI S., EVANS M.S., *The Shroud of Turin through the microscope*, in *Archaeology*, vol. 34, n. 1, Janvier-Février-1981, pp. 34-43.

[24] KOHLBECK J. A., NITOWSKI E. L., *New evidence may explain image on Shroud of Turin*, in *Biblical Archaeology Review*, vol. 12, n. 4, July-August 1986, pp. 23-24.

résonance.[25] Ce test utilise l'existence dans la nature de petites quantités de carbone radioactif[26], qui se combine avec l'oxygène pour former du dioxyde de carbone radioactif. Ceci est assimilé par les plantes et finit par conséquent chez les animaux et les humains.

Le carbone 14 se désintègre avec le temps; à la mort de l'être vivant, l'assimilation du carbone 14 cesse et seulement la décomposition continue. Plus le temps passe, moins il reste de carbone 14 dans l'organisme. En mesurant le carbone 14 résiduel, un «âge radiocarbone» est attribué en proportion. Cependant, si l'échantillon est contaminé par un autre carbone 14 provenant de diverses sources, cela finit également dans le comptage; l'objet est plus radioactif et donc, à des fins de datation, «plus jeune». Les scientifiques sont donc très prudents dans l'évaluation des résultats des analyses effectuées avec la méthode du carbone 14, car certaines contaminations ne peuvent être éliminées avec les méthodes normales de nettoyage des échantillons. La littérature scientifique contient des cas sensationnels de datation incorrecte au radiocarbone. Une momie égyptienne conservée au Manchester Museum a même fourni des dates différentes pour les os et les bandages; ces derniers avaient environ 1000 ans de moins que les os.[27]

De nombreux scientifiques se sont opposés à l'idée de soumettre le Suaire à une datation avec la méthode du carbone 14 en raison de la particularité de la toile, qui a subi mille vicissitudes et est contaminée par de nombreuses substances. La moisissure, les hyphes fongiques, la fumée de bougie, la sueur, le feu, l'eau, le contact avec des tissus plus récents, les restaurations peuvent avoir considérablement altéré le linge, compromettant la validité du test par radiocarbone.

La boîte avec le Suaire fut engloutie par les flammes dans l'incendie du 4 décembre 1532 à Chambéry; la température élevée dans un environnement fermé peut provoquer des échanges isotopiques[28] qui conduisent à un enrichissement en carbone radioactif, faisant paraître le tissu plus jeune en proportion.

---

[25] DAMON P.E. et al., *Radiocarbon dating of the Shroud of Turin*, in *Nature*, vol. 337, 16 February 1989, pp. 611-615, www.shroud.com/nature.htm.

[26] SAVARINO P., *La Sindone e le ricerche chimico-fisiche*, in SCHIATTI L. (Ed.), *Il grande libro della Sindone*, Ed. San Paolo, Cinisello Balsamo (MI) 2000, pp. 183-188.

[27] BARRETT J., *Science & the Shroud, microbiology meets archaeology in a renewed quest for answers*, in *The Mission*, vol. 23, n. 1, Primavera 1996, pp. 6-11, www.sindone.info/BARRETT.PDF.

[28] BRANDONE A., *Datazione di reperti archeologici: problematiche connesse*, in *Sindon N.S.*, Quaderno n. 1, Juin 1989, pp. 31-33, p. 32.

Leoncio Garza Valdés,[29] chercheur à l'Institut de microbiologie de l'Université de San Antonio (Texas), a identifié sur certains fils du Suaire, provenant de la zone de prélèvement pour radiodiffusion, la présence d'un complexe biologique composé de champignons et les bactéries qui recouvrent les fils comme une patine et ne peuvent pas être éliminées avec des traitements de nettoyage normaux. Cela aurait donc faussé la datation au radiocarbone. La possibilité que cette pollution ait influencé la datation du Suaire a suscité l'intérêt du physicien Harry Gove, inventeur de la méthode moderne de datation au radiocarbone qui utilise le spectromètre de masse par accélérateur.[30]

Les sindonologues Joseph Marino et M. Sue Benford[31] ont fourni une série de preuves de l'existence d'un raccommodage «invisible» du XVIe siècle dans la zone d'où provient l'échantillon pour l'analyse par radiocarbone, y compris des différences de couleur, de taille des fils et de tissage. Les deux sindonologues ont soumis à trois experts textiles une série de photographies, indépendamment et sans dire qu'ils étaient du Suaire, d'un des échantillons prélevés en 1988 pour la datation par radiocarbone et de la partie restante qui ne fut pas utilisée. Tous les trois y ont reconnu un tissage différent sur un côté. Selon les calculs de *Beta Analytic*, l'un des plus grands services de datation au radiocarbone au monde, un mélange de 60% de matériau des années

---

[29] GARZA-VALDES L.A., CERVANTES-IBARROLA F., *Biogenic varnish and the Shroud of Turin*, in UPINSKY A.A. (Ed.), *L'identification scientifique de l'Homme du Linceul: Jésus de Nazareth, Actes du Symposium Scientifique International*, Rome 1993, OEIL-F.-X. de Guibert, Paris 1995, pp. 279-282.

[30] GOVE H.E, MATTINGLY S.J., DAVID A.R., GARZA VALDES L.A., *A problematic source of organic contamination of linen*, in *Nuclear Instruments and Methods in Physics Research*, B 123, 1997, pp. 504-507, www.sindone.info/GOVE.PDF

[31] MARINO J., BENFORD M.S., *Evidence for the skewing of the C-14 dating of the Shroud of Turin due to repairs*, in MARINELLI E., RUSSI A. (Edd.), *Sindone 2000, Atti del Congresso Mondiale*, Orvieto 27-29 août 2000, Gerni Editori, San Severo (FG) 2002, vol. I, pp. 57-64 et vol. III, pp. 27-30, https://www.shroud.com/pdfs/marben.pdf; BENFORD M.S., MARINO J., *Discrepancies in the radiocarbon dating area of the Turin Shroud*, in *Chemistry Today* 26, 4 (2008), pp. 4-12; MARINO J., BENFORD M.S., *Invisible mending and the Turin Shroud: historical and scientific evidence*, in FANTI G. (Ed.), *The Shroud of Turin. Perspectives on a multifaceted enigma, Proceedings of the 2008 Columbus International Conference*, Columbus (Ohio, USA) 2008, Ed. Libreria Progetto, Padova 2009, pp. 291-298, http://ohioshroudconference.com/papers/p11.pdf; BENFORD M.S., MARINO J., *Discreancies in the radiocarbon dating area of the Turin Shroud*, in FANTI G. (Ed.), *The Shroud of Turin. Perspectives on a multifaceted enigma*, op. cit., pp. 299-318, http://ohioshroudconference.com/papers/p09.pdf.

1500 avec 40% de matériau du premier siècle conduirait à une data-tion de 1200. La proportion de matériaux plus récents a été évaluée sur la base de ce que les trois experts textiles ont observé.

Dans le coin de l'échantillonnage pour la datation au radiocarbone, il y a certainement une trace de coton, qui a été interprétée différem-ment.

Gilbert Raes[32], directeur de l'Institut de technologie textile de l'Université de Gand (Belgique), disposait d'un échantillon du Suaire prélevé dans ce coin en 1973: des recherches en laboratoire révélèrent des traces de fibres de coton, qu'il identifia comme *Gossypium her-baceum*, répandu dans le Moyen-Orient au temps du Christ. Raes en déduisit que l'ancienne toile aurait pu être fabriquée sur un métier à tisser déjà utilisé pour tisser ce type de coton.

Toujours lors des analyses par radiocarbone effectuées à Oxford en 1988, des fibres de coton furent trouvées dans le Suaire. Peter H. South[33], directeur du laboratoire d'analyse textile à Ambergate (Grande-Bretagne), explique:

> Le coton est un fil fin et jaune foncé, probablement d'origine égyp-tienne et assez ancien. Malheureusement, il est impossible de dire com-ment les fibres se sont retrouvées dans le Suaire, qui est essentiellement composé de lin. Elles peuvent avoir été utilisées pour des restaurations dans le passé ou simplement rester entrelacées avec les fils de lin lorsque l'artefact fut tissé.

Des analyses intéressantes ont été effectuées par le chimiste Ray-mond N. Rogers[34], du Los Alamos National Laboratory à Los Alamos (Nouveau-Mexique, USA), qui a trouvé des incrustations de colorants et de fibrilles de coton dans le linge provenant de la zone d'échantil-lonnage pour l'analyse au radiocarbone. Un segment de fil présente également une jonction particulière de deux extrémités: un fil plus foncé et plus incrusté est inséré dans un fil plus gros et plus léger. Le chimiste américain conclut que l'échantillon utilisé pour la radioda-tation n'était pas représentatif du tissu d'origine du Suaire, en raison de l'existence d'un raccommodage.

---

[32] RAES G., *Rapport d'analise*, in *La S.Sindone. Ricerche e studi della commissione di esperti nominata dall'Arc. di Torino, Card. Michele Pelle-grino nel 1969*, op. cit., pp. 79-83.

[33] WORLD NEWS NETWORK, *Rogue fibres found in the Shroud*, in *Textile Horizons*, vol. 8, n. 12, 1988, p. 13.

[34] ROGERS R.N., *Studies on the radiocarbon sample from the Shroud of Turin*, in *Thermochimica Acta*, vol. 425, 2005, pp. 189-194, www.shroud.it/ROGERS-3.PDF; ROGERS R.N., *A chemist's perspective on the Shroud of Turin*, Lulu.com 2008.

Rogers a également utilisé un autre test de datation, qui mesure la disparition progressive d'un composé, la vanilline, dans le lin. Il a constaté que cela était présent dans la zone analysée en 1988 mais pas dans la partie principale du Suaire. Le chimiste Robert Villareal[35], également du *Los Alamos National Laboratory*, a confirmé et poursuivi les recherches de Rogers.

Déjà en 1982, un fil, provenant de la zone où sera effectué l'échantillonnage pour l'analyse par radiocarbone du Suaire, fut daté par la méthode du carbone 14 au *California Institute of Technology*. La moitié du fil semblait recouverte d'amidon. Le fil fut divisé en deux: la partie non amidonnée s'avéra être 200 après JC, tandis que la partie amidonnée donna une date de 1000 après JC.[36]

Il faut ajouter que de nombreuses perplexités et de nombreux doutes ont surgi sur la performance des opérations liées à la datation[37]: l'exclusion de certains laboratoires au profit d'autres; l'élimination de l'une des deux méthodes de datation par carbone 14; le refus de collaboration avec d'autres scientifiques et de multidisciplinarité de la part des trois laboratoires sélectionnés, à l'exclusion de toute une série de tests, parmi lesquels l'indispensable analyse chimique préalable des échantillons à dater; le mauvais choix du site d'échantillonnage: à partir d'un seul endroit et de surcroît dans un coin fortement pollué et restauré; les poids et mesures des échantillons du Suaire ne s'additionnent pas: d'après les données déclarées, ils pèsent environ le double de ce qu'ils auraient dû être; le comportement anormal des laboratoires et des changements de protocole; farce du test, qui ne fut pas effectué en aveugle, contrairement à ce qu'on avait dit; fonction des échantillons de contrôle complètement annulée par l'annonce de leur âge; acquisition anormale et hors protocole d'un échantillon sup-

35 VILLAREAL R., SCHWORTZ B., BENFORD M.S., *Analytical results on threads taken from the Raes sampling area (corner) of the Shroud*, in FANTI G. (Ed.), *The Shroud of Turin. Perspectives on a multifaceted enigma*, op. cit., pp. 319-336, http://ohioshroudconference.com/a17.htm; VILLAREAL R., *A new look at the validity of the Carbon-14 dating of the Shroud*, in *I Congreso Internacional sobre la Sabana Santa en España*, op. cit., pp. 1-6, http://www.shroud.com/pdfs/villarrealvtxt.pdf; SCHOONOVER J., VILLAREAL R., *Spectroscopic analyses of fibers from the Shroud of Turin. What do they mean?*, in *Shroud of Turin, the controversial intersection of faith and science, International Conference*, St. Louis (Missouri, USA), 9-12 October 2014, http://www.shroud.com/pdfs/stlschoonoverppt.pdf.
36 MEACHAM W., *The Rape Of The Turin Shroud*, Lulu.Com, 2005, p. 102.
37 MARINELLI E., *Lo scenario della datazione radiocarbonica della Sindone*, in *I Congreso Internacional sobre la Sabana Santa en España*, op. cit., pp. 1-30, www.sindone.info/VALENC-1.PDF.

plémentaire; absence d'enregistrement des opérations d'échantillonnage; violation de l'obligation de confidentialité; les laboratoires ne
voulaient pas faire connaître les protocoles complets des travaux ef-
fectués; inhomogénéité des trois échantillons: selon le test statistique
de Pearson, il y a 957 probabilités sur 1000 que la date obtenue avec
le test par radiocarbone ne soit pas celle du Suaire entier. Divers chercheurs[38] ont critiqué les analyses statistiques publiées dans Nature en
référence à la datation du Suaire.

Méthodes alternatives

Il existe d'autres méthodes pour vérifier l'ancienneté d'un tissu.
L'une d'elles évalue le degré de dépolymérisation de la cellulose. C'est
un test qui est normalement effectué en Italie dans des laboratoires
de recherche textile spécialisés. Silvio Diana[39], professeur de chimie

---

[38] BRUNATI E., *La corrispondenza con «Radiocarbon» sulla datazione
della Sindone*, in *Collegamento pro Sindone Internet*, février 2006,
www.sindone.info/BRUNATI2.PDF; DE GIOVANNI L., CONTI P., *Prima
appendice*, in TOSATTI M., *Inchiesta sulla Sindone*, Edizioni Piemme, Casale
Monferrato (AL) 2009, pp. 193-196; RIANI M., FANTI G., CROSILLA F., ATKINSON A.C.,
Statistica robusta e radiodatazione della Sindone, in *SIS-Magazine*, 31 Mars 2010,
http://old.sis-statistica.org/magazine/spip.php?article177; FANTI G., CROSILLA F.,
RIANI M., ATKINSON A.C., *A robust statistical analysis of the 1988 Turin
Shroud radiocarbon dating results*, in DI LAZZARO P. (Ed.), *Proceedings of
the IWSAI 2010*, op. cit., pp. 249-253, http://www.acheiropoietos.info/
proceedings/RianiWeb.pdf.

[39] DIANA S., MARINELLI E., *Determinazione del grado di depolimerizza-
zione della cellulosa su fibre di tessuto o sulle fibre della carta impastata con
polimeri naturali*, in LADU T. (Ed.), *La datazione della Sindone, Atti del V
Congresso Nazionale di Sindonologia*, Cagliari, 29-30 avril 1990, Press Co-
lor, Quartu S. Elena (CA) 1990, pp. 76-81, https://www.acade-
mia.edu/862497/Determinazione_del_grado_di_depolimerizza-
zione_della_cellu-
losa_su_fibre_di_tessuto_o_sulle_fibre_della_carta_impastata_con_po-
limeri_naturali; DIANA S., MARINELLI E., *Il degrado della cellulosa su
tessuti archeologici*, in *AGU – Acta Geoarcheologica Urbica*, anno 1, n. 2,
avril-juin 1990, pp. 17-19, https://www.academia.edu/815682/Il_de-
grado_della_cellulosa_su_tessuti_archeologici; DIANA S., MARINELLI E.,
Attività ottica e racemizzazione, in UPINSKY A.A. (Ed.), *L'identification
scientifique de l'Homme du Linceul: Jésus de Nazareth*, op. cit., pp. 183-185,
https://www.academia.edu/
866998/Attivit%C3%A0_ottica_e_racemizzazione; DIANA S., MARINELLI
E., *Natural textile fibres, optical activity, racemization and epimerization*,
in DOUTREBENTE M.-A. (Ed.), *Acheiropoietos. Non fait de main d'homme*,
Actes du III Symposium Scientifique International du CIELT, Nice, 12-13

à l'Institut central de restauration de Rome, a examiné des échantillons de divers tissus de différentes époques. L'analyse a montré des unités de dépolymérisation significativement plus faibles pour les tissus très anciens, par rapport à celles de valeur plus élevée qui se réfèrent à des tissus en meilleur état parce qu'ils sont plus récents. L'activité optique et la racémisation d'autres échantillons ont également été examinées: le plus ancien était même dépourvu d'activité optique.

En 2006, une double méthode d'analyse a été développée qui pourrait révéler l'âge du Suaire. Elle a été créée par Luigi Campanella[40], professeur ordinaire de chimie de l'environnement et du patrimoine culturel à l'Université La Sapienza de Rome. Ce sont deux méthodes enzymatiques basées sur les processus d'altération que la cellulose subit au fil du temps: la carboxylation et la méthylation.

Trois nouvelles analyses, menées par Giulio Fanti[41], professeur agrégé de mesures mécaniques et thermiques au département de génie industriel de l'Université de Padoue, datent le Suaire de l'époque du Christ.

Certaines fibres de la relique ont été soumises à deux datations chimiques, basées sur la spectroscopie vibrationnelle. Fanti explique:

> L'idée de base est que le temps dégrade les polymères des fibres, modifiant leur structure chimique, de sorte que les concentrations de certains groupes d'atomes, typiques de la cellulose, varient avec le vieillissement de l'échantillon, groupes que la spectroscopie vibrationnelle peut reconnaître et compter.

Fanti continue:

> Après la correction d'un effet systématique de 452 ans, dû à l'incendie de Chambéry, la datation du Suaire par analyse spectroscopique vibrationnelle FT-IR (de l'anglais Fourier Transformed to Infra-Red) a été trouvée à 300 av. JC ± 400 ans au niveau de confiance de 95%. L'analyse vibrationnelle Raman a fourni la valeur de 200 av. JC comme datation de la relique ± 500 ans, toujours au niveau de confiance de 95%. Les deux

---

mai 1997, Éditions du CIELT, Paris 1998, pp. 55-56, https://www.academia.edu/867122/Natural_
textile_fibres_-_Optical_activity_racemization_and_epimerization.

[40] CAMPANELLA L., *Two archaeometric methods for cellulosic textile finds using enzymatic test*, in DI LAZZARO P. (Ed.), *Proceedings of the IWSAI 2010*, op. cit., pp. 263-265, http://www.acheiropoietos.info/proceedings/CampanellaWeb.pdf.

[41] FANTI G., GAETA S., *Il mistero della Sindone*, Rizzoli, Milan 2013, pp. 79-103.

datations vibrationnelles sont compatibles avec la date du 1er siècle après JC où Jésus de Nazareth vécut en Palestine.

La troisième méthode de datation est mécanique, résultat du travail effectué par Pierandrea Malfi[42] pour l'obtention de la maîtrise en génie mécanique, sous la direction de Fanti. Pour réaliser les tests expérimentaux mécaniques sur les fibres de lin, une machine de traction pour fibres textiles végétales a été spécialement conçue et construite. Fanti clarifie:

> L'idée de base dans ce cas est que la dégradation des chaînes polymères des fibres favorisée par le temps, en les cassant et en changeant l'ordre dans lequel elles se rangent dans l'espace, est capable de modifier leurs propriétés mécaniques au point d'exploiter la propriété à des fins de datation. En fait, il s'est avéré que cinq propriétés mécaniques varient de façon biunivoque avec le temps. La datation mécanique multiparamétrique obtenue sur ces cinq paramètres significatifs, combinés les uns aux autres, a conduit à un âge de la relique de 400 après JC. ± 400 ans au niveau de confiance de 95%.

Puis il conclut: «La moyenne des valeurs résultant des deux datations chimiques et mécaniques donne la date la plus probable du Suaire de 33 av. JC ± 250 ans au niveau de confiance de 95%». Les analyses physico-chimiques et biologiques effectuées ces dernières années avaient cependant déjà fourni une série impressionnante d'éléments favorables à l'authenticité du Suaire.

Analyse du sang

Sur le Suaire, certaines zones rouges sont évidentes, dont l'apparence correspond aux caractères des taches de sang sur le tissu. Déjà en observant les photographies de la relique, le docteur Giuseppe Caselli[43] pouvait dire:

> J'ai voulu démontrer comment il est aujourd'hui possible d'établir, avec une précision surprenante, les différents types de sang qui ont taché cette toile, c'est-à-dire de détecter les différents caractères différentiels qui nous permettent de distinguer, à la lumière des connaissances ana-

---

[42] FANTI G., MALFI P., *Sindone: primo secolo dopo Cristo!* Edizioni Segno, Filetto Umberto, Tavagnacco (UD) 2014.

[43] CASELLI G., *Le constatazioni della medicina moderna sulle impronte della S. Sindone*, in SCOTTI P. (Ed.), *La Santa Sindone nelle ricerche moderne, Risultati del Convegno Nazionale di Studi sulla Santa Sindone*, Turin 2-3 mai 1939, LICE, Turin 1941, pp. 29-50, p. 39.

tomo-pathologiques modernes, les hémorragies de sang vivant des épan-
chements post mortem; et aussi les hémorragies de sang artériel, veineux,
mixte et la fuite de sang hypostatique.

Les premières investigations pour établir la présence éventuelle de
sang sur le Suaire furent menées par Giorgio Frache[44], directeur de
l'Institut de médecine légale et d'assurance de l'Université de Mo-
dène, avec ses collaborateurs, experts nommés par le Cardinal M. Pellegrino en 1969. Les tests de laboratoire furent réalisés sur certains
fils prélevés en 1973. Les résultats, divulgués en 1976, avaient été négatifs tant pour les tests génériques (attaque de solvant, réaction ben-
zidine, investigations micro-spectroscopiques, examen chromatogra-
phique), que pour des tests spécifiques (concernant l'espèce humaine)
et de groupe (limités au système ABo). Les analystes précisèrent cependant: «La réponse négative des enquêtes menées ne permet pas
d'exclure de manière absolue la nature sanguine de la substance en
question» à cause de la rareté du matériel disponible, et parce que des
enquêtes de ce type sur du matériel très ancien ne sont probantes que
si elles sont positives.

Des études menées avec des techniques d'avant-garde sur le matériau pris en 1978 ont finalement abouti à des résultats significatifs:
deux scientifiques américains, John H. Heller et Alan D. Adler[45], et
un italien, Pierluigi Baima Bollone[46], arrivèrent, indépendamment
l'un de l'autre, à démontrer la présence de sang sur le Suaire.

Heller et Adler[47] décrivirent avec précision les différents types de
fibrilles et de substances identifiables sur le Suaire, citant également
les substances accidentelles, trouvées en quantités limitée: parties
d'insectes, pollen, spores, cire, fibrilles synthétiques modernes, soie
rouge et bleue, laine. Fait intéressant, les fibrilles de certaines zones

---

[44] FRACHE G., MARI RIZZATI E., MARI E., *Relazione conclusiva sulle indagini d'ordine ematologico praticate su materiale prelevato dalla Sindone*,
in *La S.Sindone. Ricerche e studi della commissione di esperti nominata
dall'Arc. di Torino, Card. Michele Pellegrino nel 1969*, op. cit., pp. 49-54.

[45] HELLER J.H., ADLER A.D., *Blood on the Shroud of Turin*, in *Applied
Optics*, vol. 19, n. 16, 15 août 1980, pp. 2742-2744; ADLER A., *Chemical and
physical characteristics of the blood stains*, in SCANNERINI S., SAVARINO P.
(Edd.), *The Turin Shroud, past, present and future, International Scientific
Symposium*, Turin, 2-5 mars 2000, Effatà Editrice, Cantalupa (TO) 2000,
pp. 219-233.

[46] BAIMA BOLLONE P., *Indagini identificative su fili della Sindone*, in
Giornale della Accademia di Medicina di Torino, n. 1-12, 1982, pp. 228-239.

[47] HELLER J.H., ADLER A.D., *A chemical investigation of the Shroud of
Turin*, in *Canadian Society of Forensic Sciences Journal*, vol. 14, n. 3, 1981,
pp. 81-103.

adjacentes aux taches de sang sont recouvertes d'une substance protéique jaune d'or, qui s'est avérée être du sérum. Cela a également été
confirmé par les photographies aux ultraviolets, qui montrent des halos de sérum autour des traces de flagellation et au bord des caillots
sanguins. Les marques de sang sont donc dues au contact avec du
sang coagulé, dans lequel les phases de formation du caillot peuvent
être observées avec la formation ultérieure de la croûte et de l'exsudat
séreux. Il est donc indéniable qu'un vrai corps humain a été enveloppé
dans la toile. Les fibres des zones tachées de sang sont cimentées ensemble par le fluide visqueux qui a pénétré du côté opposé du tissu.

Sur le Suaire, il existe trois types de composés de fer (fer lié à la
cellulose, fer lié à l'hémoglobine et oxyde de fer) qu'il faut distinguer
entre eux. La majeure partie du fer présent est sous forme liée à la
cellulose avec du calcium pendant le processus de macération du lin.
Evidemment, le calcium et ce type de fer se retrouvent uniformément
sur toute la toile.

Les particules rouges non biréfringentes, présentes dans les empreintes sanguines, sont au contraire constituées de matière protéique (sang) et contiennent le deuxième type de fer, celui lié à l'hémoglobine.

Enfin, le troisième type est l'oxyde de fer pur (Fe_2O_3). Il résulte de
l'analyse de particules biréfringentes rouges, qui ont une double origine: elles proviennent du sang brûlé et se retrouvent dans les zones
de sang pressé; elles proviennent de l'accumulation due à la migration
du fer aux bords des taches d'eau.

«La distribution topographique du fer évidente sur les cartes – a
fait remarquer Baima Bollone[48] – correspond génériquement à celle
détectable dans les traces de sang».

Les particules noires trouvées dans les zones brûlées sont d'une
nature très différente: ce sont de l'argent déposé sur la toile lors de
l'incendie de Chambéry (1532).

Après l'identification générique, Baima Bollone[49] vint prouver
qu'il s'agissait de sang humain appartenant au groupe AB. La comparaison avec des études similaires menées sur les pièces du miracle eucharistique à Lanciano (Chieti) est intéressante. Dans cet endroit au
VIIIe siècle, dans la petite église de S. Legonziano, un moine basilien

---

[48] BAIMA BOLLONE P., *Presenza e significato del ferro nelle macchie
ematiche della Sindone*, in *Sindon*, Quaderno n. 32, décembre 1983, pp. 5-8.

[49] BAIMA BOLLONE P., JORIO M., MASSARO M.L., *La dimostrazione
della presenza di tracce di sangue umano sulla Sindone*, in *Sindon*, Quaderno n. 30, décembre 1981, pp. 5-8; BAIMA BOLLONE P., JORIO M., MAS-
SARO M.L., *Identificazione del gruppo delle tracce di sangue umano sulla
Sindone*, in *Sindon*, Quaderno n. 31, décembre 1982, pp. 5-9.

fut assailli par le doute sur la présence réelle du Christ dans l'espèce eucharistique. Au cours de la célébration de la messe, au moment de la consécration, l'hostie devint chair et le vin se transforma en sang qui coagula en cinq globules irréguliers de forme et de taille différentes.

D'après les investigations menées en 1970 par Odoardo Linoli[50], professeur en anatomie et histologie pathologique et en chimie et microscopie clinique à l'Université de Sienne, il s'avéra que la chair est un véritable tissu myocardique d'un cœur humain et que le sang est du sang humain authentique du groupe AB.

Une autre pièce liée à l'enterrement de Jésus est également tachée de sang appartenant au groupe AB: il s'agit du Sudarium d'Oviedo (Espagne). Les recherches menées sur cette toile de lin (83 X 52 cm), conservée depuis le IXe siècle dans les Asturies, ont permis de constater que le Suaire et le Sudarium ont la même composition de produit et la même technique de traitement, avec la torsion en «Z» du fils, même si le Suaire a un tissage à chevrons tandis que le Sudarium a un tissage orthogonal simple. L'origine semble la même: la région du Moyen-Orient. En fait, les pollens aident à reconstruire le chemin géographique: les deux reliques sont restées dans la région de Jérusalem, puis le Suaire a atteint l'Europe en passant par la Turquie, alors que le Sudarium a traversé l'Afrique du Nord[51]. Le traitement informatique nous a permis d'affirmer que la même face était en contact avec les deux tissus[52].

Des recherches supplémentaires sur le sang du Suaire ont permis à Baima Bollone[53] de vérifier également le type par rapport à d'autres

---

[50] LINOLI O., *Ricerche istologiche, immunologiche e biochimiche sulla carne e sul sangue del miracolo eucaristico di Lanciano (VIII secolo)*, Litogr. Botolini, Estratto dai *Quaderni Sclavo di diagnostica*, vol. 7, fasc. 3, 1971.

[51] RICCI G., *L'Uomo della Sindone è Gesù*, Ed. Cammino, Milan 1985, pp. 226-227 et 233-238.

[52] GOLDONI C., *Estudio hematológico sobre las muestras de sangre del Sudario tomadas en 1978*, in RODRIGUEZ ALMENAR J.M., CHIRIVELLA GARRIDO J. (Edd.), *El Sudario del Señor, Actas del I Congreso Internacional sobre El Sudario de Oviedo*, Oviedo, 29-31 octobre 1994, Servicio de Publicaciones, Universidad de Oviedo, España 1996, pp. 369-378; SANCHEZ HERMOSILLA A., *Commonalities between the Shroud of Turin and the Sudarium of Oviedo*, in *ATSI 2014*, op. cit., pp. 1-5; BARTA C., ÁLVAREZ R., ORDOÑEZ A., SANCHEZ A., GARCIA J., *New coincidence between Shroud of Turin and Sudarium of Oviedo*, in *ATSI 2014*, op. cit., pp. 28-36.

[53] BAIMA BOLLONE, P., GAGLIO A., GRILLO C., ZANIN A., *Ricerca degli antigeni M, N ed S nelle tracce di sangue sulla Sindone*, in *Sindon*, Quaderno n. 34, décembre 1985, pp. 9-13; BAIMA BOLLONE, P., GAGLIO A., *Ulteriori ricerche sul gruppo delle tracce di sangue umano sulla Sindone*, in *Sindon*,

facteurs, pour lesquels le sang provenait du système de groupe MNS. D'autres découvertes importantes faites par le médecin turinois concernent les taches de sang sur les pieds, pour lesquelles il a localisé un globule rouge et des cellules épidermiques humaines.

Le sang trouvé sur le Suaire a une couleur rouge vif, un fait apparemment étrange pour une découverte aussi ancienne; mais la coloration brillante, souligne Alan Adler[54], s'explique par la présence de bilirubine en grande quantité et cela suggère que la personne dont provient ce sang avait été gravement traumatisée peu avant l'enterrement. Baima Bollone[55] a souligné que la couleur rouge vif, cependant, doit plutôt être attribuée à la présence de carboxyhémoglobine dans le sang.

Lors de la coagulation, le sang passe par trois phases: a) formation du caillot en 5 à 10 minutes; b) rétraction du caillot avec séparation du sérum en 20 à 45 minutes; c) formation de la croûte dans une période variable en fonction de divers facteurs physiques (taille du caillot, température, humidité, etc.).

Les phénomènes de coagulation sanguine et de rétraction du caillot sont clairement évidents dans les nombreux courants sanguins présents sur le Suaire. Ils furent décrits pour la première fois par Pierre Barbet sur les photographies prises par Giuseppe Enrie en 1931. Le phénomène fut ensuite confirmé par des investigations photographiques, par des analyses microchimiques et par des analyses de fluorescence ultraviolette, lors d'examens en 1978.

De l'étude du Suaire, certains scientifiques, dont Gilbert Lavoie[56], déduisent que jusqu'à peu de temps avant la mort, du sang coulait des blessures et que le corps ne resta pas enveloppé dans la toile plus de deux heures et demie après la mort.

Quaderno n. 33, décembre 1984, pp. 9-13; BAIMA BOLLONE, P., GAGLIO A., *Applicazioni di tecniche immuno-enzimatiche ai prelievi della Sindone: la dimostrazione di elementi epidermici*, in COERO-BORGA P., INTRIGILLO G. (Edd.), *La Sindone. Nuovi studi e ricerche, Atti del III Congresso Nazionale di Studi sulla Sindone*, Trani, 13-14 octobre 1984, Ed. Paoline, Cinisello Balsamo (MI) 1986, pp. 169-174.

[54] ADLER A.D., *Aspetti fisico-chimici delle immagini sindoniche*, in BARBERIS B., ZACCONE G.M. (Edd.), *Sindone, cento anni di ricerca*, Istituto Poligrafico e Zecca dello Stato, Libreria dello Stato, Rome 1998, pp. 165-184.

[55] BAIMA BOLLONE P., MARINO C., PESCARMONA G., *Il significato del colore delle macchie di sangue della Sindone ed il problema della bilirubina*, in *Sindon N.S.*, Quaderno n. 15, juin 2001, pp. 19-29.

[56] LAVOIE G.R. et al., *Blood on the Shroud of Turin*, in *Shroud Spectrum International*, n. 7, June 1983, pp. 15-20 http://www.shroud.com/pdfs/ssi07part5.pdf, et n. 8, September 1983, pp. 2-10, http://www.shroud.com/pdfs/ssi08part3.pdf.

Pour avoir un transfert de sang sur le tissu comme celui observé sur le Suaire, le corps doit avoir été en contact avec le drap pendant environ 36 à 40 heures. Pendant ce temps, un rôle important doit avoir été joué par la fibrinolyse, qui provoque la redissolution des caillots. L'étude de la fibrinolyse en relation avec le Suaire a été développée par Carlo Brillante[57], professeur de chimie et microscopie clinique à l'Université de Bologne. Il souligne que les systèmes de coagulation et fibrinolytique sont en équilibre dynamique l'un avec l'autre. Le premier forme la fibrine, le second la supprime. Le phénomène de lyse se serait produit dans un temps relativement court, ne dépassant en aucun cas 36 à 40 heures.

Le phénomène fibrinolytique suit des lois précises basées sur les temps de contact; si un certain nombre d'heures ne passe pas, le transfert n'a pas lieu ou se produit de manière rudimentaire, alors que, si on dépasse ce certain nombre d'heures, le sang macule le tissu (il ne se forme donc pas le transfert) en raison de la friabilité accrue du caillot. C'est l'une des observations fondamentales qui confirme la relation incontestable entre la fibrinolyse et les taches de sang sur le Suaire.

Le Suaire montre que la fibrinolyse commença et s'arrêta à un temps «X», ne dépassant probablement pas 36 à 40 heures, puisque les empreintes sanguines sont parfaitement décalquées et délimitées. On ne peut toujours pas expliquer comment le contact entre le corps et la toile s'interrompit sans altérer les décalcomanies qui s'étaient formées.

Le bref laps de temps pendant lequel le cadavre resta dans la toile est démontré par l'absence de signes de putréfaction[58]. Près des lèvres, il n'y a aucune trace de gaz ammoniaque qui serait certainement présente en cas de début de putréfaction. Cela commence généralement environ 40 heures après la mort. Le processus de putréfaction est accéléré lorsque l'on se retrouve en présence de grosses blessures et de foyers de contusion, comme dans le cas de l'homme du Suaire.

---

[57] BRILLANTE C., *La fibrinolisi nella genesi delle impronte sindoniche*, in COPPINI L., CAVAZZUTI F. (Edd.), *La Sindone, Scienza e Fede*, op. cit., pp. 239-241.

[58] RODANTE S., *Le realtà della Sindone*, Massimo, Milan 1987, pp. 245-249.

Test ADN et caractéristiques anthropométriques

Un groupe de scientifiques italiens[59] a mené des tests ADN sur certains échantillons du Suaire et du Sudarium d'Oviedo, notant cependant une contamination entre l'ADN masculin et féminin.

D'autres échantillons ont été examinés par des scientifiques américains[60], qui ont confirmé le groupe de sang de type AB présent sur le Suaire, soulignant qu'il est le moins fréquent (il ne représente que 3,2% des individus), mais atteint 18% chez les juifs «babyloniens» et du nord de la Palestine. Ils ont également identifié les chromosomes X et Y, une indication claire qu'il s'agit d'un homme. L'état de dégradation dans lequel se trouve ce sang suggère qu'il est très ancien.

À l'Université de Padoue, Fanti[61] et ses collaborateurs ont effectué une analyse dimensionnelle avec des systèmes de vision pour évaluer les caractéristiques anthropométriques de l'homme du Suaire à partir de l'image corporelle imprimée sur le linge. Cette étude, en comparant l'image frontale, dorsale et celle obtenue à partir du contact d'une surface flexible sur un mannequin informatisé, essaie de prendre en compte les effets de la tête penchée, des genoux fléchis et des pieds étendus. Le résultat de la recherche a permis d'attribuer une hauteur de 174 cm à l'homme du Suaire avec une incertitude de plus ou moins 2 cm.

La compatibilité anatomique des deux images, frontale et dorsale, a été vérifiée par analyse anthropométrique informatisée. Il a également été montré que, si pour l'homme du Suaire les indices anthropométriques sont compatibles avec ceux typiques d'un homme, dans le cas de la même analyse appliquée à certaines copies picturales des XVIe et XVIIe siècles, les indices anthropométriques sont absolument incompatibles. De toute évidence, un peintre n'était pas capable de

---

[59] CASARINO L., DE STEFANO F., MANNUCCI A., ZACA S., BAIMA BOLLONE P., CANALE M., *Ricerca dei polimorfismi del DNA sulla Sindone e su Sudario di Oviedo*, in *Sindon N.S.*, Quaderno n. 8, décembre 1995, pp. 39-47.

[60] GARZA VALDES, L., *The DNA of God?*, Doubleday, New York (USA) 1999, pp. 39-41.

[61] FANTI G., MARINELLI E., CAGNAZZO A., *Computerized anthropometric analysis of the Man of the Turin Shroud*, in WALSH B.J. (Ed.), *Proceedings of the 1999 Shroud of Turin International Research Conference*, Richmond, Virginia, 18–20 June 1999, Magisterium Press, Glen Allen, Virginia (USA) 2000, pp. 52-68, www.sindone.info/FANTI3A.PDF; BASSO R., BIANCHINI G., FANTI G., *Compatibilità fra imagine corporea digitalizzata e un manichino antropomorfo computerizzato*, in MARINELLI E., RUSSI A. (Edd.), *Sindone 2000*, op. cit., vol. I, pp. 7-15 et vol. III, pp. 7-10.

reproduire les détails anatomiques qu'on peut trouver en examinant l'image corporelle de l'homme du Suaire.

Parmi les différents indices anthropométriques détectés, l'indice tibio-fémoral est significatif, c'est-à-dire la relation entre la longueur du tibia et celle du fémur. L'indice tibio-fémoral de l'homme du Suaire était de 83,8%. Si on compare les données avec les indices typiques des différents groupes humains, on constate que la valeur est très proche de celle des Sémites, caractérisée par un indice moyen de 83,66%.

CHAPITRE II

LE MYSTÈRE DE L'IMAGE

L'information tridimensionnelle

Un tournant décisif dans le chemin des investigations scientifiques sur le Suaire eut lieu en 1898, lorsque, comme déjà mentionné, l'avocat Secondo Pia photographia avec succès la précieuse toile. Le résultat dépassa toutes les attentes: l'image était beaucoup plus évidente et compréhensible sur la plaque photographique négative que dans la réalité.

En 1973, le technicien Paul Gastineau[62] comprit qu'une information tridimensionnelle était encodée dans l'image du Suaire et conçut un dispositif, avec lequel il créa un relief tridimensionnel du visage de l'homme du Suaire. Certains scientifiques américains[63] mesurèrent en 1977 avec un densitomètre les différentes intensités des différents points de l'image et les relièrent aux distances présumées entre le corps et le linceul. À l'aide d'un ordinateur, ils transformèrent les différentes intensités en reliefs verticaux de différentes hauteurs, obtenant ainsi une image tridimensionnelle proportionnelle et sans distorsion. Cependant, en appliquant la même procédure à une peinture ou à une photographie normale, on obtient des images déformées. C'est une preuve supplémentaire que le Suaire enveloppa un vrai corps humain. Des progrès considérables dans le traitement électronique des images furent réalisés par Giovanni Tamburelli[64], professeur de communications électriques à l'Université de Turin, avec ses collaborateurs, notamment en ce qui concerne le visage.

La découverte des caractéristiques particulières de l'image du Suaire donna lieu à des recherches scientifiques visant à résoudre l'énigme de sa formation. Aujourd'hui encore, aucune des hypothèses

---

[62] LEGRAND A., *Le Linceul de Turin*, Desclée de Brouwer, Paris 1985, pp. 87-90.

[63] JACKSON J.P., JUMPER E.J., MOTTERN B., STEVENSON K.E., *The three-dimensional image on Jesus' burial cloth*, in STEVENSON K. (Ed.), *Proceedings of the USA Conference of Research on the Shroud of Turin*, 23-24 March1977, Albuquerque, New Mexico, Holy Shroud Guild, Bronx, New York (USA) 1977, pp. 74-94.

[64] TAMBURELLI G., GARIBOTTO G., *Nuovi sviluppi nell'elaborazione dell'immagine sindonica*, in COERO-BORGA P. (Ed.), *La Sindone e la Scienza*, op. cit., pp. 173-184 et 354-362.

formulées n'est considérée comme pleinement satisfaisante et les études sont toujours en cours.

Les scientifiques américains[65] ont constaté que l'image est très pâle et manque de bords nets. Sa couleur, jaune translucide, n'est due à aucune substance placée sur les fils: les fils eux-mêmes sont jaunis. Seul le film superficiel des fibrilles les plus externes du fil a changé de couleur et l'image n'est pas présente au dos du tissu[66].

Le clair-obscur n'est pas causé par différents degrés de jaunissement des fils: la teinte est toujours la même et ce n'est que le nombre différent de fibres jaunes par unité de surface qui donne l'effet plus ou moins sombre. Le jaunissement est dû à une dégradation de la surface externe des fibrilles qui est oxydée et déshydratée. Au microscope, les fibrilles de l'image apparaissent érodées en surface; elles reflètent plus que les autres fibrilles. L'image n'est altérée ni par l'eau ni par la chaleur et n'est pas fluorescente à la lumière ultraviolette; il faut donc exclure qu'elle soit composée de substances organiques. Il a également résisté à 21 réactifs et solvants différents.[67]

Qu'est-ce qui peut faire jaunir le lin? On sait qu'il change de couleur en vieillissant en raison de la transformation, provoquée par la lumière, de la cellulose qui le compose. Et tout le Suaire a la couleur du lin ancien. La chaleur et certains acides peuvent également faire jaunir la cellulose. Mais quelles pourraient être les causes du jaunissement plus important de l'image? De nombreuses expériences ont été faites pour résoudre l'énigme.[68] Mais il ne faut pas oublier qu'il n'y a pas d'image du corps sous les taches de sang; le sang, déposé d'abord sur la toile, protégeait la zone en dessous tandis que, par la suite, l'image se formait.

[65] SCHWALBE L.A., ROGERS R.N., *Physics and chemistry of the Shroud of Turin, a summary of the 1978 investigation*, in *Analytica Chimica Acta*, vol. 135, 1982, pp. 3-49; ADLER A., *The Shroud fabric and the body image: chemical and physical characteristics*, in SCANNERINI S., SAVARINO P. (Edd.), *The Turin Shroud, past, present and future*, op. cit., pp. 51-73.

[66] DI LAZZARO P., MURRA D., SCHWORTZ B., *Pattern recognition after image processing of low-contrast images, the case of the Shroud of Turin*, in *Pattern Recognition*, vol. 46, n. 7, July 2013, pp. 1964–1970.

[67] JUMPER E.J., ADLER A.D., JACKSON J.P., PELLICORI S.F., HELLER J.H., DRUZIK J.R., *A comprehensive examination of the various stains and images on the Shroud of Turin*, op. cit.; HELLER J.H., ADLER A.D., *A chemical investigation of the Shroud of Turin*, op. cit.

[68] MARINELLI E., *I tentativi di riproduzione sperimentale della Sindone*, in REPICE M., (Ed.), *Quattro percorsi accanto alla Sindone*, Edizioni Radicequadrata, Rome 2011, pp. 27-40.

La théorie de la peinture

Le principal partisan de cette hypothèse a été le chimiste américain Walter McCrone[69]. Il eut l'occasion d'examiner au microscope des lames contenant des fibres prélevées dans le Suaire et constata la présence de protéines, d'oxyde de fer et de sulfure de mercure (cinabre). Il conclut que le Suaire est une peinture, dans laquelle l'artiste aurait utilisé une colle formée par des protéines animales pour le pigment d'oxyde de fer avec lequel il aurait créé l'image, et pour le mélange de cinabre et d'oxyde de fer avec lequel il aurait peint le sang. Le liant utilisé serait devenu jaune avec le temps.

Pour établir la validité d'une hypothèse de peinture, l'identification de ces matériaux est nécessaire, mais pas suffisante. Il est également nécessaire de démontrer qu'ils sont présents en quantité suffisante et localisés dans des zones justifiant ce qui apparaît à l'œil. Il faut également montrer que leur présence ne peut s'expliquer plus simplement par d'autres processus. Et de plus, les conclusions doivent être en accord avec les autres études réalisées, en particulier, dans ce cas, avec la recherche physique et l'analyse d'images. Voyons maintenant comment ces conditions n'existent pas dans le travail de McCrone.

De l'examen des mêmes lames, Heller et Adler[70] tirèrent des conclusions très différentes. Ils soulignèrent que McCrone utilisa du noir d'amidon, qui est un réactif général et colore intensément la cellulose pure, pour identifier les protéines. Les réactions obtenues par McCrone n'étaient donc pas dues à des traces d'impureté protéique dans le linge, mais à la cellulose même du tissu qui acceptait le colorant! Ses résultats n'étaient donc pas fiables.

Heller et Adler utilisèrent des réactifs beaucoup plus spécifiques, tels que la fluoroscamine et le vert de bromocrésol. Sur la base des résultats de ces analyses et d'autres analyses complexes, ils purent affirmer avec certitude que les taches rouges sont constituées de sang entier coagulé, avec des halos sériques autour d'elles en raison de la rétraction du caillot. Cela témoigne que le sang se coagula sur la peau d'une personne blessée et ensuite tacha le tissu lorsque le corps était enveloppé dans le drap; il est impossible d'obtenir de telles taches en appliquant du sang frais avec un pinceau.

---

[69] McCRONE W.C., SKIRIUS C., *Light microscopical study of the Turin 'Shroud' I*, in *The Microscope* 28, n. 3-4, 1980, pp. 105-113; McCRONE W.C., *Light microscopical study of the Turin 'Shroud' II*, in *The Microscope* 28, n. 3-4, 1980, pp. 115-128; McCRONE W.C., *Microscopical study of the Turin 'Shroud' III*, in *The Microscope* 29, n. 1, 1981, pp.19-39.

[70] HELLER J.H., ADLER A.D., *A Chemical Investigation of the Shroud of Turin*, op. cit.

Les protéines ne sont présentes que dans les empreintes sanguines, alors qu'elles sont absolument absentes dans toutes les autres
zones, y compris celles de l'image corporelle. Par conséquent, il est
impossible de soutenir qu'un liant protéique jaunissant est présent
dans l'image corporelle.

La plupart du fer présent sur le Suaire est celui lié à la cellulose.
Les examens spectroscopiques et aux rayons X ont montré une concentration uniforme de fer dans les zones d'image et de non-image; ce
n'est donc pas le fer qui forme la figure du corps. Une concentration
de fer plus élevée est plutôt observée, comme il est logique, dans les
zones des marques sanguines, où le fer lié à la cellulose, qui est partout, s'ajoute au fer lié à l'hémoglobine du sang.

L'oxyde de fer, en revanche, est en très faible pourcentage. Il faut
souligner que l'oxyde de fer ne se trouve ni sur l'image ni sur les taches
de sang. Par conséquent, non seulement le liant de peinture manque,
mais le pigment est également absent! Comment, alors, après des
analyses chimiques aussi précises, continuer à affirmer que le Suaire
a été peint? Soit on est scientifiquement incompétent, soit on est de
mauvaise foi.

Par ailleurs, avec une analyse spécifique, il a été observé que
l'oxyde de fer, dans les points où il est présent pour les causes préci-
tées, est extrêmement pur et ne contient pas de traces de manganèse,
cobalt, nickel et aluminium au-dessus de 1%. Ces traces sont plutôt
présentes dans les pigments de peinture minéraux.

Seul un cristal de cinabre a été trouvé, ce qui doit être considéré
comme une découverte accidentelle. L'examen de l'ensemble du
Suaire par fluorescence X n'a pas révélé de pigments de peinture,
donc même pas de cinabre; cette substance ne peut être responsable
de la coloration des taches rouges, qui sont certainement composées
de sang, simplement parce qu'elle n'est pas présente.

Il faut considérer que de nombreux artistes ont copié le Suaire sur
le vif, et donc la présence occasionnelle de pigments n'est pas inattendue; aussi parce que les copies étaient presque toujours mises en contact avec l'original pour les rendre plus vénérables.[71]

Deux professeurs de l'Université du Tennessee (USA), Emily A.
Craig et Randall R. Breese[72], affirment que l'image du Suaire peut être
réalisée à l'aide d'un pigment d'oxyde de fer en poudre réparti avec un

---

[71] MARINELLI E., MARINELLI M., *The copies of the Shroud*, in DI LAZ-
ZARO P. (Ed.), *Proceedings of the IWSAI 2010*, op. cit., pp. 155-160,
http://www.acheiropoietos.info/proceedings/MarinelliWeb.pdf.

[72] CRAIG E.A., BREESE R.R., *Image formation and the Shroud of Turin*,
in *Journal of Imaging Science and Technology*, vol. 34, n. 1, January-Fe-
bruary 1994, pp. 59-67.

pinceau ou pressé avec le côté plat d'une cuillère en bois, avec l'ajout de collagène qui est ensuite dissous par la vapeur d'une casserole d'eau bouillante.

Les résultats des analyses chimiques contredisent également cette théorie. Comme on le sait, les scientifiques américains, qui ont examiné le Suaire avec des instruments sophistiqués, ont exclu la présence de tout pigment; donc l'image n'est absolument pas explicable avec la théorie de Craig-Breese.

La théorie de la chambre noire et du pyrographe

À la recherche d'explications alternatives à l'authenticité, il y a ceux qui sont allés jusqu'à affirmer que le Suaire est l'œuvre de Léonard de Vinci. Cette théorie est vraiment absurde: ne serait-ce que parce que lorsque le Suaire fut livré à la famille Savoie par Marguerite de Charny (22 mars 1453), Léonard était encore dans le berceau. Et la relique était en France depuis au moins un siècle.

Les auteurs britanniques Lynn Picknett et Clive Prince[73] contournent la difficulté avec désinvolture: le tissu ne serait pas le même.

Environ 40 ans de clandestinité s'écoulèrent entre l'arrivée du Suaire, en provenance de Lirey, entre les mains de la Maison de Savoie et l'exposition publique qui eut lieu à Verceil en 1494. La construction de la Sainte-Chapelle, dans laquelle fut placée la relique en 1502, était destinée à abriter le nouveau et «meilleur» Suaire. Le fameux linge ne serait autre qu'un autoportrait de Léonard de Vinci, fabriqué en 1492 sur commande de l'Église pour avoir un faux Suaire, qui devait remplacer le précédent, détruit accidentellement. Evidemment, il n'y a pas de documentation de cette hypothèse, car tout aurait été fait en secret sans laisser de traces... Ce ne sont donc que des fantasmes.

Selon les auteurs anglais, Leonardo «a peut-être inventé une première forme de photographie pour créer l'image négative sur le Suaire». Il aurait utilisé une sorte de chambre noire, des lentilles et une toile «sensibilisée» avec différents ingrédients. Lesquels? Picknett et Prince commencent avec du sel de chrome et du blanc d'œuf, puis essaient le jus de citron et arrivent à la substance avec laquelle ils obtiennent les résultats «les plus similaires au Suaire». S'excusant pour l'indélicatesse, ils révèlent qu'il s'agit de «l'urine». Enfin 6 à 12 heures d'exposition devant un modèle éclairé par des lampes UV pour

---

[73] PICKNETT L., PRINCE C., *Turin Shroud, how Leonardo da Vinci fooled history*, Time Warner Books, London (UK) 2006.

simuler «le chaud soleil italien» et c'est tout. Pour la perfection anatomique du modèle, aucune difficulté: «Léonard avait eu une autorisation spéciale de l'Église pour la dissection de cadavres frais provenant des hôpitaux». La toile est lavée à l'eau froide, exposée à la chaleur, puis lavée à l'eau chaude et au détergent. Il ne reste donc que
l'image «roussie» et indélébile. Quelques retouches de sang complè-
tent le travail.

Comme toujours, les «faussaires modernes» montrent ce qu'ils ont
obtenu, plus ou moins similaire au Suaire: évidemment en apparence,
à vérifier en laboratoire où, cependant, les différences sont évidentes.

«On ne sait pas combien de temps Leonardo a mis pour le faire»,
admettent les deux Anglais. Mais ils ne doutent pas de l'auteur. Picknett dit qu'elle a reçu un message par «écriture automatique» signé
«Leonardo».

Nicholas Allen[74], professeur de beaux-arts à l'Université sud-afri-
caine de Port Elisabeth et expert en photographie, aime également la
théorie de la chambre noire. Selon ce chercheur, l'image du Suaire
peut être réalisée avec une lentille de quartz, du nitrate d'argent et de
la lumière naturelle du soleil. De cette manière, un essorage induit
chimiquement du linge serait obtenu. «La lentille – précise Allen –
aurait été placée à mi-chemin entre le corps et le linceul, qui devait
être à huit mètres.» Allen pense que le Suaire est peut-être la plus ancienne photographie du monde, mais le génie qui la réalisa ne serait
pas Léonard de Vinci, mais un «pionnier» médiéval sombre et ingé-
nieux qui aurait peut-être accroché un mannequin ou un cadavre
peint en blanc «pour un nombre de jours indéterminé» devant une
chambre noire rudimentaire contenant un linceul convenablement
traité au nitrate d'argent. Il aurait fixé l'image obtenue avec une solution diluée d'ammoniaque ou «probablement même de l'urine».

L'hypothèse d'un cadavre suspendu pendant des jours au soleil est
absurde, ne serait-ce que parce que la *rigor mortis* n'aurait pas duré
si longtemps. Mais même un mannequin n'est pas réaliste[75]. Comment expliquer les caillots sanguins sinon par contact direct avec un
cadavre?

---

[74] ALLEN N.P.L., *Is the Shroud of Turin the first recorded photograph?*,
in *South African Journal of Art History*, 11, 11 November 1993, pp. 23-32;
ALLEN N.P.L., *How Leonardo did not fake the Shroud of Turin*, in *De Arte*,
52, April 1996, pp. 32-39.

[75] SCHWORTZ B.M., *Is the Shroud of Turin a medieval photograph? A critical examination of the theory*, in MARINELLI E., RUSSI A. (Edd.), *Sindone
2000*, op. cit., vol. I, pp. 85-91 et vol. III, pp. 39-40.

Vittoria Haziel et Irene Corgiat[76] soutiennent plutôt que l'auteur du Suaire est Léonard de Vinci, mais la technique de construction aurait été différente: le génie toscan aurait utilisé le pyrographe. Pour le démontrer, Corgiat reproduisit un visage de Suaire avec un pyrographe électrique, ajoutant une couleur tempera pour simuler les taches de sang. Il a fallu «de longues heures et un travail de précision très délicat», explique l'artiste.

Corgiat, cependant, aurait dû au moins utiliser une pointe de fer rouge, car Leonardo n'avait certainement pas de pyrographe électrique! Dans tous les cas, les brûlures produisent la présence de furfural qu'on ne trouve pas sur le Suaire. En outre, la preuve scientifique qui exclut la chaleur, en tant que mécanisme de formation de l'image du Suaire, est la photographie par fluorescence ultraviolette réalisée en 1978 par Vernon Miller[77]. Le linge brûlé réagit sous un éclairage ultraviolet spécifique. L'ensemble du Suaire fut photographié avec des lumières spéciales et des filtres UV. Les photographies ont clairement montré une fluorescence dans toutes les zones de brûlure et de roussissure sur le Suaire, mais absolument aucune fluorescence dans la zone d'image. Ainsi, la chaleur a été définitivement exclue en tant que mécanisme de formation d'image.

Il faut également considérer que sur le Suaire il y a du sang décalqué de centaines de blessures, pas une couleur en détrempe; de plus, la fabrication même du tissu et toutes les micro-traces trouvées sur la relique (pollen du Moyen-Orient, aloès et myrrhe, aragonite) situent son origine dans la Palestine au temps du Christ.

Pourtant, il y a ceux qui insistent sur le travail d'un faussaire, comme Nathan Wilson[78], qui a peint un visage sur une plaque de verre, l'a placé sur un morceau de lin et l'a laissé un certain temps au soleil. L'ombre du tableau sur le tissu l'aurait protégé du changement de couleur provoqué par le soleil sur le reste de la toile: selon Wilson, le tissu se serait éclairci au soleil! La partie couverte par le tableau serait restée plus sombre. Bien sûr, l'imagination ne manque pas à ceux qui tentent d'expliquer l'image du Suaire avec le travail d'un

---

[76] Haziel V., *La Passione secondo Leonardo*, Sperling & Kupfer Editori, Milan 1998; MENENDEZ K., *Pyrograffiti*, in *Woodcarver*, vol. 7, n. 2, mars-avril 2003, http://carverscompanion.com/Ezine/Vol7Issue2/KMenendez/KMenendez.htm.

[77] MILLER V.D., PELLICORI S.F., *Ultraviolet fluorescence photography of the Shroud of Turin*, in *Journal of Biological Photography*, vol. 49, n. 3, July 1981, pp. 71-85.

[78] WILSON N.D., *Father Brown fakes the Shroud*, in *Christianity Today*, March-April 2005, http://www.booksandculture.com/articles/2005/marapr/3.22.html?paging=off.

faussaire, ou plutôt d'un groupe de faussaires: un homme peut diffi-
cilement réaliser cette opération seul, en étalant un long drap au soleil, puis en le recouvrant d'une grande plaque de verre...

La théorie du bas-relief frotté

L'absence de toute trace de coups de pinceau sur le Suaire conduit
à une autre théorie de la contrefaçon: celle du bas-relief frotté. Le
partisan de cette théorie, Joe Nickell[79], est un ancien prestidigitateur
privé américain, membre du Comité d'enquête scientifique sur les
phénomènes paranormaux de Buffalo, aux États-Unis. Selon lui, le
faussaire aurait utilisé un bas-relief frotté et recouvert d'oxyde de fer
avec des traces d'acide sulfurique, sur lequel il aurait appliqué un linceul imbibé d'eau bouillante; mais les résultats susmentionnés des
analyses chimiques effectuées sur le Suaire contredisent également
cette théorie. L'analyse du niveau de luminance[80] montre également
clairement la différence entre l'image du Suaire et celle obtenue avec
le bas-relief frotté.

Nickell trouve qu'il est impossible que le sang soit si rouge et appelle les flots de sang «des ruisseaux très artistiques qui coulent gra-
cieusement des blessures». Il est vraiment inconcevable de voir
quelque chose d'artistique dans les coulées de sang sur le Suaire; et
en tout cas leur rouge a été expliqué par des scientifiques avec la présence abondante de bilirubine et de carboxyhémoglobine, témoins de
la torture subie par ce corps.

Une autre difficulté opposée par Nickell est la prétendue absence
de déformations de l'image, une affirmation qui trahit toujours une
observation superficielle du Suaire. L'œil expert d'une personne com-
pétente détecte au contraire qu'il y a des anomalies, dues à l'enroule-
ment d'un vrai corps humain dans un linceul[81], comme on peut l'observer, par exemple, dans la main droite avec des doigts apparemment trop longs ou sur l'image frontale, des jambes, qui semblent dis-
proportionnellement longues entre les genoux et les chevilles. Seul
l'enveloppement d'un corps réel dans un linceul, avec les plis relatifs,
peut expliquer les déformations apparentes de l'image.

---

[79] NICKELL J., *Inquest on the shroud of Turin*, Prometheus Books, Buffalo
(New York, USA) 1998.

[80] FANTI G., MORONI M., *Comparison of luminance between face of the
Turin Shroud Man and experimental results*, in *Journal of Imaging Science
and Technology*, vol. 46, n. 2, March-April 2002, pp. 142-154.

[81] RICCI G., *L'Uomo della Sindone è Gesù*, op. cit., pp. 341-383.

Inspiré par l'hypothèse de Nickell, Luigi Garlaschelli[82], professeur de chimie organique à l'Université de Pavie, a créé une réplique grandeur nature du Suaire. Un drap a été étalé sur un volontaire pour avoir l'impression du corps, alors que le visage a été obtenu en posant le drap sur un bas-relief en plâtre. Pour reproduire l'image, le tissu a été frotté avec un tampon imbibé d'acide sulfurique dilué dans de l'eau contenant un pigment en poudre inerte, l'aluminate de cobalt. Le pigment a ensuite été éliminé par lavage du tissu. Plus tard, les marques des coups du flagelle et les blessures ont été ajoutées à l'aide d'ocre rouge, de cinabre et d'alizarine.

Le résultat de l'expérience a été critiqué par Giulio Fanti et Thibault Heimburger[83], qui ont souligné en quoi l'image de Garlaschelli est différente de l'image du Suaire: elle n'a pas de contours flous, elle n'a pas de continuité, elle n'est pas présente dans les zones où il n'y a pas eu de contact, elle a une faible tridimensionnalité. Au niveau microscopique, il existe de nombreuses différences, car l'image obtenue par Garlaschelli présente des discontinuités considérables. La couleur pénètre plus profondément dans la fibrille, tandis que sur le Suaire, seule la pellicule la plus externe de la fibrille est jaunie. De plus, la fibrille du Suaire est jaunie sur toute sa circonférence externe, tandis que la fibrille de l'expérience de Garlaschelli n'est colorée que du côté exposé à l'acide. Il ne faut pas oublier que sur le Suaire, sous les taches de sang, il n'y a pas d'image et il y a des halos de sérum autour des taches elles-mêmes. Toutes ces caractéristiques sont impossibles à reproduire avec la méthode de Garlaschelli.

Trois chercheurs français[84] se sont également aventurés dans l'entreprise de fabrication d'une réplique du Suaire à l'aide d'un bas-relief. Jacques Di Costanzo, du Centre Hospitalier Universitaire de Marseille, a utilisé les éléments suggérés par McCrone.

Un tissu a été appliqué sur le bas-relief, qui a ensuite été traité avec une solution contenant de l'oxyde de fer. La couleur a été fixée

---

[82] GARLASCHELLI L., *Life-size reproduction of the Shroud of Turin and its image*, in *Journal of Imaging Science and Technology*, vol. 54, n. 4, July-August 2010, pp. 40301 -1 – 40301 -14.

[83] HEIMBURGER, T., FANTI G., *Scientific comparison between the Turin Shroud and the first handmade whole copy*, in DI LAZZARO P. (Ed.), *Proceedings of the IWSAI 2010*, op. cit., pp. 19-28, http://www.acheiropoietos.info/proceedings/HeimburgerWeb.pdf; FANTI G., HEIMBURGER, T., *Letter to the Editor. Comments on "Life-size reproduction of the Shroud of Turin and its image" by L. Garlaschelli*, in *Journal of Imaging Science and Technology*, vol. 55, n. 2, March-April 2011, pp. 020102-(3).

[84] BOURDIAL I., *Saint Suaire: la science aveuglée par la passion*, in *Science et Vie*, n. 1054, juillet 2005, pp. 110-125.

avec de la gélatine riche en collagène. Pour simuler les taches de sang, du cinabre a été ajouté. Paul-Éric Blanrue et Patrick Berger, au Muséum d'Histoire Naturelle de Paris, ont également créé avec cette technique, en seulement «cinq minutes», un faux indélébile qu'ils ont défini comme «100% identique à l'original». En effet, selon les nouveaux faussaires, leur linge «contient en lui toutes les informations présentes sur l'original conservé à Turin».

Une vérification comprenant des analyses de laboratoire pourrait facilement réfuter cette affirmation prétentieuse: les expérimentateurs assidus, en effet, ont utilisé précisément les substances indiquées par McCrone, dont la présence sur l'image du Suaire a été définitivement exclue. Appliquée au pinceau ou avec un bas-relief tel quel, la pâte pigmentaire au collagène ne peut pas reproduire le Suaire, car cette concoction ne se trouve pas sur la relique.

Un coup d'œil sur le résultat obtenu par Blanrue et Berger est pourtant déjà suffisant pour se faire une idée de ces nouveaux maîtres. Il faut certainement du courage pour montrer ce gâchis en prétendant qu'il est identique au Suaire. Il serait donc intéressant de vérifier la présence de pollens du Moyen-Orient, d'aragonite de Jérusalem, d'aloès et de myrrhe, etc., mais ce serait des subtilités.

Reproduire un Suaire «n'est pas du tout compliqué», a affirmé Blanrue, qui a ajouté effrontément: «Aucune trace de sang n'a jamais été trouvée sur le Suaire!». À ce stade, tout autre commentaire est superflu.

Di Costanzo, pour sa part, s'est aventuré dans une autre expérience: l'obtention d'une image humaine par vaporisation, «en simulant les réactions chimiques qui se produisent sur le corps d'une victime torturée». Puisqu'aucune image n'est obtenue, il en déduit que le Suaire n'a pu être imprimée par le corps du Christ. Évidemment, cela exclut la possibilité que le cadavre de Jésus se soit comporté différemment de celui de n'importe quel autre être humain...

La théorie du bas-relief chauffé

Vittorio Pesce Delfino[85], professeur d'anthropologie à l'Université de Bari, affirme que l'image fut réalisée avant 1350 avec un bas-relief chauffé à 220° C par un faussaire, qui ensuite aurait simulé du sang à l'aide d'un pigment à base d'ocre.

Cette théorie est basée sur certaines similitudes entre les légères brûlures et l'image du Suaire, mais il faut également tenir compte des différences. L'image obtenue avec le bas-relief chauffé, contrairement

[85] PESCE DELFINO V., *E l'uomo creò la sindone*, Ed. Dedalo, Bari 2000.

au Suaire, passe d'un côté à l'autre et est également visible au dos du tissu. De plus, comme déjà vu en ce qui concerne la théorie du pyrographe, les photographies de fluorescence ultraviolette ont clairement montré la fluorescence de toutes les zones de brûlure et de roussissement sur le Suaire, alors qu'aucune fluorescence n'apparaît dans la zone d'image. La chaleur a été définitivement exclue en tant que mécanisme de formation d'image et, par conséquent, la théorie du bas-relief chauffé n'est pas tenable.

Dans ce cas également, comme dans l'expérience Nickell, l'analyse du niveau de luminance[86] met en évidence la différence entre l'image du Suaire et celle obtenue avec le bas-relief chauffé. De plus, sur le Suaire, il y a du sang, pas de l'ocre, donc la simulation du sang avec le pigment à base d'ocre n'a aucun sens. Une explication ne peut être plausible que si elle est scientifiquement fondée d'un point de vue physique, chimique, biologique et médical. Nous devons garder à l'esprit, comme point de départ fixe, qu'à l'intérieur de ce drap se trouvait un cadavre ensanglanté.[87] Comment soutenir, alors, l'hypothèse du faussaire qui crée l'image avec un bas-relief chauffé?

Il y a aussi des problèmes d'exécution, puisqu'il aurait fallu opérer avec une longue toile sur deux bas-reliefs chauffés d'environ deux mètres chacun, à maintenir à une température uniforme. Le faussaire aurait d'abord dû mettre l'ocre dans les zones appropriées du linceul, puis l'appliquer sur le bas-relief chaud; mais il y aurait eu la difficulté de faire correspondre les taches aux bons endroits. Et s'il avait utilisé du sang au lieu de l'ocre, celui-ci se serait altéré au contact direct du bas-relief chauffé à 220° C.

L'hypothèse de l'artefact est également exclue par de nombreuses autres considérations. Le faussaire aurait dû mettre sur le Suaire des détails invisibles à l'œil nu, comme des traces d'un fléau aussi fines que des égratignures et de la saleté sur les talons, les genoux et le nez; il aurait dû répandre du pollen de plantes qui n'existent pas en Europe et des traces des arômes utilisés pour l'enterrement sur le tissu; tout cela deux siècles avant l'invention du microscope. Il aurait également imaginé les trous de clous dans la paume de la main, comme les artistes l'ont toujours représenté, et non dans les poignets comme observé sur le Suaire; et il aurait placé ses pieds en position de repos sur

---

[86] FANTI G., MORONI M., *Comparison of luminance between face of the Turin Shroud Man and experimental results*, op. cit.

[87] BAIMA BOLLONE, P., *Sindone, storia e scienza 2010*, Priuli & Verlucca, Ivrea (TO) 2010; LAVOIE G., *Turin Shroud: a medical forensic study of its blood marks and image*, in DI LAZZARO P. (Ed.), *Proceedings of the IWSAI 2010*, op. cit., pp. 187-194, http://www.acheiropoietos.info/proceedings/LavoieWeb.pdf.

un repose-pied, un autre détail commun dans les représentations des crucifixions, non pliés en avant pour les clouer directement contre le bois de la croix, comme on peut le déduire du Suaire. Il n'aurait pas pensé à une couronne en forme de casque et au transport du *patibulum* au lieu de la croix entière, qui sont d'autres éléments trouvés sur le Suaire.

Enfin, à une époque où ces connaissances scientifiques n'existaient pas encore, il était impossible de faire une application différenciée du sang veineux et artériel dans les points anatomiquement corrects du front et du sang post-mortem dans la plaie du côté et des pieds.

Autres théories insoutenables

On a supposé que l'image du Suaire fut causée par une foudre globulaire[88] ou, lors d'un tremblement de terre,[89] par un champ électrique à effet de couronne en présence d'une émission de radon[90] abondante ou par un flux de neutrons dû à des réactions piézonucléaires.[91] Mais rien ne prouve que dans ces conditions une image comme celle du Suaire[92] se forme. Déjà l'un des premiers partisans des foudres et des tremblements de terre à expliquer l'image du Suaire, le savant français Arthur Loth,[93] a admis qu'il ne s'agissait que d'hypothèses.

---

[88] FANTI G., *Sindone. La scienza spiega la fede*, Edizioni Messaggero Padova, Padoue 2010.

[89] JUDICA CORDIGLIA G.B., *La Sindone immagine elettrostatica?*, in COERO-BORGA P., INTRIGILLO G. (Edd.), *La Sindone, nuovi studi e ricerche*, op. cit., pp. 313-327.

[90] DE LISO G., LATTARULO F., FANTI G., *Turin Shroud-like electric imaging connected to earthquakes*, in *ATSI 2014*, op. cit., pp. 47-51.

[91] CARPINTERI A., LACIDOGNA G., MANUELLO A., BORLA O., *Piezonuclear neutrons from earthquakes as a hypothesis for the image formation and the radiocarbon dating of the Turin Shroud*, in *Scientific Research and Essays*, vol. 7, n. 29, 30 July 2012, pp. 2603-2612; CARPINTERI A., LACIDOGNA G., BORLA O., *Is the Shroud of Turin in relation to the Old Jerusalem historical earthquake?*, in *Meccanica*, 2014, pp. 1-12.

[92] FULBRIGHT D., DI LAZZARO, P., *Earthquake-induced piezonuclear reactions and the image on the Shroud of Turin: critical remarks*, in *Shroud of Turin, the controversial intersection of faith and science, International Conference*, op. cit.

[93] LOTH A., *Le portrait de N.-S. Jésus-Christ d'après le Saint-Suaire de Turin*, Librairie Religieuse H. Oudin, Paris 1900, pp. 53-55.

Autour de la relique, il y a d'autres affirmations qui n'ont aucun fondement scientifique. Par exemple, l'hypothèse de M. Straiton,[94] qui considère l'homme du Suaire comme un croisé crucifié par les Sarrasins au XIIIe siècle selon les descriptions évangéliques, pour une moquerie cruelle de sa foi, est totalement infondée.

En tout cas, les difficultés ne seraient certainement pas moindres que l'œuvre d'art. De nombreux éléments situent l'origine du Suaire au 1er siècle; et puis, comment expliquer la similitude du visage de l'homme de Suaire avec les anciennes icônes? Les bourreaux au-raient-ils crucifié un... sosie de Jésus? Et comment obtenir l'image né-gative, qui est encore inexplicable et non reproductible?

Malheureusement, beaucoup d'absurdités ont été dites sur le linge sacré et une liste complète de théories absurdes dépasse le cadre de cette brève discussion. Nous ne nous intéressons donc qu'aux décla-rations les plus connues, qui ont fait sensation dans les journaux ou qui reviennent cycliquement au premier plan, repêchées par quel-qu'un qui n'a rien de mieux à faire.

Parmi ces théories, en plus de celles déjà commentées, contraire-ment à l'authenticité du Suaire, il y en a une qui part plutôt d'une con-fiance absolue dans l'authenticité de la toile vénérée. Ayant accepté l'identification de l'homme du Suaire avec Jésus, certains auteurs ten-tent de démontrer que le Suaire est la preuve de sa mort apparente. Jésus aurait été enlevé de la croix inconsciente ou dans le coma.[95] Ces auteurs ne considèrent pas la plaie du côté, d'où sort le sang déjà par-tiellement coagulé et séparé du sérum. Cela ne peut pas arriver chez une personne vivante.

L'examen de l'empreinte du Suaire nous a permis d'affirmer avec certitude que l'homme qui était enveloppé dans le drap avait été mis là déjà mort[96] et dans un état de rigidité. Il suffit d'observer la position des pieds: chez un sujet détendu, relâché, les pieds sont parallèles ou même divergents. Sur le Suaire, on observe que les pointes des pieds sont convergentes: c'est une position non naturelle, mais dérivée du clouage sur la croix des deux pieds superposés. La *rigor mortis* fixait cet angle des extrémités dans le cadavre.

---

[94] STRAITON M., *The Man in the Shroud. A 13th century crucifixion ac-tion-replay*, in *Catholic Medical Quarterly*, August 1989, pp. 135-143.

[95] KERSTEN H., GRUBER E., *The Jesus Conspiracy*, Element Books Ltd., Longmead (UK) 1994; HOARE R., *The Turin Shroud is Genuine*, Souvenir Press, London (UK) 1994; LORENTE M., *42Giorni*, Editrice Nord, Segrate (MI) 2010; FELZMANN H., *Resurrected or Revived?*, Felzmann Verlag, Holz-kirchen (Allemagne) 2012.

[96] BAIMA BOLLONE P., *L'Uomo della Sindone era cadavere*, in *Sindon*, Quaderno n. 7, juin 1994, pp. 39-47.

Sur les bords des taches de sang, il n'y a aucune trace de mouvement: pas de frottis ni de traînées de sang: c'est la preuve que le corps était immobile dans le drap. La fin du contact eut lieu également sans déplacer la toile. Personne n'a ouvert ce linge pour enlever le cadavre, sinon on verrait une altération des caillots sanguins.

Quelques observations précises à ce sujet ont été faites par le docteur Sebastiano Rodante.[97] Il a souligné comment les empreintes sanglantes sur le Suaire se sont formées sur la toile en raison du contact avec un corps dans un état d'immobilité absolue, car il était incontestablement mort.

S'il y avait eu ne serait-ce qu'un léger mouvement de respiration, les empreintes des doigts des mains seraient floues. De plus, le dioxyde de carbone de l'haleine aurait altéré l'empreinte des narines, car il aurait réagi avec l'aloès et la myrrhe dont le Suaire avait été imprégné.

Une autre hypothèse fantaisiste[98] prétend que les apparitions de Jésus ressuscité étaient en fait des ostensions du Suaire. C'est une théorie gratuite, sans fondement, qui a été à juste titre rejetée et critiquée. [99]

La théorie de la vaporisation et du contact

De nombreux érudits ont tenté d'expliquer l'image du Suaire en admettant qu'un cadavre était enveloppé dans le tissu. Certains d'entre eux ont alors examiné la possibilité que l'image ne se soit pas formée immédiatement, mais seulement après de nombreuses années: c'est la théorie de l'image latente.

L'hypothèse la plus ancienne, la vaporographique, fut soutenue par le biologiste et philosophe Paul Vignon[100] dès le début des années 1900. Il observa que le clair-obscur des empreintes du Suaire variait en intensité à différents points en fonction de la distance présumée

---

[97] RODANTE S., *Intervento dopo la comunicazione di Rodney Hoare*, in COPPINI L., CAVAZZUTI F. (Edd.), *La Sindone, Scienza e Fede*, op. cit. pp. 223-225.

[98] DE WESSELOW T., *The Sign*, Penguin Books, London (UK) 2012.

[99] ANTONACCI M., BYRNE P., *Combined review of: "The Sign" by Thomas de Wesselow and "Resurrected or Revived?" by Helmut Felzmann*, 2012, http://holyshroudguild.org/uploads/2/7/1/7/2717873/shroud_books_reviewed.pdf.

[100] VIGNON P., *Le Linceul du Christ. Étude scientifique*, Masson et C. Éditeurs, Paris 1902; Vignon P., *Le Saint Suaire de Turin devant la Science, l'Archéologie, l'Histoire, l'Iconographie, la Logique*, Masson et C. Éditeurs, Paris 1939.

entre la toile et le corps qui y était enveloppé. Cela aurait été causé par les vapeurs d'ammoniaque, formées par l'altération de l'urée conte-nue dans le sang et la sueur, qui auraient impressionné la toile, sau-poudrée d'arômes sensibles comme l'aloès, en proportion inverse de la distance. Plus récemment, le physicien Giovanni Imbalzano[101] a proposé l'hypothèse d'une thermographie à effets vaporographiques. Cependant, il faut noter que la diffusion des vapeurs n'est jamais or-thogonale, mais directe dans toutes les directions; de plus, la quantité de sueur présente sur le corps n'était pas uniformément répartie et suffisante pour déterminer une empreinte aussi étendue et homogène que celle du Suaire.

La peau des cadavres a tendance à être acide, pas alcaline; de plus, dans l'hypothèse de Vignon, il devrait y avoir une différence entre l'empreinte dorsale et frontale, qui au contraire n'existe pas dans l'image du Suaire.

Les recherches menées par des scientifiques américains ont mis en évidence une difficulté supplémentaire: les vapeurs d'ammoniaque pénétreraient dans le tissu, alors que l'image n'est que superficielle.

De nombreux chercheurs ont tenté de reproduire l'image par con-tact. Giovanni Judica Cordiglia,[102] professeur de médecine légale à l'Université de Milan, saupoudra le visage d'un cadavre d'un mélange 1:1 d'aloès en poudre et de myrrhe et colla une toile imbibée de téré-benthine et d'huile d'olive dans un rapport de 2:1. Pour obtenir les images floues, il plaça ensuite les toiles dans un environnement hu-mide. Plus tard,[103] il fit des expériences en utilisant à la place de l'aloès et de la myrrhe un autre médicament, le fiel, et remarqua que ce n'est qu'après une longue exposition au soleil que les empreintes sont ap-parues.

Ruggero Romanese,[104] directeur de l'Institut de médecine légale et d'assurance de l'Université de Turin, imprégna certaines toiles de poudre d'aloès et de myrrhe à parts égales et les superposa sur les vi-sages de cadavres légèrement humidifiés avec de l'eau ou une solution

---

[101] IMBALZANO G., *Un metodo chemio-termografico di stampa ad effetti tridimensionali*, in COPPINI L., CAVAZZUTI F. (Edd.), *La Sindone, Scienza e Fede*, op. cit., pp. 361-364.

[102] JUDICA CORDIGLIA G., *Ricerche ed esperienze sulla genesi delle im-pronte della Sindone*, in SCOTTI P. (Ed.), *La Santa Sindone nelle ricerche moderne*, op. cit., pp. 51-68.

[103] JUDICA CORDIGLIA G., *L'Uomo della Sindone è il Gesù dei Vangeli?*, Ed. Fondazione Pelizza, Chiari (BS) 1974, pp. 106-109.

[104] ROMANESE R., *Contributo sperimentale allo studio della genesi delle impronte della Santa Sindone*, in SCOTTI P. (Ed.), *La Santa Sindone nelle ricerche moderne*, op. cit., pp. 69-82.

saline diffusée avec un nébuliseur. Après quelques minutes, l'aloès s'oxyda et une empreinte se forma qui devint plus nuancée au fil des heures. Le médecin Pietro Scotti[105] avança l'hypothèse d'une double action, de contact dans les zones les plus sombres et d'évaporation dans les zones plus claires.

Sebastiano Rodante[106] a obtenu quelques empreintes en utilisant un plâtre en céramique sur lequel il avait saupoudré une solution composée de deux parties de sueur et une de sang, puis en ajoutant de la poudre d'aloès et de la myrrhe à parts égales et en superposant un chiffon de lin pendant environ 36 heures. Plus tard, il a obtenu de meilleurs résultats en utilisant des chiffons imbibés d'aloès et de myrrhe en solution aqueuse.

La théorie de l'image latente fut soutenue par l'artiste et historien Antoine Legrand[107], qui attribua l'empreinte du Suaire aux liquides émis par le cadavre, qui auraient jauni le lin au fil du temps. Comme preuve de cette possibilité, le pharmacien Jean Volkringer[108] apporta les empreintes de plantes qui se forment naturellement dans les anciens herbiers du fait du simple contact de la plante avec le papier. Cette hypothèse fut reproposée par le biophysicien John A. De Salvo,[109] qui attribua une grande importance à l'acide lactique présent dans la sueur.

L'hypothèse de l'image latente fut ensuite reprise par le physicien Samuel Pellicori,[110] qui traita un tissu de lin avec de très fines couches de sueur, d'huile d'olive, de myrrhe, d'aloès et le chauffa dans un four pour simuler le vieillissement. Le tissu était jauni. Selon Pellicori, les substances qu'il utilisa ne servaient que de catalyseurs. L'image se serait développée au fil du temps avec l'exposition du Suaire à la lumière.

---

[105] SCOTTI P., *Le impronte della Santa Sindone e le recenti ricerche della chimica*, in SCOTTI P. (Ed.), *La Santa Sindone nelle ricerche moderne*, op. cit., pp. 97-120.

[106] RODANTE S., *Il sudore di sangue e le impronte della Sindone*, in *Sindon*, Quaderno n. 21, avril 1975, pp. 6-11; RODANTE S., *Le realtà della Sindone*, op. cit.

[107] LEGRAND A., op.cit., pp. 96-100.

[108] VOLCKRINGER J., *The Holy Shroud. Science confronts the imprints*, The Runciman Press, Manly, Australia 1991.

[109] DE SALVO J., *The image formation process of the Shroud of Turin and its similarities to Volkringer Patterns*, in *Sindon*, Quaderno n. 31, December 1982, pp. 43-50.

[110] PELLICORI S., EVANS M.S., *The Shroud of Turin through the microscope*, op. cit.

On ne peut pas nier que le corps fut en de nombreux endroits en contact étroit avec la toile: en effet, sur les photographies par fluorescence, on peut distinguer, bien définies, les moindres signes de flagelle, aussi fins que des égratignures. Le problème est d'expliquer le transfert de l'image sur le tissu, car au contact il n'est pas possible de reproduire ses gradations d'intensité et sa superficialité. Cependant, il faut supposer un mécanisme physique qui peut avoir généré les nuances, créant l'image même là où le drap n'était pas en contact avec le corps.

Théorie du rayonnement

Déjà en 1930 Noguier de Malijay[111] avança l'hypothèse selon laquelle l'empreinte sur le Suaire aurait pu être causée par un phénomène de flambage de lumière lié à la résurrection de Jésus. En 1966, Geoffrey Ashe[112] proposa à nouveau cette hypothèse, qui fut acceptée par de nombreux autres, y compris Giovanni Judica Cordiglia[113] et Sebastiano Rodante.[114] Le physicien John Jackson[115] a énoncé certaines propriétés qui ne font plus aucun doute: la grande définition des détails de la figure humaine, qui, si elle était due à la diffusion ou au rayonnement, serait beaucoup plus floue; l'image est due au jaunissement des fibrilles superficielles individuelles, dont le nombre par unité de surface détermine l'intensité plus ou moins grande de la figure; le traitement tridimensionnel est possible grâce à une corrélation entre l'intensité de la figure et la distance entre la toile et le corps; la nature chimique de l'image est due à la dégradation par déshydratation et oxydation des fibrilles superficielles sans ajout de substances; l'image est une projection verticale de la figure sur un plan

---

[111] NOGUIER DE MALIJAY N., *La Santa Sindone di Torino*, Libreria del S. Cuore, Turin 1930, p. 51.

[112] ASHE G., *What sort of picture?* In *Sindon*, Quaderno n. 10, avril 1966, pp. 15-19.

[113] JUDICA CORDIGLIA G., *Ipotesi sulla genesi delle immagini che si rinvengono sulla Sindone*, in COERO-BORGA P. (Ed.), *La Sindone e la Scienza*, op. cit., pp. 499-502.

[114] RODANTE S., *Un lampo di luce alle soglie del terzo millennio*, in BAIMA BOLLONE P., LAZZERO M., MARINO C. (Edd.), *Sindone e Scienza. Bilanci e programmi alle soglie del terzo millennio, Atti del III Congresso Internazionale di Studi sulla Sindone*, Turin 5-7 juin 1998, pp. 1-9.

[115] JACKSON J.P., *Is the image on the Shroud due to a process heretofore unknown to modern science?*, in *Shroud Spectrum International*, n. 34, March 1990, pp. 2-29, http://www.shroud.com/pdfs/ssi34part3.pdf.

horizontal: il existe une correspondance verticale entre le corps et les points correspondants de l'image; le tissu enveloppait un vrai cadavre: les taches de sang sont dues au contact direct avec les blessures d'un corps humain; il n'y a pas d'image corporelles latérales, alors qu'il y a des taches de sang latérales; sous les taches de sang, il n'y a pas d'image du corps: le sang, déposé d'abord sur la toile, a protégé la zone en dessous tandis que, par la suite, l'image s'est formée.

Sur la base de ces considérations, Jackson a supposé que le tissu, au fur et à mesure de la formation de l'image corporelle, prenait une position différente de celle qu'il avait lorsque les taches de sang se formaient. Le drap serait taché de sang alors qu'il reposait sur le corps humain allongé; l'image, en revanche, se serait formée grâce à un apport énergétique par contact, tandis que le tissu s'effondrait lentement en traversant le corps, devenu mécaniquement transparent.

Les points précédemment en contact avec la peau se déplacèrent latéralement et l'image jaunâtre de la figure se forma sur le tissu au fur et à mesure que, descendant par gravité, elle rencontrait le contour du corps. Par exemple, les taches de sang que nous voyons sur les cheveux se seraient formées là où le tissu, au début, toucha les joues. L'apport d'énergie aurait pu être donné par des rayons ultraviolets ou des rayons X mous qui se propagent uniquement par contact direct.

Très intéressantes sont également les expériences du biophysicien Jean-Baptiste Rinaudo,[116] chercheur en médecine nucléaire à Montpellier. Selon ce scientifique, l'oxydation acide des fibrilles superficielles du Suaire dans les zones de l'image, les informations tridimensionnelles contenues dans la figure et la projection verticale des points qui composent l'empreinte peuvent s'expliquer par une irradiation de protons qui auraient été émis par le corps, sous l'effet d'un apport d'énergie inconnu.

Rinaudo estime que les atomes impliqués dans le phénomène sont ceux du deutérium, présent dans la matière organique: c'est l'élément qui a le moins besoin d'énergie pour extraire un proton de son noyau, qui est composé d'un proton et d'un neutron. C'est un noyau stable, il

---

[116] RINAUDO J.-B., *Nouvelle hypothèse sur la formation de l'image du Linceul de Turin invalidant son age radiocarbone*, in *Montre-Nous Ton Visage*, n. 3, 1990, pp. 9-12; RINAUDO J.-B., *Hypothèse protonique sur la formation de l'image du Linceul de Turin. Le verdict expérimental*, in *Montre-Nous Ton Visage*, n. 6, 1991, pp. 7-14; RINAUDO J.-B., *Nouveau mécanisme de formation de l'image sur le Linceul de Turin, ayant pu entraîner une fausse radiodatation médiévale*, in UPINSKY A.A. (Ed.), *L'identification scientifique de l'Homme du Linceul: Jésus de Nazareth*, op. cit., pp. 293-299.

a donc fallu un regain d'énergie pour le décomposer. Les protons auraient formé l'image, tandis que les neutrons auraient irradié le tissu,
entraînant un enrichissement de carbone 14 qui aurait faussé la datation. Il est intéressant que le vieillissement artificiel ultérieur des
échantillons renforce les couleurs des oxydations obtenues.

Une autre étude importante fut menée par un médecin, August Accetta,[117] qui mena une expérience sur lui-même en s'injectant une solution de méthylène diphosphate contenant du technétium-99m, un
isotope radioactif qui se désintègre rapidement. Chaque atome de
technétium émet un seul rayon gamma, qui peut être enregistré par
un équipement de détection spécial. Le but était de créer une image
causée par un rayonnement émis par un corps humain. Selon Accetta,
en fait, l'image sur le Suaire aurait pu être causée par l'énergie libérée
à l'intérieur du corps du Christ au moment de la résurrection.

À l'ENEA (Agence Nationale des Nouvelles Technologies, de
l'Énergie et du Développement Économique Durable) à Frascati
(Rome), un groupe de physiciens[118] a mené des expériences très importantes. Certains tissus de lin ont été irradiés avec un laser exci-
mère, qui émet un rayonnement ultraviolet de haute intensité. Les résultats, comparés à l'image du Suaire, montrent des similitudes intéressantes: la coloration est similaire et se limite à la partie superficielle du tissu. Cela confirme la possibilité que l'image du Suaire ait
été causée par un rayonnement ultraviolet directionnel. La couleur du
lin devient plus intense avec le temps.

---

[117] ACCETTA A., LYONS K., JACKSON J.P., *Nuclear medicine and its rele-
vance to the Shroud of Turin*, in MARINELLI E., RUSSI A. (Edd.), *Sindone
2000*, op. cit., vol. I, pp. 3-6; vol. III, pp. 3-5.

[118] BALDACCHINI G., DI LAZZARO P., MURRA D., FANTI G., *Coloring
linens with excimer laser to simulate the body image of the Turin Shroud*,
in *Applied Optics*, vol. 47, n. 9, 20 March 2008, pp. 1278-1285; DI LAZZARO
P., MURRA D., SANTONI A., BALDACCHINI, G., *Sub-micrometer coloration
depth of linens by deep ultraviolet radiation*, in DI LAZZARO P. (Ed.), *Proceedings
of the IWSAI 2010*, op. cit., pp. 3-10, http://www.acheiropoietos.info/
proceedings/DiLazzaroWeb.pdf; DI LAZZARO P., MURRA D., SANTONI A.,
NICHELATTI E., BALDACCHINI G., *Colorazione simil-sindonica di tessuti di
lino tramite radiazione nel lontano ultravioletto*, in *RT/2011/14/ENEA*, novembre   2011,   http://www.frascati.enea.it/fis/lac/excimer/sindone/Di%20
Lazzaro%20-%20colorazione%20simil-sindonica%20-%20ENEA_RT.pdf;
DI LAZZARO P., MURRA D., NICHELATTI E., SANTONI A., BALDACCHINI,
G., *Superficial and Shroud-like coloration of linen by short laser pulses in
the vacuum ultraviolet*, in *Applied Optics*, vol. 51, n. 36, 20 December 2012,
pp. 8567- 8578; DI LAZZARO P., MURRA D., *Shroud like coloration of linen,
conservation measures and perception of patterns onto the Shroud of Turin*,
in *ATSI 2014*, op. cit., pp. 79-84.

Le physicien Giuseppe Baldacchini souligne:[119]

Des impulsions de lumière ultraviolette très dures sont nécessaires, d'une durée inférieure à cent milliardièmes de seconde et d'une puissance d'au moins quelques centaines de mégawatts, mais pas trop. Nous sommes donc en présence de processus de seuil et de fenêtre photochimiques et non photothermiques qui, au contrarie, provoquent des brûlures.

Baldacchini continue:

Avec une série de raisonnements logiques et de faits expérimentaux et historiques, nous pouvons démontrer, au-delà de tout doute raisonnable, que le Suaire était vraiment le linceul funéraire utilisé pour couvrir le cadavre de Jésus-Christ il y a environ 2000 ans, après qu'il avait été flagellé et crucifié à Jérusalem, comme décrit dans les Évangiles.

Le physicien conclut:

Cependant, il reste à découvrir comment l'image corporelle s'est formée sur le linceul funéraire et comment le corps de Jésus est sorti du tombeau et en particulier du Suaire, qui le matin après la résurrection était simplement détendu (effondré) sur la pierre du tombeau. Nos mesures nous indiquent qu'une explosion d'énergie radiante est compatible avec la formation de l'image corporelle.

Cette expérience atteint véritablement le seuil du mystère de cette empreinte, qui rappelle le mystère central de la foi chrétienne.

---

[119] BALDACCHINI G., *Gli ultimi studi sulla Sindone*, in *Gesù confido in te*, n. 25, mars-avril 2012, pp. 12-15.

CHAPITRE III

LE TISSU CACHÉ

De la France à Turin

Comme pour les derniers siècles, la documentation du Suaire est vaste et continue.[120] Entre 1353 et 1356, le Suaire était en France, entre les mains de Geoffroy Ier de Charny, chevalier croisé et seigneur des terres de Lirey, qui en 1342 avait épousé la noble Jeanne de Vergy dans un second mariage. Le croisé, qui n'a jamais révélé comment il était entré en possession de la relique, tomba à la bataille de Poitiers le 19 septembre 1356, laissant derrière lui un fils, Geoffroy II.

Il n'y a pas d'autres nouvelles du Suaire jusqu'en 1389, lorsque Geoffroy II de Charny obtint de Pierre de Thury, cardinal de Sainte Suzanne et légat papal de Charles VI, roi de France, l'autorisation d'exposer «une figure ou une représentation du Sudarium de Notre Seigneur».[121] Cependant, l'autorisation ne fut pas demandée à Pierre d'Arcis, évêque de Troyes, qui s'en offusqua, notamment pour le faste des cérémonies et la grande foule de pèlerins attirés par le Suaire et qui désertaient Troyes.

L'évêque adressa à l'antipape Clément VII une longue lettre, dans laquelle il affirma que la première ostension du Suaire, qui aurait eu lieu vers 1355, avait été faite sans l'autorisation d'Henri de Poitiers, son prédécesseur comme évêque de Troyes. Il avait donc prévu de mener une enquête. Des théologiens experts et des hommes de confiance lui avaient assuré que le linceul de Lirey ne pouvait pas être authentique, car si une empreinte avait été visible sur le drap mortuaire du Christ, les Évangiles en auraient sûrement parlé. De plus, le fait qu'elle était fausse était corroboré par la déclaration du peintre lui-même qui l'avait produite. D'Arcis n'apporta pas de documents ou de preuves pour ses déclarations, qui semblaient pourtant très convaincantes.

Le 6 janvier 1390, Clément VII émit une bulle et deux lettres supplémentaires qui autorisaient l'exposition du drap; mais au cours de l'exposition, il était nécessaire de déclarer explicitement qu'il ne

---

[120] FOSSATI L., *La Sacra Sindone. Storia documentata di una secolare venerazione*, Editrice Elledici, Leumann (TO) 2000; ZACCONE G.M., *La Sindone. Storia di un'immagine*, Paoline Editoriale Libri, Milan 2010.

[121] FOSSATI L., *La Santa Sindone. Nuova luce su antichi documenti*, Borla Editore, Turin 1961.

s'agissait pas du véritable Suaire de Notre Seigneur, mais d'une *pictura seu tabula*, une peinture faite pour ressembler au Suaire. L'expression indique clairement un travail manuel.

Le remplacement de l'expression *pictura seu tabula* de la bulle du 6 janvier 1390 par la simple indication *figura seu rapresentacio* (qui apparaît dans tous les autres documents pontificaux) sur la copie du registre du Vatican (Reg. Aven. 261, f.259v) est très significatif. La correction porte la date du 30 mai 1390, la veille de la dernière bulle du 1er juin 1390 dans laquelle des indulgences spéciales ont été accordées aux visiteurs de l'église de Sainte Marie de Lirey où est conservé le *venerabiliter figura seu rapresentacio sudarii Domini nostri Jesu Christi*.

Le 22 mars 1453, Marguerite de Charny, qui avait hérité du Suaire de son père Geoffroy II, le donna à Anna di Lusignano et à son mari, le duc Ludovico di Savoie. La relique sera placée dans la Sainte-Chapelle du Château de Chambéry. Le linge sacré resta en possession de la Savoie jusqu'à la mort du roi Humbert II (18 mars 1983), date à laquelle, par testament, il fut donné au pape.

Les trois principaux événements de cette période sont l'approbation de la messe et de l'office propre du Suaire par le pape Jules II, qui permit son culte public (1506); l'incendie de Chambéry (1532) et le transfert du Suaire à Turin, décidé par le duc Emanuele Filiberto à l'occasion du pèlerinage de saint Charles Borromée, archevêque de Milan (1578). Le 1er juin 1694, le Suaire fut placé dans la chapelle de l'architecte Guarino Guarini, annexée à la cathédrale de Turin.

Au cours des quatre siècles de son séjour à Turin, des ostensions se succédèrent pour des anniversaires particuliers ou pour célébrer des événements de la Maison de Savoie. Après l'ostension de la relique à l'occasion de l'Exposition d'Art Sacré en 1898 et l'ostension du 3 au 24 mai 1931 pour célébrer le mariage du prince Humbert de Savoie avec Maria Josè de Belgique, une autre ostension eut lieu en 1933, du 24 septembre au 15 octobre, pour commémorer le 26ème centenaire de la Rédemption.

Pendant la Seconde Guerre mondiale, le Suaire fut caché dans l'abbaye de Montevergine (Avellino) du 25 septembre 1939 au 28 octobre 1946.

Du 16 au 18 juin 1969, une enquête fut menée par une commission d'étude nommée par le cardinal Michele Pellegrino, archevêque de Turin. Le Suaire fut photographié pour la première fois en couleur par Giovanni Battista Judica Cordiglia.

La relique commença à être connue du grand public lors de la première ostension télévisée en direct, le 23 novembre 1973. À cette occasion, un nouvel examen de la relique fut effectué et quelques échantillons furent prélevés pour faire de nouvelles études.

Près de quatre millions de pèlerins se rendirent à Turin en 1978 pour la célébration du quatrième centenaire du transfert du Suaire de Chambéry à Turin, solennisée par une ostension du 26 août au 8 octobre et un congrès international d'étude. À la fin de l'ostension, des mesures et des analyses furent effectuées sur la relique.

L'examen suivant, cependant, suscita beaucoup de perplexité. Le 21 avril 1988, un échantillon de tissu fut prélevé sur le Suaire pour être daté par la méthode du radiocarbone. Selon cette analyse, le Suaire remonterait au Moyen Âge, à une période comprise entre 1260 et 1390 après J.-C. Cependant, les méthodes d'échantillonnage et leur fiabilité pour des tissus qui ont subi des vicissitudes comme ceux du Suaire sont considérées comme insatisfaisantes par un nombre important de chercheurs.

Le 24 février 1993, le Suaire fut temporairement déplacé derrière le maître-autel de la cathédrale de Turin pour permettre les travaux de restauration nécessaires de la chapelle Guarini. Le reliquaire fut placé dans un caisson en cristal dont les murs font 39 mm d'épaisseur.

Dans la nuit du 11 au 12 avril 1997, un incendie causa de très graves dommages à la chapelle du Suaire. Les pompiers, cependant, purent s'approcher du caisson spécial pour le casser et sauver la relique. Le 14 avril, une commission d'experts, comprenant également le cardinal Giovanni Saldarini, archevêque de Turin et gardien du Suaire, examina l'état du linceul et constata qu'aucun dommage ne s'était produit.

Du 18 avril au 14 juin 1998, une ostension du Suaire fut organisée pour célébrer le centenaire de la première photographie, prise par Secondo Pia entre le 25 et le 28 mai 1898. L'année 1998 fut également marquée par les 1 600 ans du Conseil provincial des évêques de Gaule accueilli à Turin par saint Maxime, par les 400 ans de l'institution de la Confraternité du Très Saint Sudarium et par les 20 ans de l'ostension précédente. Le Saint-Père Jean-Paul II se rendit à Turin le 24 mai et s'arrêta pour prier devant la relique vénérée.

A l'occasion du Grand Jubilé de l'an 2000, du 12 août au 22 octobre, une ostension du Saint Suaire fut organisée. Un nouveau reliquaire fut réalisé pour la préservation du précieux lin. Il fut fabriqué à partir d'un seul bloc d'aluminium, opportunément évidé pour éviter les soudures. Le Suaire, qui est conservé étendu dans l'obscurité en présence d'un gaz inerte, est protégé par un verre pare-balles et, grâce à divers systèmes de contrôle, est maintenu dans des conditions climatiques constantes.

Entre le 20 juin et le 23 juillet 2002, le Suaire subit une intervention remarquable qui consista à enlever les plaques et le tissu de Hollande, appliqué par les religieuses Clarisse de Chambéry en 1534. Un nouveau tissu fut cousu au dos du Suaire. En outre, un balayage numérique complet fut effectué sur la surface où l'image de l'homme du Suaire est visible et sur le dos qui fut à nouveau caché par une nouvelle doublure. Enfin, une documentation photographique complète fut réalisée et quelques échantillons de matériaux furent prélevés.

Afin de permettre une inspection de la caisse de haute technologie dans laquelle il était conservé, le suaire fut transféré le lundi 21 janvier 2008 dans la nouvelle sacristie de la cathédrale de Turin. Pendant trois jours, la toile fut soumise à divers tournages; le mardi 22 janvier, les techniciens de l'entreprise Hal 9000 de Novara prirent 1650 photos qui aboutirent, après un long traitement informatique, à la création d'une image à très haute résolution (1250 dpi) également utile pour les études scientifiques.

Une nouvelle ostension du Suaire eut lieu du 10 avril au 23 mai 2010. En 2013, une ostension télévisée eut lieu le samedi saint, le 30 mars. L'ostension de 2015 s'étendit sur une longue période, du 19 avril au 24 juin.

La cachette des premiers siècles

Pour les siècles précédents, une aide considérable provient non seulement des documents écrits, mais aussi de l'étude de la similitude entre le visage de l'homme du Suaire et la plupart des représentations du Christ connues dans l'art, tant oriental qu'occidental.[122] Cette ressemblance est évidente et ne peut pas être attribuée au simple hasard; elle doit être le résultat d'une relation, directe ou indirecte, d'une image avec l'autre et ayant toutes une origine commune.[123]

---

[122] MARINELLI E., *La Sindone e l'iconografia di Cristo*, in *Shroud of Turin, the controversial intersection of faith and science, International Conference*, op. cit., http://www.sindone.info/STLOUIS1.PDF

[123] PFEIFFER H., *La Sindone di Torino e il Volto di Cristo nell'arte paleocristiana, bizantina e medievale occidentale*, *Emmaus 2*, Quaderni di Studi Sindonici, Centro Romano di Sindonologia, Rome 1982, p. 13.

Paul Vignon fut le premier à soutenir que le visage du Christ, tel qu'il est présenté dans l'art, doit dépendre du Suaire; il existe une similitude entre le type classique du visage du Christ avec la barbe et l'image du Suaire.[124]

On peut identifier sur le Suaire plusieurs éléments non réguliers, difficiles à attribuer à l'imagination des artistes, qui nous font comprendre comment les anciennes représentations du visage du Christ dépendent de la relique vénérée: les cheveux sont longs et bipartites; de nombreux visages présentent deux ou trois mèches de cheveux au milieu du front: il peut s'agir d'une manière artistique de représenter le filet de sang en forme d'epsilon sur le front du visage de l'homme du Suaire; les sourcils sont prononcés; de nombreux visages ont un sourcil plus haut que l'autre, comme le visage sur le Suaire; à la racine du nez certains visages ont un signe comme un carré dont il manque le côté supérieur et sous lequel il y a un signe en V.

En outre, le nez est long et droit; les yeux sont grands et profonds, largement ouverts, avec des iris immenses et de grands cercles sombres; les pommettes sont très prononcées, parfois avec des taches; une zone assez large entre les joues du visage sur le Suaire et ses cheveux n'est pas marquée, de sorte que les bandes de cheveux semblent comme trop détachées du visage; une joue est très enflée en raison d'un fort traumatisme, le visage est donc asymétrique; la moustache, souvent inclinée, est placée de façon asymétrique et descend au-delà des lèvres de chaque côté selon un angle différent; la bouche est petite, non cachée par la moustache; il y a une zone sans barbe sous la lèvre inférieure; la barbe, pas trop longue, bipartite et parfois tripartite, est légèrement décalée sur le côté.

L'inspiration du Suaire est évidente, par exemple, dans les marques entre les sourcils, sur le front et sur la joue droite du visage du Christ (VIIIe siècle) dans les catacombes de Ponziano à Rome.[125] Il est donc essentiel de rechercher, dans l'histoire des documents, des indices, des descriptions de cet objet singulier, afin de comprendre dans quelle mesure il a pu influencer les représentations du Christ au cours des siècles.[126]

---

[124] VIGNON P., *Le Linceul du Christ. Étude scientifique*, op. cit., pp. 163-192; P. VIGNON, *Le Saint Suaire de Turin devant la Science, l'Archéologie, l'Histoire, l'Iconographie, la Logique*, op. cit., pp. 113-191.

[125] WILSON I., *Icone ispirate alla Sindone*, in COPPINI L., CAVAZZUTI F. (Edd.), *Le icone di Cristo e la Sindone*, Ed. San Paolo, Cinisello Balsamo (MI) 2000, pp. 72-88, p. 78.

[126] DROBOT G., *Il volto di Cristo, fedeltà a un santo modello*, in COPPINI L., CAVAZZUTI F. (Edd.), *Le icone di Cristo e la Sindone*, op. cit., pp. 57-71, p. 60.

Il est légitime de penser qu'aux premiers temps de l'Église, le Suaire était gardé caché pour plusieurs raisons: tout d'abord, il s'agissait d'un souvenir très précieux, ayant enveloppé le corps du Rédempteur; en outre, il y avait la crainte qu'un adversaire extérieur à la communauté, ou même à l'intérieur de celle-ci, prenne le contrôle et le détruise. Les Juifs, conformément à la loi mosaïque (Nm 19,11-22), considéraient comme impur tout ce qui était en contact avec un cadavre et saint Paul l'a rappelé: «Nous, nous prêchons un Christ crucifié, scandale pour les Juifs et folie pour les Gentils» (1 Cor 1,23). Il était naturel que les gardiens du Suaire aient jugé imprudent d'exposer ce témoin impressionnant de l'ignominieuse crucifixion.

La position des draps funéraires était un témoignage indiscutable de la résurrection.[127] Le moine bénédictin Maurus Green a déclaré: «Le fait que les draps funéraires de notre Seigneur et leur disposition constituaient la première preuve matérielle de la résurrection, plaiderait en faveur de leur préservation en dépit de leur nature impure».[128]

Les apocryphes parlent des vêtements d'enterrement de Jésus. Saint Jérôme (IVe siècle) dans *De viris illustribus* rapporte un passage de l'*Évangile selon les Hébreux*[129] (IIe siècle): «Le Seigneur, ayant donné le linceul (*sindonem*) au serviteur du prêtre,[130] alla vers Jacques et lui apparut».[131] Certains écrits des 2e-4e siècles sont connus sous différents noms:[132] *Évangile de Nicodème*, *Actes de Pilate*,

---

[127] MORINI E., MANSERVIGI F., *The matter of the position of Jesus' burial cloths in a poetic text of the Orthodox Liturgy and in Iconography witnesses*, in *ATSI 2014*, op. cit., pp. 52-57, p. 56,
http://www.academia.edu/8504722/The_matter_of_the_position_of_Jesus_burial_cloths_in_a_poetic_text_of_the_Orthodox_Liturgy_and_in_Iconography_witnesses

[128] GREEN M., *Enshrouded in silence. In search of the First Millennium of the Holy Shroud*, in *The Ampleforth Journal* 3, 1969, pp. 321-345, p. 327.

[129] SAVIO P., *Ricerche storiche sulla Santa Sindone*, SEI, Turin 1957, pp. 60 et 152-160.

[130] FULBRIGHT D., *Did Jesus give his Shroud to "the servant of Peter"?*, in DI LAZZARO P. (Ed.), *Proceedings of the IWSAI 2010*, op. cit., pp. 129-132, http://www.acheiropoietos.info/proceedings/FulbrightServantWeb.pdf

[131] DUBARLE A.-M., *Histoire ancienne du linceul de Turin*, O.E.I.L., Paris 1985, p. 120.

[132] *Ibid.*, p. 125.

Évangile de Gamaliel, Mystères des Actes du Sauveur.[133] Ils rapportent que le Seigneur, après la résurrection, montre le drap et le linceul dans le tombeau à Joseph d'Arimathie.[134]

Dans l'*Inlatio* de la *Missa de sabbato Pasche ante octavas* du *Liber Mozarabicus Sacramentorum* (VI-VII siècle) nous lisons que «Pierre a couru avec Jean au tombeau; il voit dans le linge les vestiges récents du mort et du ressuscité».[135]

Il n'est pas du tout improbable de supposer que le Suaire fut recueilli avec soin et ne disparut pas dans l'indifférence; c'est aussi l'opinion de saint Braulion, évêque de Saragosse (VIIe siècle), qui, dans la lettre XLII, déclare qu'il croit que les linges funéraires du Seigneur avaient été gardées par les apôtres en vue des temps futurs.[136]

Dès la fin des persécutions, le pape Sylvestre Ier (314-335), lors du concile provincial de 325, aux Thermes de Trajan à Rome, décréta que la Sainte Messe devait être célébrée sur du linge blanc consacré par l'évêque, en souvenir de celui dans lequel le Seigneur avait été enveloppé.[137]

Le corporal de pur lin, qui est étendu sur l'autel, est une figure du Suaire propre dans lequel Jésus fut enveloppé: c'est l'interprétation commune des anciens liturgistes orientaux et latins, comme saint Jean IV Nesteutes, patriarche de Constantinople (VIe siècle). Germain, évêque de Paris, écrit: «Le corporal, sur lequel on place l'*oblatio*, est pour cette raison de pur lin, car le corps du Seigneur fut enveloppé de pur lin dans le sépulcre».[138] Saint Bède le Vénérable (7e-8e siècle), Saint Raban Maur, archevêque de Mayence (9e siècle) et Remi d'Auxerre (9e-10e siècle) le mentionnent également.[139]

---

[133] Savio P., *Ricerche storiche sulla Santa Sindone*, op. cit., pp. 63 et 166-168.

[134] Amiot F. (Ed.), *Gli Evangeli apocrifi*, Massimo, Milan, 1979, p. 123.

[135] Dubarle A.-M., *Histoire ancienne du linceul de Turin*, op. cit., p. 131; Savio P., *Ricerche storiche sulla Santa Sindone*, op. cit., p. 70.

[136] Dubarle A.-M., *Histoire ancienne du linceul de Turin*, op. cit., pp. 128-129; Savio P., *Ricerche storiche sulla Santa Sindone*, op. cit., pp. 68 e 174-178; Savio P., *Prospetto sindonologico*, in *Sindon*, Quaderno n. 3, août 1960, pp. 16-31, p. 24.

[137] Calisi A., *L'immagine della Sindone e l'Iconografia Bizantina*, in *Chi ha visto me ha visto il Padre*, Atti del *3° Convegno Nazionale degli Iconografi e degli Amici dell'Iconografia*, Rome 24-26 septembre 2010, pp. 1-10, p. 8.

[138] Savio P., *Prospetto sindonologico*, op. cit., p. 23.

[139] *Ibid*, pp. 25-27.

«*Sindone, quam solemus Corporale nominare*», affirmait saint Amalarius,[140] liturgiste et théologien, qui fut en 813 le légat de Charlemagne à Constantinople. Honorius d'Autun[141] (XIIe siècle) écrivit que le calice est recouvert par le corporal «qui représente le Suaire propre avec lequel Joseph d'Arimathie enveloppa le corps du Christ». Le corps entier de Jésus, couché sur un drap, apparaît sur le corporal de lin que l'on étend sur l'autel pour célébrer l'Eucharistie dans le rite byzantin. À titre indicatif, aujourd'hui encore, le corporal est appelé Suaire dans le rite ambrosien.[142]

Une similitude évidente

En ce qui concerne l'apparence de Jésus, il faut tenir compte du fait que l'Écriture Sainte ne donne aucune description de la personne physique du Sauveur; les interdictions de l'ancienne loi (Ex 20,4; Dt 5,8) empêchèrent certainement les premiers disciples de fixer sa physionomie dans des images ou des statues, bien que la légende en attribue certaines à Saint Luc ou à Nicodème[143]. Irénée (IIe siècle) et Origène (IIIe siècle) considéraient qu'il était permis de représenter Dieu par une image;[144] aux premiers temps du christianisme, cependant, seuls des symboles étaient utilisés, comme l'agneau, le pain et le poisson, dont le nom grec *ichthùs* est formé des initiales des mots: *Jésus-Christ Fils de Dieu le Sauveur*. L'image du poisson eucharistique peut être vue, par exemple, à Rome dans la crypte de Lucina, dans les catacombes de Saint Chalixte (2e-3e siècle).

Une alternative était d'appliquer à la figure du Christ des ressemblances provenant d'autres religions non chrétiennes. Parmi les images les plus anciennes, on se souvient du *Christus Sol Invictus du Mausolée des Julii* dans la nécropole du Vatican (IIIe siècle), dans

---

[140] DU CANGE C. et al., *Glossarium mediæ et infimæ latinitatis*, Favre Ed., Niort 1883-1887, t. 2, col. 576c.

[141] FILIPPI M., MONACELLI A., *Sindon, sudarium, linteamina in the medieval allegorical interpretation of liturgy*, in *ATSI* 2014, op. cit., pp. 119-124.

[142] CALISI A., *L'immagine della Sindone e l'Iconografia Bizantina*, op. cit., p. 8.

[143] MARINELLI E., *Three "Acheiropoietos" Images in comparison with the Turin Shroud*, in *International Interdisciplinary Conference on the Acheiropoietos Images*, Toruń, Poland, 11–13 May 2011, pp. 1-7, https://www.academia.edu/867143/Three_Acheiropoietos_images_in_comparison_with_the_Turin_Shroud.

[144] EGGER G., *L'icona del Pantocrator e la Sindone*, in COERO-BORGA P. (Ed.), *La Sindone e la Scienza*, op. cit., pp. 91-94, p. 91.

lequel Jésus est représenté comme le dieu Soleil, par opposition au païen *Helios*.[145] C'est également à cette époque qu'apparaissent les figures humaines du Bon Pasteur, du Thaumaturge et du Maitre.[146] De ce type est le Christ qui guérit la femme hémorroïsse des catacombes des Saints Pierre-et-Marcelline à Rome (3ème siècle). Jésus est représenté imberbe pour souligner sa nature divine.[147]

Après la victoire du christianisme, sanctionnée par Constantin en 313 avec l'édit de Milan, une image différente du visage de Jésus commença à se répandre, caractérisée par la barbe pas trop longue, la moustache, le visage étroit, grand et majestueux, les longs cheveux qui tombent sur les épaules, divisés parfois par une ligne centrale.[148] L'une des premières représentations du Christ barbu apparaît à Rome dans l'Hypogée des Auréliens (IIIe siècle). Parmi les œuvres qui le montrent avec une barbe, on trouve des sarcophages de l'époque théodosienne (IVe siècle) encore conservés, par exemple, dans l'ancien musée du Latran au Vatican, à Saint Sébastien Hors les Murs à Rome, à Saint Ambroise à Milan et au Musée de l'Arles Antique.

Le Jésus barbu se trouve également à Rome dans l'abside de la basilique Sainte-Pudentienne (IVe siècle); du même type sont le Christ maitre dans la Loge de Léon dans les catacombes de Commodille (IVe siècle) et le Christ trônant entre Pierre et Paul dans les catacombes des Saints Marcellin et Pierre (IVe-Ve siècle). Dans toutes les représentations du Sauveur, la ressemblance avec le visage de l'homme du Suaire est toujours marquée: on observe, par exemple, l'ancienne image du Saint Sauveur vénérée dans l'oratoire Saint Laurent in *Palatio*, appelé *Sancta Sanctorum*, à Rome, dont l'icône originale remonte au cinquième-sixième siècle; la mosaïque (VIIe siècle) de la chapelle de Saint Venant au Baptistère du Latran; le Christ de la cathédrale de Tarquinia (XIIe siècle); le Sauveur de la cathédrale de Sutri (XIIIe siècle); et la mosaïque (XIIIe siècle) de l'abside de la basilique de Saint-Jean de Latran.[149]

---

[145] CECCHELLI C., *Rapporti fra il Santo Volto della Sindone e l'antica iconografia bizantina*, in SCOTTI P. (Ed.), *La Santa Sindone nelle ricerche moderne, op. cit.*, pp. 195-211, pp. 199-200.

[146] EGGER G., *L'icona del Pantocrator e la Sindone, op. cit.*, p. 91.

[147] PFEIFFER H., *La Sindone di Torino e il Volto di Cristo nell'arte paleocristiana, bizantina e medievale occidentale, op. cit.*, pp. 20-21.

[148] *Ibid.*, p. 17.

[149] ZANINOTTO G., *L'Acheropita del SS. Salvatore nel Sancta Sanctorum del Laterano*, in COPPINI L., CAVAZZUTI F. (Edd.), *Le icone di Cristo e la Sindone, op. cit.*, pp. 164-180, pp. 178-179.

À partir du VIe siècle, un type particulier de portrait de Jésus inspiré du Suaire se répand également en Orient: c'est le majestueux Christ, avec une barbe et une moustache, appelé *Pantocrator* (Tout-Puissant), dont on trouve de splendides exemples en Cappadoce.[150] L'inspiration du Suaire est évidente dans le visage du Christ sur le vase en argent du VIe siècle trouvé à Homs, en Syrie, aujourd'hui conservé au Louvre à Paris, et dans celui du reliquaire en argent de 550 ans provenant de Chersonesus en Crimée, aujourd'hui à l'Ermitage de Saint-Pétersbourg.[151]

Le *Pantocrator* est également présent dans l'ère post-byzantine et restera sensiblement inchangé jusqu'à aujourd'hui.[152] En Orient, cette image deviendra la seule pour tout l'art figuratif et elle prévaudra toujours aussi en Occident.[153] Dans le *Pantocrator* (13e siècle) de Sainte-Sophie (Istanbul) et dans le *Pantocrator* (14e siècle) de Saint-Sauveur à Chora (Istanbul), nous trouvons des joues concaves et des pommettes saillantes et asymétriques. Quant au détail au milieu du front, qui peut être une mèche ou une double mèche de cheveux, ou quelque ligne ou tache de couleur rouge ou blanche, parfois même une ride verticale, il est toujours peint dans la région médiane et change non pas de forme essentielle mais de contenu dans les diverses images des différents siècles. Cela révèle, même dans les différentes interprétations, une origine unique: le filet de sang caractéristique sur le front du visage de l'homme du Suaire.

On peut remarquer la mèche de cheveux, simple ou double, par exemple dans le *Pantocrator* (IXe siècle) de l'oratoire de Saint Laurent in Palatio à Rome, dans le *Pantocrator* (XIIe siècle) de Cefalù (Palerme), dans le *Pantocrator* (XIIe siècle) de Monreale (Palerme), dans le *Pantocrator* (XIIe siècle) de Saint Ange en Formis à Capoue (Caserta) et dans le *Pantocrator* (XIIe siècle) de l'église du monastère de Dafni, dans les environs d'Athènes,[154] tandis qu'il apparaît comme un véritable filet de sang sur le front du Christ dans le panneau de la

---

[150] MANTON L., *The Cappadocian frescoes in relation to the Turin Shroud*, in DOUTREBENTE M.-A. (Ed.), *Acheiropoietos. Non fait de main d'homme*, op. cit., pp. 119-126.

[151] MORONI M., *L'icona di Cristo nelle monete bizantine. Testimonianze numismatiche della Sindone a Edessa*, in COPPINI L., CAVAZZUTI F. (Edd.), *Le icone di Cristo e la Sindone*, op. cit., pp. 122-144, p. 124.

[152] GHARIB G., *Icone bizantine e ritratto di Cristo*, in COPPINI L., CAVAZZUTI F. (Edd.), *Le icone di Cristo e la Sindone*, op. cit., pp. 35-56, p. 35.

[153] PFEIFFER H., *La Sindone di Torino e il Volto di Cristo nell'arte paleocristiana, bizantina e medievale occidentale*, op. cit., p. 20.

[154] GHARIB G., *Le icone di Cristo, storia e culto*, Città Nuova Ed., Rome 1993, p. 153.

crucifixion de l'un des vitraux du portail des Rois de la cathédrale de Chartres (XIIe siècle)[155].

L'observation du visage du Suaire conditionne également la représentation du Christ sur les monnaies byzantines à partir du VIIe siècle.[156] Le premier empereur à avoir le visage de Jésus représenté sur des pièces de monnaie fut Justinien II (empereur byzantin de 685 à 695 et de 705 à 711). Sur son *solidus aureo* (692-695) apparaît un *Pantocrator* qui a des traits fortement similaires à ceux du Suaire: les cheveux ondulés tombant derrière les épaules, la longue barbe, la moustache et la petite touffe caractéristique sur le front.

Malheureusement, très peu d'images du Christ ont survécu à la terrible période de fureur iconoclaste (730-843), au cours de laquelle prévalait le déni des représentations sacrées. Une fois terminées les luttes iconoclastes, le visage du Christ inspiré du Suaire sera à nouveau reproduit sur les pièces. Un *Pantocrator* fortement similaire à l'image sur le Suaire, expressif, aux grands yeux, aux cheveux longs et à la barbe, apparaît sur le *solidus* en or de Michel III (842-867).

La technique de superposition en lumière polarisée[157] a permis de démontrer que le visage de l'homme du Suaire correspond en plusieurs points à celui, convenablement agrandi, du *Pantocrator* représenté sur les monnaies: il y a plus de 140 points de congruence, c'est-à-dire de superposition, avec le *solidus* et avec le *trémissis* du premier règne de Justinien II. Cela répond amplement au critère médico-légal américain, pour lequel 45 à 60 points de congruence suffisent à établir l'identité ou la similitude de deux images. La même technique a été appliquée à l'un des plus beaux exemples de *Pantocrator*, celui du monastère de Sainte-Catherine au Mont Sinaï (6e siècle), qui présente 250 points de congruence[158]. Une autre comparaison de la face de l'homme du Suaire a été faite avec la technique de traitement numérique. Il s'est avéré que les traits et les contours

---

[155] FALCINELLI R., *Testimonianze sindoniche a Chartres*, in BAIMA BOLLONE P., LAZZERO M., MARINO C. (Edd.), *Sindone e Scienza. Bilanci e programmi alle soglie del terzo millennio*, op. cit., pp. 300-311, pp. 303 et 310.

[156] MORONI M., *L'icona di Cristo nelle monete bizantine. Testimonianze numismatiche della Sindone a Edessa*, op. cit., pp. 122-144.

[157] WHANGER A.D., WHANGER M., *Polarized image overlay technique: a new image comparison method and its applications*, in *Applied Optics*, 24, 6, 1985, pp. 766-772.

[158] WHANGER A.D., *Icone e Sindone. Confronto mediante tecnica di polarizzazione di immagine sovrapposta*, in COPPINI L., CAVAZZUTI F. (Edd.), *Le icone di Cristo e la Sindone*, op. cit., pp. 145-151.

du visage peuvent être superposés à ceux du Christ du *solidus* de Justinien II et de l'icône du Sinaï.[159]

Dans les sources littéraires byzantines, l'image du *Pantocrator* est appelée *acheiropoietos* – non faite par des mains humaines – ou *apomasso* – empreinte – et selon la tradition, elle est attribuée à un tissu; c'est pourquoi on l'appelle *Mandylion*. Ce portrait canonique du Christ est considéré à ce jour comme la seule représentation valable, non seulement par l'Église orthodoxe, mais aussi par l'Église catholique.[160]

Il est intéressant de noter que les portes en bois de la basilique de Sainte-Sabine à Rome (Ve siècle) présentent le Christ barbu dans les scènes de la Passion, alors qu'il est sans barbe dans toutes les autres scènes de sa vie antérieure. Cette distinction caractérise également les mosaïques de Saint-Apollinaire-le-Neuf à Ravenne (VIe siècle)[161]. Il y avait donc une raison de relier la représentation du Christ barbu à sa Passion; cette raison peut être une image préexistante, clairement liée aux moments de souffrance de Jésus. On pense naturellement au Suaire, à Véronique et à d'autres témoignages, écrits et iconographiques, d'une empreinte laissée par Jésus sur un tissu avec sa sueur et son sang. Toutes les légendes, les traditions, les indices de l'existence d'une telle image sont précieux pour reconstituer un itinéraire du Suaire dans les siècles obscurs qui précédent son apparition en Europe et pour comprendre pourquoi il y a tant de références à l'existence d'une image du Christ sur un tissu.

L'image du Christ sur un tissu

Une lettre attribuée à saint Épiphane de Salamine (IVe siècle) raconte qu'à l'entrée d'une église d'Anablatha, non loin de Jérusalem, un voile avec l'image d'un homme était suspendu: il pouvait s'agir de Jésus ou d'un saint. Epiphanius la déchira parce qu'il considéra que c'était contraire aux Écritures. Aux gardiens du lieu, indignés par l'acte iconoclaste, il promit d'envoyer un nouveau voile sans figure

---

[159] HARALICK R.M., *Analysis of Digital Images of The Shroud of Turin*, Spatial Data Analysis Laboratory, Virginia Polytechnic Institute and State University, Blacksburg, VA, 1 décembre 1983, pp. 1-97; BALOSSINO N., TAMBURELLI G., *Icone e Sindone. Analisi comparativa con metodologie informatiche*, in COPPINI L., CAVAZZUTI F. (Edd.), *Le icone di Cristo e la Sindone*, op. cit., pp. 152-157.

[160] EGGER G., *L'icona del Pantocrator e la Sindone*, op. cit., p. 93.

[161] PFEIFFER H., *La Sindone di Torino e il Volto di Cristo nell'arte paleocristiana, bizantina e medievale occidentale*, op. cit., pp. 19-25.

humaine. Il conseilla également aux gardiens d'utiliser le voile déchiré pour les funérailles d'un pauvre homme. Le tissu était donc grand.[162]

Saint Adomnan (VIIe siècle), abbé de l'abbaye d'Iona dans les îles Hébrides, dans *De locis sanctis*, décrit la Terre Sainte en se basant sur le récit de saint Arculfe, un évêque de Gaule qui fut accueilli dans l'abbaye à cause d'un naufrage survenu au retour de son voyage en Palestine. Un compendium de ce texte fut réalisé par le Vénérable Bède (7ème siècle). Arculfe rapporta avoir vu le *sudarium* qui avait été sur la tête de Jésus: ce *linteum* mesurait huit pieds de long (environ 2,50 m). Il y avait aussi un *linteamen* plus grand, dont le tissage était attribué à Notre-Dame, dans lequel étaient *intextæ* (tissées) les formules des douze apôtres (les articles du Symbole apostolique) et l'*imago* du Seigneur lui-même.[163]

La présence à Jérusalem d'un *sudarium* du Christ, dans la basilique du Saint-Sépulcre, est également attestée par le *Commemoratorium de casis Dei vel monasteriis*, rédigé vers 808 pour l'empereur Charlemagne.[164] Un pèlerin anonyme de Plaisance, au VIe siècle, avait cependant vu dans une grotte sur les rives du Jourdain le *sudarium* et à Memphis, en Égypte, un linge avec lequel le Seigneur avait essuyé son visage et dans lequel il avait laissé son image au moment de la fuite en Égypte.[165]

Les preuves concernant l'image d'Édesse (une ville de l'Arménie antique, aujourd'hui Şanliurfa, dans le sud-est de la Turquie), que l'historien Ian Wilson[166] a identifié au Suaire, sont particulièrement intéressantes. Au musée de Şanliurfa se trouve une mosaïque du visage du Christ (VIe siècle) qui ressemble beaucoup à un détail de l'icône des saints Serge et Bacchus (VIe siècle) du monastère de Sainte-Catherine au Mont Sinaï, aujourd'hui au Musée d'art occidental et oriental de Kiev, en Ukraine. Ces deux représentations présentent des caractéristiques inspirées du Suaire.[167]

---

[162] *Ibid.*, pp. 3-8.

[163] DUBARLE A.-M., *Histoire ancienne du linceul de Turin*, op. cit., p. 132; PFEIFFER H., *La Sindone di Torino e il Volto di Cristo nell'arte paleocristiana, bizantina e medievale occidentale*, op. cit., pp. 8-11.

[164] DUBARLE A.-M., *Histoire ancienne du linceul de Turin*, op. cit., p. 133.

[165] *Ibid.*, pp. 126-127.

[166] WILSON I., *The Shroud of Turin. The burial cloth of Jesus Christ?*, Doubleday & C., Garden City, New York 1978.

[167] WILSON I., *The Shroud. Fresh light on the 2000-year-old Mystery...*, Transworld Publishers, London (UK) 2010, pp. 188-189.

Eusèbe de Césarée[168] (IVe siècle) raconte qu'Abgar, roi d'Édesse à l'époque du Christ, était malade. Lorsqu'il apprit l'existence de Jésus de Nazareth, qui faisait des miracles, il lui envoya une lettre lui demandant de venir à la cour d'Édesse. Jésus n'y alla pas, mais l'apôtre Thaddée[169] se rendit à Édesse avec la lettre de réponse écrite par Jésus. Le roi vit apparaître une grande vision sur le visage de Thaddée et se prosterna devant lui. L'apôtre imposa les mains à Abgar et le guérit. Le roi crut en Jésus et ordonna à tous les habitants de la ville de se rassembler pour écouter la prédication de Thaddée. Richard Pane,[170] théologien et spécialiste de l'Église arménienne, affirme que la tradition apocryphe et hagiographique de la première évangélisation de l'Arménie est liée à l'âge apostolique, en particulier à la prédication des apôtres Judas Thaddée et Barthélemy.

Une tradition parallèle au texte d'Eusèbe est recueillie dans la Doctrine d'Addaï (l'équivalent syriaque de Thaddée).[171] Ce texte remonterait au IVe-Ve siècle,[172] ou au milieu du VIe siècle.[173] C'est une composition syriaque qui comprend diverses légendes. Selon cette version, Abgar envoya la lettre à son archiviste et peintre Hannan. Jésus demanda à Hannan d'apporter une réponse orale au roi, mais l'archiviste décida de faire plus:

> Quand Hannan, l'archiviste, vit que Jésus lui parlait ainsi, comme il était également peintre du roi, il prit des couleurs de choix, peignit l'image de Jésus et la rapporta avec lui à Abgar, le roi, son maitre. Et quand Abgar, le roi, vit l'image, il la reçut avec grande joie et la plaça avec grand honneur dans un de ses palais.[174]

---

[168] EUSEBIO DI CESAREA, *Storia Ecclesiastica*, livre I, 13.

[169] DI GENUA A., MARINELLI E., POLVERARI I., REPICE D., *Giuda, Taddeo, Addai: possibili collegamenti con le vicende del Mandylion edesseno-costantinopolitano ed eventuali prospettive di ricerca*, in *ATSI 2014*, op. cit., pp. 12-17, http://www.sindone.info/BARI1.PDF.

[170] PANE R., *Il cristianesimo armeno. Dalla prima evangelizzazione alla fine del IV secolo*, in *Costantino I, Enciclopedia costantiniana sulla figura e l'immagine dell'imperatore del cosiddetto Editto di Milano, 313-2013*, vol. I, Rome, Istituto della Enciclopedia Italiana fondata da Giovanni Treccani, 2013, pp. 833-847.

[171] WILSON I., *The Shroud. Fresh light on the 2000-year-old Mystery*, op. cit., p. 412.

[172] RAMELLI I., *Possible historical traces in the Doctrina Addai*, in *Hugoye: Journal of Syriac Studies*, vol. 9, n. 1, 2006, pp. 1-66.

[173] DUBARLE A.-M., *Histoire ancienne du linceul de Turin*, op. cit., p. 107.

[174] *Ibid.*, pp. 107-108.

Jésus promit également la sécurité d'Édesse. Le portrait et la protection de la ville sont absents du récit d'Eusèbe, tandis que la promesse d'envoyer le disciple et la vision sur son visage sont présentes dans les deux textes, qui placent ces événements en l'an 30 après JC, lorsque Jésus fut crucifié.[175]

L'*Histoire universelle* d'Agapios de Menbidj (Xe siècle) et la *Chronique* de Michel le Syrien (XIIe siècle) s'accordent pour présenter une forme de la lettre de Jésus sans la promesse finale de protection et pour raconter l'exécution d'un portrait peint par Hannan. Ces ouvrages contiennent des éléments d'un certain archaïsme, car ils se réfèrent à des documents similaires, mais non identiques, à ceux d'Eusèbe et antérieurs à ce dernier.[176]

Moïse de Corène, historien arménien du Ve siècle[177], dont le texte pourrait remonter au VIIIe siècle,[178] mentionne «l'image du Sauveur, que l'on retrouve encore aujourd'hui dans la ville d'Édesse».[179] Égérie, pèlerine à Édesse entre 384 et 394,[180] rapporte que l'évêque de la ville, en lui faisant visiter les lieux remarquables, la conduit à la porte des Bastions par laquelle Hannan, le messager d'Abgar, était entré en portant la lettre de Jésus; mais le récit de ce qu'elle a vu ne mentionne pas d'image du Sauveur présente en ce lieu.[181]

Wilson énumère quelques indices raisonnables pour penser que les faits relatés dans la *Doctrine d'Addaï* ont une base historique et se réfèrent à Abgar V, qui régnait à l'époque de Jésus. Quand il mourut en 50 après JC, il fut remplacé par son fils Ma'nu V. À la mort de ce dernier en 57 après JC, le royaume passa entre les mains de l'autre fils d'Abgar V, Ma'nu VI, qui retourna au culte païen et persécuta les chrétiens. Il est donc raisonnable de penser que l'image devait être cachée et que son souvenir précis s'affaiblit jusqu'à sa redécouverte au sixième siècle. À l'époque d'Eusèbe et d'Égérie, il n'était plus possible de montrer l'image; nous pouvons donc expliquer leur silence à

[175] WILSON I., *The Shroud. Fresh light on the 2000-year-old Mystery*, op. cit., p. 163.

[176] DUBARLE A.-M., *Histoire ancienne du linceul de Turin*, op. cit., pp. 109-119.

[177] RAMELLI I., *Dal Mandilion di Edessa alla Sindone: alcune note sulle testimonianze antiche*, in *Ilu. Revista de Ciencias de las Religiones*, n. 4, 1999, pp. 173-193, pp. 173.

[178] GUSCIN M., *The Image of Edessa*, Brill, Leiden 2009, pp. 160-161.

[179] RAMELLI I., *Dal Mandilion di Edessa alla Sindone: alcune note sulle testimonianze antiche*, op. cit., pp. 173-174.

[180] WILSON I., *The Shroud. Fresh light on the 2000-year-old Mystery*, op. cit., p. 171.

[181] DUBARLE A.-M., *Histoire ancienne du linceul de Turin*, op. cit., p. 108.

cet égard.[182] La légende pourrait être née à l'époque d'Abgar VIII (IIème siècle).[183]

La découverte du Mandylion

En 525, le Daisan, le cours d'eau qui traversait Edessa, provoqua une inondation catastrophique. Justinien, le futur empereur, entreprit une reconstruction monumentale, dont l'église principale, Sainte-Sophie, bénéficia également. Il est très plausible que ce soit à ce moment-là que l'image longtemps oubliée ait été trouvée. Elle fut placée dans une petite chapelle à droite de l'abside. Elle était conservée dans un reliquaire et n'était pas exposée à la vue des fidèles.[184]

La découverte du tissu sacré pourrait également avoir eu lieu pendant le siège persan de 544 par le roi Khosrau I Anoshirvan, dont Procope de Césarée parle dans son ouvrage *La guerre de Perse* sans mentionner l'image;[185] la précieuse effigie aurait été redécouverte à l'intérieur d'une niche dans le mur qui surplombait la porte de la ville.[186] L'image fut créditée d'avoir aidé à repousser les attaquants. On en trouve des preuves dans l'*Histoire ecclésiastique* d'Évagre le Scolastique (594), qui parle de la libération de la ville du siège de 544 grâce à la représentation sacrée *theóteuctos*, «œuvre de Dieu».[187]

En 787, lors du deuxième concile de Nicée, qui traita de la vénération des images, l'image d'Édesse, non fabriquée de main d'homme et envoyée à Abgar, fut mentionnée comme l'argument principal pour défendre la légitimité de l'utilisation des représentations sacrées contre les thèses opposées des iconomachis. Le texte d'Évagre fut lu au cours de la cinquième session et immédiatement après, Léo, lecteur de l'Eglise de Constantinople, apporta un témoignage personnel: «J'ai été à Édesse et j'ai vu la sainte image non faite de main d'homme honorée et vénérée par les fidèles».[188] Il ne fait aucun doute qu'à

---

[182] WILSON I., *The Shroud. Fresh light on the 2000-year-old Mystery*, op. cit., pp. 159-174.

[183] SCAVONE D., *Edessan sources for the legend of the Holy Grail*, in DI LAZZARO P. (Ed.), *Proceedings of the IWSAI 2010*, op. cit., pp. 111-116, p. 112, http://www.acheiropoietos.info/proceedings/ScavoneGrailWeb.pdf.

[184] DUBARLE A.-M., *Histoire ancienne du linceul de Turin*, op. cit., pp. 100-101.

[185] *Ibid.*, p. 96.

[186] VON DOBSCHÜTZ E., *Immagini di Cristo*, Ed. Medusa, Milan 2006, p. 130.

[187] DUBARLE A.-M., *Histoire ancienne du linceul de Turin*, op. cit., pp. 95-96.

[188] *Ibid.*, pp. 83-84.

Édesse, au VIe siècle, on était convaincu de posséder une image du Christ, une œuvre divine et non humaine.[189]

Dans les *Actes de Mar Mari*, écrits syriaques du sixième siècle mais basés sur des documents antérieurs et contenant des traces historiques, les peintres envoyés à Jérusalem par Abgar eurent des problèmes:

> Ils ne purent pas représenter l'image de l'humanité adorable de Notre Seigneur. Le Seigneur [...] prit alors un linge [*seddona*, en grec *sindón*], le pressa sur son visage [...] et il s'est révélé tel qu'il était. Ce tissu fut apporté et, comme source d'aide, fut placé dans l'église d'Édesse, jusqu'à aujourd'hui.[190]

Un hymne syriaque célèbre l'inauguration de la nouvelle cathédrale d'Édesse, huit ans après l'inondation de 525 qui avait détruit le précédent édifice.[191] L'image qui n'est pas faite par la main de l'homme y est mentionnée comme une chose bien connue et la splendeur du marbre de la cathédrale lui est comparée: «Son marbre est semblable à l'image qui-non par-mains et ses parois en sont revêtues harmonieusement. Et par sa splendeur, tout poli et tout blanc, il rassemble en lui la lumière».[192]

Une source intéressante est la *Narratio de Imagine Edessena*[193], attribuée à Constantin VII Porphyrogenitus, empereur de Constantinople de 912 à 959. Ce texte fournit une description intéressante de l'image:

> Quant à la cause pour laquelle, grâce à une sécrétion liquide, sans couleurs ni art de peinture, l'apparence du visage s'est formée sur le tissu de lin et comment ce qui résultait d'une matière si corruptible n'a subi par le temps aucune corruption et tous les autres sujets qu'aime à rechercher soigneusement celui qui s'applique aux réalités en physicien, il faut l'abandonner à l'inaccessible sagesse de Dieu.[194]

Dans un apocryphe composé vers 900, *Les Actes d'André l'Apôtre*, l'image d'Édesse est décrite comme «non fabriquée de main d'homme, formée immatériellement dans une matière».[195] De la

---

[189] *Ibid.*, p. 105.

[190] RAMELLI I., *Il Mandylion di Edessa, cioè la Sindone*, in *Il Timone*, n. 85, juillet-août 2009, pp. 28-29, p. 28.

[191] GUSCIN M., *The Image of Edessa*, op. cit., p. 169.

[192] DUBARLE A.-M., *Histoire ancienne du linceul de Turin*, op. cit., pp. 99-100.

[193] GUSCIN M., *The Image of Edessa*, op. cit., pp. 7-69.

[194] DUBARLE A.-M., *Histoire ancienne du linceul de Turin*, op. cit., p. 69.

[195] *Ibid.*, p. 91.

même époque date la *Lettre d'Abgar* dans laquelle nous lisons: «Le Seigneur prit de l'eau dans ses mains, se lava le visage et mettant le drap sur son visage il s'y peignit. La ressemblance de Jésus s'y fixa à l'émerveillement de tous ceux qui étaient assis avec lui».[196]

Le récit de la *Narratio de Imagine Edessena* rapporte la tradition la plus répandue sur l'origine de l'image: l'échange de lettres entre Abgar et Jésus, la tentative d'un peintre de fixer sur une toile les traits du Maître pendant qu'il prêchait, l'empreinte miraculeuse d'une image sur le linge avec lequel le Christ essuya son visage fraîchement lavé.

Le texte continue:

> Sur le point principal du sujet tous sont d'accord et conviennent que la forme a été imprimée de manière merveilleuse dans le tissu par le visage du Seigneur. Mais sur un détail de l'affaire, c'est-à-dire le moment, ils diffèrent, ce qui ne nuit aucunement à la vérité, que cela se soit produit auparavant ou plus tard. Voici donc l'autre tradition. Quand le Christ allait venir à sa passion volontaire, quand il montra l'humaine faiblesse et qu'on le vit dans l'agonie et priant, lorsque sa sueur coula comme des gouttes de sang, suivant la parole de l'évangile, alors, dit-on, il reçut d'un de ses disciples ce morceau de tissu que l'on voit maintenant et en essuya l'épanchement de ses sueurs. Aussitôt s'imprima cette empreinte visible de ses traits divins.[197]

Les deux traditions affirment que l'image n'est pas composée de couleurs matérielles, mais la seconde ajoute le détail du sang et cela s'accorde avec ce que l'on peut voir sur le Suaire.[198] Dans la *Narratio de Imagine Edessena*, nous lisons également en quoi consistait la vision du roi Abgar, en la mettant en relation avec l'image de Jésus: Thaddée «plaça l'image sur son propre front et entra ainsi dans la maison d'Abgar. Le roi le vit entrer de loin, et il lui sembla voir une lumière émaner de son visage, trop vive pour être regardée, émanant de l'image qui le recouvrait.»[199]

Abgar donna alors l'ordre de détruire la statue d'une divinité païenne qui se trouvait au-dessus de la porte de la ville, et à sa place, il fit placer l'image dans une niche semi-circulaire, fixée à une planche de bois et ornée d'or. Le fils d'Abgar respecta la volonté de son père, mais son fils voulut revenir au paganisme et tout comme son grand-père avait détruit l'idole au-dessus de la porte de la ville, il voulut donner le même traitement à l'image du Christ. Cependant,

---

[196] *Ibid.*, p. 91.
[197] *Ibid.*, pp. 69-70.
[198] *Ibid.*, p. 70.
[199] GUSCIN M., *The Image of Edessa*, op. cit., p. 27.

l'évêque de la ville la cacha en le faisant recouvrir d'une tuile, en plaçant une lampe devant lui et en murant la niche.

Pendant le siège de Chosroes, une nuit, l'évêque Eulalius eut une
vision qui lui révéla où l'image était cachée: au-dessus d'une des
portes de la ville. L'évêque y alla et la trouva reproduite sur la tuile,
avec la lampe toujours allumée[200]. Les Byzantins appelleront l'image
Mandylion[201] (de l'arabe *mindîl*[202]) et la tuile *Keramion*.[203] Il convient de noter que le mot *mandylion* (en latin *mantilium*, en araméen
mantila) désigne normalement, mais pas toujours, un tissu relativement grand, comme une cape de moine ou une sorte de nappe de
table.[204]

---

[200] *Ibid.*, pp. 31-37.

[201] WILSON I., *The Shroud. Fresh light on the 2000-year-old Mystery...*,
op. cit., pp. 233-234.

[202] BOUBAKEUR H., *Versione islamica del Santo Sudario*, in *Collegamento
pro Sindone*, mai-juin 1992, pp. 35-41, p. 36.

[203] WILSON I., *The Shroud. Fresh light on the 2000-year-old Mystery...*,
op. cit., p. 181.

[204] GUSCIN M., *The Image of Edessa*, op. cit., p. 205.

CHAPTER IV

LA RÉDECOUVERTE DU SUAIRE

Judas Thaddée et la Sainte-Face

Dans le cloître du monastère de Sainte Catherine au Mont Sinaï est conservée une icône du Xe siècle provenant de Constantinople, probablement réalisée sur ordre impérial. À l'origine, les deux parties de cette icône devaient être les deux portes d'un triptyque refermable. Au centre pourrait se trouver un *Mandylion* tel que celui de San Silvestro in Capite (Rome), aujourd'hui dans les collections pontificales au Vatican, ou celui de Saint-Barthélémy des Arméniens (Gênes).[205] Les deux prétendent être l'image authentique d'Édesse; ils sont peints sur toile et fixés sur une planche de bois de même format, compatible avec la partie centrale perdue du triptyque.[206] L'hypothèse semble plausible, également parce que l'icône sinaïte est montée sur un cadre qui maintient les deux valves ensemble: ceci est clair du fait qu'au milieu il y a une coupe nette, non due à un accident du temps.

Dans la partie supérieure, à gauche, un saint est représenté, identifiable comme étant Thaddeus. Il est très probable que le saint en question ne soit pas l'un des 72 disciples, mais plutôt l'apôtre Judas Thaddée. Dans la partie supérieure droite, on voit le roi Abgar, représenté avec les traits du visage de l'empereur Constantin VII.[207] Le saint représenté à gauche a un visage similaire à celui du personnage de droite qui livre le *Mandylion* au roi Abgar. La juxtaposition est intéressante: en effet, Judas Thaddée est placé à la même hauteur qu'Abgar et est assis sur un siège similaire, pour souligner une égale dignité et une certaine continuité du texte pictural; comme pour dire qu'entre le saint et la remise du *Mandylion* à Abgar il y a une sorte de lien naturel, dû à la connaissance des textes et des traditions orales qui reliaient les deux personnages. L'analyse picturale de l'icône tend à justifier ces hypothèses[208].

---

[205] PFEIFFER H., *La Sindone di Torino e il Volto di Cristo nell'arte paleocristiana, bizantina e medievale occidentale*, op. cit., p. 26.

[206] BELTING H., *Il culto delle immagini*, Rome, Carocci 2004, pp. 258-259.

[207] *Ibid.*, pp. 259-261.

[208] DI GENUA A., MARINELLI E., POLVERARI I., REPICE D., *Giuda, Taddeo, Addai: possibili collegamenti con le vicende del Mandylion edesseno-costantinopolitano ed eventuali prospettive di ricerca*, in *ATSI 2014*, op. cit., pp. 12-17.

À Saint-Pierre, on vénère un visage sacré qui serait celui de Véronique, la femme qui, selon une tradition du XIIe siècle, aurait essuyé le visage ensanglanté de Jésus sur le Chemin de Croix.[209] Le reliquaire se trouve dans la chapelle de Sainte Véronique, dans le pilier du même nom de la coupole de Saint-Pierre. [210] Le nom Véronique, selon Gervaise de Tilbury (XIIIe siècle), dérive de «icône véritable». [211] La partie la plus ancienne de la légende, qui remonte au IVe siècle, attribue le nom de la protagoniste à Bérénice.[212]

Selon le jésuite Heinrich Pfeiffer,[213] professeur d'histoire de l'art chrétien à l'Université pontificale grégorienne, le voile de Véronique serait le visage *acheiropoietos* de Camulia[214] qui arriva à Constantinople en 574. Ses traces furent perdues vers 705; à cette époque il aurait été transféré à Rome et appelé Voile de Véronique. Cette effigie sacrée aurait été montrée aux pèlerins pour la dernière fois en 1601. L'image originale aurait été volée à Rome en 1618; cette année-là, elle aurait été déplacée à Manoppello (Pescara, Abruzzes) où on vénère encore une Sainte Face, qui est un voile de texture très fine, parfaitement superposable au visage du Suaire. Ce voile pourrait être une peinture du XVIe siècle.[215]

Quatre éléments sont communs entre la tradition du *Mandylion* et celle de Véronique: la représentation du visage du Christ est sur un tissu plutôt que sur une table; l'image est produite par contact direct avec le visage du Christ; l'empreinte est produite au moyen d'eau, de sueur ou de sueur de sang; des versions exceptionnellement différentes des deux traditions parlent d'une image sur un linge qui comprend tout le corps de Jésus. Ces récits cherchent à expliquer le caractère mystérieux d'une figure sur un morceau de tissu, manifestement non peint, qui apparaît comme l'empreinte directe d'un visage. Dans leurs versions ultérieures, ils veulent davantage tenir compte

[209] PFEIFFER H., *La Sindone di Torino e il Volto di Cristo nell'arte paleocristiana, bizantina e medievale occidentale*, op. cit., p. 37.

[210] *Ibid.*, p. 28.

[211] VON DOBSCHÜTZ E., *Immagini di Cristo*, op. cit., p. 164.

[212] *Ibid.*, p. 152.

[213] PFEIFFER H., *Il Volto Santo di Manoppello*, Carsa Ed., Pescara 2000.

[214] MORINI E., *Icone e Sindone. Alterità, identità, trascendimento*, in: COPPINI L., CAVAZZUTI F. (Edd.), *Le icone di Cristo e la Sindone*, op. cit., pp. 17-34, p. 25.

[215] FALCINELLI R., *The Veil of Manoppello: work of art or authentic relic?*, in *The 3ⁿᵈ International Dallas Conference on the Shroud of Turin*, Dallas (USA) 8-11 September 2005, pp. 1-11; FALCINELLI R., *The face of Manoppello and the veil of Veronica: new studies*, in DI LAZZARO P. (Ed.), *Proceedings of the IWSAI 2010*, op. cit., pp. 227-235, http://www.acheiropoietos.info/proceedings/FalcinelliManoppelloWeb.pdf.

du caractère extraordinaire de l'image dont ils racontent l'histoire. Ces reformulations se rapprochent de plus en plus de la réalité du Suaire et, dans certaines sources, elles commencent à parler du corps entier de Jésus.[216]

Le Suaire plié

Ces dernières années, un débat animé a eu lieu entre les chercheurs qui n'acceptent pas l'identification de l'image d'Édesse avec le Suaire, comme le patrologue Pier Angelo Gramaglia,[217] l'historien Antonio Lombatti[218] et l'historien Victor Saxer,[219] et ceux qui soutiennent cette identification, comme les historiens Karlheinz Dietz,[220] Daniel Scavone[221] et Gino Zaninotto.[222]

---

[216] PFEIFFER H., *La Sindone di Torino e il Volto di Cristo nell'arte paleocristiana, bizantina e medievale occidentale*, op. cit., pp. 38-39.

[217] GRAMAGLIA P.A., *La Sindone di Torino: alcuni problemi storici*, in *Rivista di Storia e Letteratura Religiosa*, anno XXIV, n. 3, 1988, pp. 524-568; GRAMAGLIA P.A, *Ancora la Sindone di Torino*, in *Rivista di Storia e Letteratura Religiosa*, anno XXVII, n. 1, 1991, pp. 85-114; GRAMAGLIA P.A., *Giovanni Skylitzes, il Panno di Edessa e le «sindoni»*, in *Approfondimento Sindone*, anno I, vol. 2, 1997, pp. 1-16; GRAMAGLIA P.A., *I cimeli cristiani di Edessa*, in *Approfondimento Sindone*, anno III, vol. 1, 1999, pp. 1-51.

[218] LOMBATTI A., *Impossibile identificare la Sindone con il mandylion: ulteriori conferme da tre codici latini. Con un'edizione critica del Codex Vossianus latinus Q69, ff. 6v-6r*, in *Approfondimento Sindone*, anno II, vol. 2, 1998, pp. 1-30; LOMBATTI A., *Novantacinque fonti storiche e letterarie che non possono essere scartate. Una risposta a D. Scavone*, in *Approfondimento Sindone*, anno III, vol. 2, 1999, pp. 67-96.

[219] SAXER V., *La Sindone di Torino e la storia*, in *Rivista di Storia della Chiesa in Italia*, anno XLIII, n. 1, 1989, pp. 50-79; SAXER V., *Le Suaire de Turin aux prises avec l'histoire*, in *Revue d'Histoire de l'Église de France*, vol. 76, 1990, pp. 1-55.

[220] DIETZ K., *Some hypotheses concerning the early history of the Turin Shroud*, in *Sindon N.S.*, Quaderno n. 16, December 2001, pp. 5-54.

[221] SCAVONE D., *Comments on the article of A. Lombatti, «Impossibile identificare la Sindone...»*, in *A.S., II. 2 (1998)*, in *Approfondimento Sindone*, anno III, vol. 1, 1999, pp. 53-66; SCAVONE D., *Constantinople documents as evidence of the Shroud in Edessa*, in *Shroud of Turin, the controversial intersection of faith and science, International Conference*, op. cit.

[222] ZANINOTTO G., *La Sindone di Torino e l'immagine di Edessa. Nuovi contributi*, in *Sindon N.S.*, Quaderno n. 9-10, décembre 1996, pp. 117-130; ZANINOTTO G., *Ragionamenti di Lombatti alla I Crociata contro la Sindone*, in *Collegamento pro Sindone*, septembre-octobre 2000, pp. 22-34.

Aujourd'hui encore, le débat est ouvert entre ceux qui, comme l'historien Andrea Nicolotti,[223] pensent que l'image d'Édesse est «un petit tissu, de la taille d'une serviette» et ceux qui, comme Mark Guscin,[224] spécialiste des manuscrits byzantins, estiment que des conclusions différentes peuvent être tirées des sources:

> Il faut souligner qu'il n'existe aucune représentation artistique de l'image d'Édesse sous forme de corps entier ou avec des taches de sang, et la plupart des textes ne font référence à aucune de ces caractéristiques; mais en même temps, il est indéniable qu'à un moment donné de l'histoire de l'image d'Édesse, certains auteurs étaient convaincus, quelle qu'en soit la raison, qu'il s'agissait en fait de l'image d'un corps entier sur un grand tissu qui avait été plié (probablement de telle manière que seul le visage était visible) et qui contenait des taches de sang.

Au VIe siècle, on trouve une reprise de la *Doctrine d'Addaï*, intitulée *Actes de Thaddaï* [225] (ce texte pourrait être plus tardif et dater du VII-VIIIe siècle).[226] Elle raconte que Lebbaios, originaire d'Édesse, fut baptisé par Jean le Baptiste, prenant le nom de Thaddée et devenant l'un des douze disciples de Jésus. Dans le récit, le messager d'Abgar, en plus de transmettre l'invitation du roi, devait «observer attentivement le Christ, son apparence, sa stature, ses cheveux, en un mot, tout.» Ananias partit.

> Après avoir donné la lettre, il regardait attentivement le Christ et ne pouvait pas le saisir. Mais lui, qui connaît les cœurs, le remarqua et demanda (le nécessaire) pour se laver. On lui donna un tissu *tétrádiplon* (doublé quatre fois[227]). Après s'être lavé, il s'essuya le visage. Comme son image était imprimée sur le tissu (*sindon*), il le donna à Ananias, qu'il chargea d'apporter un message oral à son maître. Lorsque son maître reçut le message, il se prosterna et vénéra l'image. Alors il fut guéri de sa maladie[228].

---

[223] NICOLOTTI A., *Dal Mandylion di Edessa alla Sindone di Torino. Metamorfosi di una leggenda*, Ed. dell'Orso, Alessandria 2011, p. 7. Ce texte a fait l'objet d'un examen critique: MARINELLI E., *A small cloth to be destroyed*, in *Shroud Newsletter*, n. 75, June 2012, pp. 28-54, http://www.sindone.info/SN-75ENG.PDF, traduzione italiana: *Un piccolo panno da distruggere,* http://www.sindone.info/SN-75ITA.PDF

[224] GUSCIN M., *The Image of Edessa*, op. cit., p. 215.

[225] VON DOBSCHÜTZ E., *Immagini di Cristo,* op. cit., pag. 102.

[226] GUSCIN M., *The Image of Edessa*, op. cit., p. 145.

[227] DIETZ K., *Some hypotheses concerning the early history of the Turin Shroud*, op. cit., pp. 10-25; WILSON I., *The Shroud. Fresh light on the 2000-year-old Mystery...*, op. cit., pp. 190-192.

[228] DUBARLE A.-M., *Histoire ancienne du linceul de Turin*, op. cit., p. 105.

Une variante intéressante se trouve dans le manuscrit *Vindobonensis hist. gr.* 45 qui remonte au IXe-Xe siècle. Il y est écrit que le messager d'Abgar devait rapporter une peinture de «tout son corps».[229] La description du corps entier de Jésus était donc requise.

Des indications importantes sur l'image d'Edesse se trouvent dans le *Synaxárion*, un livre liturgique sur la vie des saints de l'Église orthodoxe, et dans le *Menaion*, qui contient en outre des hymnes et des poèmes. Les deux textes de base sont originaires de Simeone Metafraste (Xe siècle).[230] Dans certains manuscrits du *Menaion* existant dans les monastères du Mont Athos, datant du XIIe au XVIIIe siècle,[231] il est écrit: «En regardant tout l'aspect humain de ton image...»[232]. Dans certains manuscrits du *Synaxárion* datant du XIIIe au XVIIIe siècle,[233] également conservés dans les monastères du Mont Athos, Abgar demande à Ananias de «faire un dessin de Jésus, montrant dans tous les détails son âge, ses cheveux, son visage et l'aspect de tout le corps, car Ananias connaissait très bien l'art de la peinture». On y lit également: «Quand tu étais en vie, tu as modelé ton apparence dans un suaire, à ta mort, tu as été déposé dans le suaire définitif»[234].

Dans certaines représentations, comme celle de l'église de l'Annonciation du monastère de Gradač en Serbie (XIVe siècle), le *Mandylion* est un grand rectangle, beaucoup plus large que haut, au milieu duquel seule la tête du Christ peut être vue. Le reste de la surface montre une grille de pastilles, chacune avec une fleur au centre. Sur les bords, on peut voir les franges du tissu. On pouvait supposer que le tissu était en plusieurs épaisseurs, d'où l'utilisation du néologisme *tétrádiplon*;[235] en pliant le Suaire en huit, on obtient précisément le grand rectangle avec la tête au milieu que l'on voit sur les copies du Mandylion. C'est la déduction intéressante de Wilson.[236]

---

[229] GUSCIN M., *The Image of Edessa*, op. cit., p. 146.

[230] GUSCIN M., *La Síndone y la Imagen de Edesa. Investigaciones en los monasterios del Monte Athos (Grecia)*, in *Linteum*, n. 34, janvier-juin 2003, pp. 5-16, p. 13.

[231] GUSCIN M., *The Image of Edessa*, op. cit., p. 124.

[232] *Ibid.*, p. 129.

[233] *Ibid.*, p. 88.

[234] *Ibid.*, p. 91.

[235] DUBARLE A.-M., *Histoire ancienne du linceul de Turin*, op. cit., pp. 105-106.

[236] WILSON I., *The Shroud. Fresh light on the 2000-year-old Mystery...*, op. cit., pp.190-192.

La décoration en diamant que l'on peut voir à la surface du tissu[237] pourrait être un rappel de l'ornement en or placé par Abgar.[238] Bien que seul le visage de Jésus soit toujours visible sur le Mandylion, parfois la taille considérable du tissu montre clairement qu'il ne s'agissait pas d'un petit tissu. Des exemples évidents sont le *Mandylion* de l'église du Christ Pantocrator du monastère de Dečani au Kosovo (XIVe siècle) et le *Mandylion* de l'église de la Panagia Forviotissa à Asinou, Chypre (XIVe siècle). Le *Ms. lat. 2688* de la Bibliothèque nationale de Paris, qui date du XIIIe siècle, est particulièrement intéressant.[239] Sur le folio 77r, nous voyons une miniature dans laquelle le *Mandylion* est un long tissu sortant vers le bas en dehors de son cadre.

La preuve contre l'iconoclasme

Un respect exceptionnel est accordé à l'image d'Édesse, qui a également été considérée comme preuve faisant autorité pour légitimer l'existence des images sacrées pendant la période iconoclaste. Dans une lettre écrite entre 715 et 731, attribuée au pape Grégoire II, il est fait mention de l'image du Christ «non faite de main d'homme».[240]

Dans les mêmes années, Germain I, patriarche de Constantinople, déclara, selon le chroniqueur George le moine (IXe siècle):

> Il y a dans la ville d'Édesse l'image du Christ non faite de main d'homme, qui opère des merveilles étonnantes. Le Seigneur lui-même, après avoir empreint dans un *soudárion* l'aspect de sa propre forme, envoya (l'image) qui conserve la physionomie de sa forme humaine par l'intermédiaire de Thaddée l'apôtre à Abgar, toparque de la ville des Édesséniens, et il guérit sa maladie.[241]

Le même George le Moine dit à propos des iconoclastes:

---

[237] *Ibid.*, p. 229.

[238] WILSON I., *The Shroud of Turin. The burial cloth of Jesus Christ?*, op. cit., pp. 100-101.

[239] RAGUSA I., *The iconography of the Abgar cycle in Paris MS. Latin 2688 and its relationship to Byzantine cycles*, in *Miniatura*, n. 2, 1989, pp. 35-51; TOMEI A., *Il manoscritto lat. 2688 della Bibliothèque Nationale de France: la Veronica a Roma*, in QUINTAVALLE A.C. (Ed.), *Medioevo: immagine e racconto, Atti del Convegno internazionale di studi*, Parma, 27-30 settembre 2000, Electa (MI) 2003, pp. 398-406.

[240] DUBARLE A.-M., *Histoire ancienne du linceul de Turin*, op. cit., pp. 80-81.

[241] *Ibid.*, p. 81.

Ils combattent manifestement le Christ, qui prit un linge brillant et essuya sa figure divine souverainement brillante et belle; il l'envoya au chef des Édesséniens, Abgar, qui le priait avec foi. Depuis ce temps et jusqu'à maintenant, grâce à la tradition et à l'instigation apostoliques, en vue de connaître et de nous rappeler ce que le Christ a fait et souffert pour nous, comme il est raconté dans les pages sacrées de l'évangile, nous façonnons (des images) et les vénérons avec respect, en dépit des adversaires du Christ.[242]

Ce sont des mots encore extrêmement actuels, après douze siècles.

Vers 726, André de Crète, dans son ouvrage *Sur la vénération des images*, se référant à la «vénérable image de Notre Seigneur Jésus-Christ sur un tissu», dit: «C'était une empreinte de sa physionomie corporelle et elle n'avait pas eu besoin de la peinture avec des couleurs».[243] À la même époque, saint Jean Damascène énuméra les linges funéraires du Christ[244] parmi les choses auxquelles les fidèles rendaient un culte. Contre l'iconoclasme, il défendit la légitimité des images en se référant à celle d'Édesse. Dans le traité *De la foi orthodoxe*, nous lisons: «Le Seigneur lui-même a appliqué un tissu sur son propre visage divin et vivifiant et y a imprimé sa propre apparence». Dans le *Discours sur les images*, il écrit que le Seigneur «appliqua un vêtement à son propre visage divin et vivifiant, il y imprima sa représentation».[245] Il est intéressant de noter que si, dans le second texte, le terme pour le tissu est *rákos*, celui qui est communément utilisé pour le tissu dans lequel l'image est imprimée, dans le premier texte le terme est *imátion*, qui indique normalement un manteau.[246]

Jean de Jérusalem, secrétaire de Théodore, patriarche d'Antioche, composa vers 764 un discours en faveur des images sacrées, pour réfuter le conseil iconoclaste tenu à Hiéria en 754 à la demande de l'empereur Constantin V Copronyme. Il écrivit:

En effet le Christ lui-même a fait une image, celle qu'on appelle non faite de main d'homme; et jusqu'à ce jour elle subsiste et elle est vénérée et personne ne dit qu'elle est une idole parmi les gens sains d'esprit. Car si Dieu avait su qu'elle serait une occasion d'idolâtrie, il ne l'aurait pas laissée sur la terre.[247]

---

[242] *Ibid.*, p. 90.
[243] *Ibid.*, p. 80.
[244] Savio P., *Ricerche storiche sulla Santa Sindone*, op. cit., pp. 72-73; Dubarle A.-M., *Histoire ancienne du linceul de Turin*, op. cit., pp. 133-134.
[245] Dubarle A.-M., *Histoire ancienne du linceul de Turin*, op. cit., p. 82.
[246] Guscin M., *The Image of Edessa*, op. cit., pp. 151-152.
[247] Dubarle A.-M., *Histoire ancienne du linceul de Turin*, op. cit., pp. 82-83.

Le patriarche Nicéphore Ier de Constantinople, entre 814 et 820, déclara dans l'*Antirrheticus*: «Si le Christ, sollicité par un croyant, a imprimé sa physionomie divine sur un linge et l'a envoyée, pourquoi ceux qui les représentent sont-ils blâmés?» Et dans le texte *Contre les iconomaques*, il insiste en disant qu'il faut interroger «le Christ lui-même, qui réalisant sur le champ sa propre figuration à l'aspect divin, l'envoya au solliciteur».[248] Dans la même période, Théophane le Chronographe rappela: «Le Christ lui-même n'a-t-il pas envoyé à Abgar sa propre image non faite de main d'homme?».[249]

George Syncellus, qui avait été secrétaire de Tarasius, patriarche de Constantinople (784-806), après la mort de ce dernier, écrivit dans son *Résumé de la chronographie* que l'arrivée de Thaddée à Édesse et la guérison du roi Abgar eurent lieu en l'an 36 de l'Incarnation. L'apôtre «illumina tous les habitants par ses paroles et par ses actes. La ville entière l'honore jusqu'à maintenant; ils venèrent la même physionomie du Seigneur non faite de main d'homme».[250]

Dans une lettre synodale de 836, adressée à l'empereur Théophile par les patriarches d'Orient Christophe d'Alexandrie, Jacob d'Antioche et Basile de Jérusalem, nous lisons:

> Lui-même le Saveur imprima l'empreinte de sa sainte forme dans un *soudárion*, il l'envoya à un certain Abgar, toparque de la grande ville des Édesséniens, par Thaddée, l'apôtre au langage divin; il essuya la sueur divine de son visage et y laissa tous ses traits caractéristiques.[251]

L'image du corps entier

Pour argumenter contre les iconoclastes, saint Théodore Studita (IXe siècle) parle du Suaire «dans lequel le Christ fut enveloppé et déposé dans le tombeau»[252] et de l'image non faite par la main de l'homme qui fut envoyée à Abgar: «Pour que sa divine physionomie nous fût confiée clairement, notre Sauveur, qui l'avait revêtue, imprima la forme de son propre visage et la représenta en touchant de sa peau le tissu».[253]

La *Légende de Saint Alexis*, composée à Constantinople au VIIIe siècle, dit qu'à Édesse se trouvait «l'image non faite de main

[248] *Ibid.*, pp. 87-88.
[249] *Ibid.*, p. 86.
[250] *Ibid.*, p. 86.
[251] *Ibid.*, pp. 89-90.
[252] SAVIO P., *Ricerche storiche sulla Santa Sindone*, op. cit., p. 74.
[253] DUBARLE A.-M., *Histoire ancienne du linceul de Turin*, op. cit., p. 89.

d'homme de la physionomie de notre Maître, le Seigneur Jésus-Christ»; [254] dans ce texte, le tissu sur lequel l'image est imprimée est appelé *sindón*[255]. De même, dans la *Nouthesia Gerontos* (VIIIe siècle), Jésus imprime son visage sur un *sindón*.[256] Dans la Vie de *Saint Alexis*, qui pourrait remonter au IXe siècle, l'image d'Édesse est définie comme «sanglante».[257]

Les pérégrinations de saint Alexis à Rome peuvent être rapprochées du discours du pape Étienne III qui, en 769, au synode du Latran, intervint en faveur de la légitimité de l'utilisation d'images sacrées se référant à celle d'Édesse, dont il avait eu connaissance grâce aux récits des fidèles des régions d'Orient.[258] Le sermon parle également de l'image glorieuse «du visage et de tout le corps» de Jésus sur un tissu[259]. Cette partie du texte, qui peut être une interpolation, certainement antérieure à 1130, explique comment est apparue l'empreinte du corps de Jésus:

> Il étendit tout son corps sur un tissu, blanc comme la neige, sur lequel l'image glorieuse du visage du Seigneur et la longueur de tout son corps étaient si divinement transfigurés qu'il suffisait, pour ceux qui n'avaient pas pu voir le Seigneur en personne dans la chair, de regarder la transfiguration produite sur le tissu.[260]

Vers 1212, Gervasius de Tilbury reprit ce texte dans son ouvrage *Otia imperialia*.[261]

Le *Codex Vossianus Latinus Q 69* ff. 6r-6v, conservé à la Rijksuniversiteit de Leiden (Pays-Bas), est un manuscrit du Xe siècle qui fait référence à un original syriaque antérieur au VIIIe siècle, période à laquelle il fut traduit en latin par l'archiatre Smira. On y lit qu'en

---

[254] *Ibid.*, p. 84.

[255] WILSON I., *Discovering more of the Shroud's early history*, in *I Congreso Internacional sobre la Sabana Santa en España*, op. cit., pp. 1-32, p. 7.

[256] GUSCIN M., *The Image of Edessa*, op. cit., p. 154.

[257] ZANINOTTO G., *La Sindone/Mandylion nel silenzio di Costantinopoli (944-1242)*, in MARINELLI E., RUSSI A. (Edd.), *Sindone 2000*, op. cit., vol. II, pp. 463-482 et vol. III, pp.131-133, p. 466.

[258] DUBARLE A.-M., *Histoire ancienne du linceul de Turin*, op. cit., p. 85.

[259] RAMELLI I., *Dal Mandilion di Edessa alla Sindone: alcune note sulle testimonianze antiche*, op. cit., p. 179.

[260] WILSON I., *The Shroud of Turin. The burial cloth of Jesus Christ?*, op. cit., p. 135.

[261] DUBARLE A.-M., *Histoire ancienne du linceul de Turin*, op. cit., pp. 58-59.

répondant à la lettre d'Abgar, Jésus écrivit: «Si tu veux voir mon apparence telle qu'elle est corporellement, je t'envoie ce drap sur lequel tu pourras voir non seulement mon visage représenté, mais aussi la forme de tout mon corps divinement transfiguré.»

Plus loin, le texte continue:

> Le médiateur entre Dieu et l'homme, afin de satisfaire le roi en tout point, étendit tout son corps sur un drap blanc comme la neige. Et alors est arrivée une chose merveilleuse à voir et à entendre. L'image glorieuse du visage du Seigneur, ainsi que la forme la plus noble de son corps, par la vertu divine, se sont soudainement transformées sur le drap. De cette façon, pour ceux qui n'ont pas vu le Seigneur venir dans le corps, la transfiguration produite sur le drap est suffisante pour le voir. Encore incorruptible, malgré son âge, le drap se trouve en Mésopotamie syrienne, près de la ville d'Édesse, dans une pièce de l'église principale. Au cours de l'année, à l'occasion des fêtes les plus importantes du Seigneur Sauveur, parmi les hymnes, les psaumes et les hymnes spéciaux, le tissu est extrait d'un coffret d'or et vénéré avec une grande révérence par tout le peuple.[262]

Une mention de l'image du corps entier fut faite également vers 1140, par Ordericus Vitale. Dans son *Historia ecclesiastica*, il mentionne Abgar «à qui le Seigneur Jésus envoya une lettre sacrée et un linge précieux avec lequel il essuya la sueur de son visage et dans lequel brille l'image du même Sauveur peinte de manière merveilleuse, qui offre aux regards l'apparence et la quantité du corps du Seigneur».[263] Un auteur musulman, Massûdî, écrivit en 944 qu'à Édesse il y avait un linge «qui avait servi à essuyer Jésus le Nazaréen, quand il sortit des eaux du baptême».[264]

---

[262] ZANINOTTO G., *L'immagine Edessena: impronta dell'intera persona di Cristo. Nuove conferme dal codex Vossianus Latinus Q 69 del sec. X*, in UPINSKY A.A. (Ed.), *L'identification scientifique de l'Homme du Linceul: Jésus de Nazareth*, op. cit., pp. 57-62.

[263] DUBARLE A.-M., *Histoire ancienne du linceul de Turin*, op. cit., p. 57.

[264] *Ibid.*, p. 149.

La translation à Constantinople

L'image d'Édesse appartenait à l'Église orthodoxe/melchite. Les Nestoriens en firent une copie au VIe siècle et les Monophysites/Jacobites une autre au VIIIe siècle.[265] Selon l'historien arabe jacobite Yahya ibn Jarir[266] (XIe siècle), l'image fut conservée pliée et placée entre deux tuiles sous l'autel de la Grande Église d'Édesse officiée par les Melkites. Lorsque l'empereur byzantin Romain Lécapène voulut s'emparer de l'image, les demandes par voie diplomatique ayant échoué, il envoya l'armée sous le commandement du général arménien John Curcuas. L'évêque de Samosate, Abraham, qui reçut l'image au nom de l'empereur, se vit également montrer les deux copies des Nestoriens et des Monophysites, afin de vérifier laquelle était authentique.[267] Mais en réalité, les trois confessions croyaient qu'elles possédaient la seule icône authentique et pensaient que celles des deux autres communautés étaient des copies.[268] L'une de ces images du visage du Christ fut apportée à Constantinople entre 1163 et 1176.[269]

Le reliquaire, qui contenait la précieuse effigie livrée à Abraham, arriva à Constantinople le 15 août 944 entouré d'un accueil triomphal. Il fut placé pour une première vénération dans l'église Sainte-Marie-des-Blachernes et le lendemain, une procession solennelle accompagna le transport de la châsse dans les rues de Constantinople jusqu'à Sainte Sophie. De là, il fut transporté au *Bukoleon* (le palais impérial) et placé dans la chapelle de Notre-Dame du Phare avec les autres reliques de la Passion.[270] L'événement fut commémoré par une fête liturgique à l'occasion de l'anniversaire, le 16 août.[271] Certains hymnes composés pour cette fête font référence à l'image, particulièrement vénérée, à laquelle est attribuée un pouvoir thaumaturgique.[272]

[265] ZANINOTTO G., *La Sindone/Mandylion nel silenzio di Costantinopoli (944-1242)*, in MARINELLI E., RUSSI A. (Edd.), *Sindone 2000*, op. cit., vol. II, pp. 463-482 et vol. III, pp.131-133, pp. 463-464.

[266] *Ibid.*, p. 467

[267] VON DOBSCHÜTZ E., *Immagini di Cristo*, op. cit., p. 123.

[268] *Ibid.*, p. 114.

[269] DESREUMAUX A., *Histoire du roi Abgar et de Jésus*, Brepols, Turnhout 1993, p. 168.

[270] VON DOBSCHÜTZ E., *Immagini di Cristo*, op. cit., p. 124.

[271] GHARIB G., *La festa del Santo Mandylion nella Chiesa Bizantina*, in COERO-BORGA P. (Ed.), *La Sindone e la Scienza*, op. cit., pp. 31-50.

[272] DUBARLE A.-M., *Histoire ancienne du linceul de Turin*, op. cit., pp. 73-74.

Il existe une autre acquisition en faveur de l'identification de l'image d'Édesse avec le Suaire: *le Codex Vat. Gr. 511 ff.* 143-150v.[273] qui remonte au Xe siècle. On y rapporte l'Oraison de Grégoire, archidiacre et référendaire de la Grande Église de Constantinople (Sainte-Sophie).

Après une énumération scrupuleuse des couleurs utilisées pour dessiner les visages des icônes, l'orateur affirme que l'image n'a pas été produite avec des couleurs artificielles, car elle n'est que «splendeur». Voici comment Grégoire explique l'empreinte:

> Ce reflet, cependant – et que chacun s'inspire de l'explication – n'a été imprimé que par la sueur du visage de «Celui qui a créé la vie», «sueur tombant comme des gouttes de sang», et «merci au doigt de Dieu». Ce sont donc ces beautés qui ont donné de la couleur à la véritable image du Christ. Après que les gouttes sont tombées, il a été orné de gouttes de son propre côté. Les deux choses sont très instructives – le sang et l'eau là, la sueur et l'image ici. Ou l'égalité des événements, après que tous deux tirent leur origine de la même personne.[274]

Sur l'image d'Édesse, on pouvait donc voir non seulement le visage, mais aussi la poitrine, au moins jusqu'à la hauteur du côté.[275]

À Constantinople, le reliquaire du *Mandylion* doit avoir été ouvert et l'on a ainsi compris qu'il comprenait non seulement le visage, mais tout le corps de Jésus avec les signes de la Passion.

La toile du *tétrádiplon* doit avoir été partiellement dépliée: c'est la seule façon de comprendre la création artistique, au cours du XIIe siècle, de l'*Imago pietatis*, qui représente le Christ mort en position verticale dans le tombeau.[276] Un exemple splendide est l'*Imago pietatis* de la basilique de Sainte-Croix-en-Jérusalem à Rome, qui date

---

[273] DUBARLE A.-M., *L'homélie de Grégoire le Référendaire pour la réception de l'image d'Edesse,* in *Revue des Etudes Byzantines,* 55, 1997, pp. 5-51.

[274] ROMANO R., *Gregorio il Referendario, sermone intorno all'immagine edessenica,* in *Studi sull'Oriente Cristiano,* 18, 1, 2014, pp. 19-37, p. 29.

[275] DUBARLE A.-M., *L'Image d'Edesse dans l'homélie de Grégoire le Référendaire,* in in UPINSKY A.A. (Ed.), *L'identification scientifique de l'Homme du Linceul: Jésus de Nazareth,* op. cit., pp. 51-56; ZANINOTTO G., *Orazione di Gregorio il Referendario in occasione della traslazione a Costantinopoli dell'immagine Edessena nell'anno 944,* in RODANTE S. (Ed.), *La Sindone. Indagini scientifiche, Atti del IV Congresso Nazionale di Studi sulla Sindone,* Siracusa, 17-18 octobre 1987, Edizioni Paoline, Cinisello Balsamo (MI) 1988, pp. 344-352.

[276] PFEIFFER H., *La immagine della Sindone e quella della Veronica,* in *La Sindone, la Storia, la Scienza,* op. cit., pp. 41-51 e tavv. I-XII, p. 48.

du XIVe siècle.[277] De la même période date l'*Imago pietatis* de la basilique des Quatre-Saints-Couronnés à Rome.[278] L'icône du *Mandylion* accompagnée de l'*Imago pietatis* (XVIe siècle), conservée au
musée Kolomenskoe de Moscou, est également intéressante. En plus
des bras croisés devant, sur ces images Jésus a toujours la tête inclinée sur le côté droit. Pfeiffer a fait remarquer qu'en joignant les deux
plis, présents sur le Suaire à la hauteur du cou, on obtient une flexion
de la tête de ce côté.[279]

Les témoignages iconographiques

C'est également au XIIe siècle qu'apparaissent les représentations
du corps entier de Jésus sur un drap. Le voile liturgique *aèr* du rite
byzantin était brodé de la figure du Christ allongé.[280] La fresque de
l'église de la Mère de Dieu *Source de Vie* à Messénie, dans le Pélo-
ponnèse, qui est le plus ancien exemple de *melismòs* (la *fractio pa-
nis*), date de cette période.[281] Sur les côtés du tissu, on remarque les
franges, qui rappellent celles présentes sur les anciennes représentations du *Mandylion*. Il reste une esquisse de G. Millet de la fresque
perdue. Un autre exemple, également du XIIe siècle, se trouve sur le
reliquaire en émail de l'ancienne Collection Stroganoff, aujourd'hui à
l'*Ermitage* de Saint-Pétersbourg. Ce type de représentation sera plus
tard présent sur le voile liturgique byzantin appelé *Epitáfios Thrênos*
(lamentation funéraire)[282] et sur le *Plaščanica* (Sudarium), dans l'art
sacré russe.[283] La référence au Suaire est également évidente dans un

---

[277] SCAVONE D., *Greek Epitaphioi and other evidence for the Shroud in
Constantinople up to 1204*, in WALSH B.J. (Ed.), *Proceedings of the 1999
Shroud of Turin International Research Conference, Richmond, Virginia*,
op. cit., pp. 196-211, pp. 199-200.

[278] PFEIFFER H., *Le piaghe di Cristo nell'arte e la Sindone*, in COPPINI L.,
CAVAZZUTI F. (Edd.), *Le icone di Cristo e la Sindone*, op. cit., pp. 89-104, p. 94.

[279] PFEIFFER H., *Le piaghe di Cristo nell'arte e la Sindone*, op. cit., p. 92;
PFEIFFER H., *La immagine della Sindone e quella della Veronica*, in *La Sindone, la Storia, la Scienza*, op. cit., tav. IX.

[280] MORINI E., *Le «sindoni» ricamate. Simbologia e iconologia dei veli
liturgici nel rito bizantino*, in ZACCONE G.M., GHIBERTI G. (Edd.), *Guardare
la Sindone. Cinquecento anni di liturgia sindonica*, Effatà Editrice, Cantalupa (TO) 2007, pp. 229-257, p. 233.

[281] *Ibid.*, pp. 233-234.

[282] THEOCHARIS M., *"Epitafi" della liturgia bizantina e la Sindone*, in COP-
PINI L., CAVAZZUTI F. (Edd.), *Le icone di Cristo e la Sindone*, op. cit., pp. 105-
121, pp. 106-108.

[283] CAZZOLA P., *Il Volto Santo e il Sudario di Cristo (Plaščanica) nell'arte
sacra russa*, in COERO-BORGA P. (Ed.), *La Sindone e la Scienza*, op. cit.,

ivoire byzantin (XIIe siècle) conservé au *Victoria & Albert Museum* de Londres.[284]

Une épitaphe précieuse est le voile de Stefan Uros II Milutin, roi de Serbie entre 1282 et 1321, aujourd'hui au musée de l'Église orthodoxe serbe à Belgrade.[285] On notera le fond étoilé, qui est présent dans la plupart des épitaphes. Très significatives sont également l'épitaphe de Thessalonique (XIVe siècle) conservée au Musée de la Civilisation Byzantine de Thessalonique[286] et l'épitaphe du monastère de Stavronikita au Mont Athos (XIVe-XVe siècle),[287] toutes deux présentant le tissu à chevrons du Suaire qui rappelle le lin original de ce dernier.

La fresque de l'église Saint-Panteleimon de Gorno Nerezi, en Macédoine, datant de 1164, est d'un grand intérêt: Jésus y est représenté allongé sur un grand drap aux motifs géométriques semblables à ceux qui accompagnent souvent les reproductions de l'image d'Édesse.[288] Un autre motif présent dans l'iconographie de l'image d'Edesse est une décoration florale stylisée; on peut la voir, par exemple, dans la Sainte-Face (XIIIe siècle) conservée dans la cathédrale de Laon. Un motif similaire se trouve dans le linceul de la déposition du Christ dans le Psautier de Melisenda f. 9r (1131-1143), conservé à la *British Library* de Londres.

L'inspiration du Suaire est évidente dans une miniature du *Codex Pray* de la Bibliothèque nationale de Budapest qui date de 1192-1195.[289] La scène supérieure du folio 28r représente l'onction du Christ, déposé de la croix sur un drap: le corps est entièrement nu et les mains sont croisées pour couvrir le bas-ventre. Les pouces ne sont pas visibles. Sur le front, il y a un signe qui rappelle le filet de sang

---

pp. 51-57; CAZZOLA P., *I Volti Santi e le Pietà*, in COPPINI L., CAVAZZUTI F. (Edd.), *Le icone di Cristo e la Sindone*, op. cit., pp. 158-163.

[284] WILSON I., *The Blood and the Shroud*, The Free Press, New York 1998, p. 147.

[285] WILSON I., *Icone ispirate alla Sindone*, in COPPINI L., CAVAZZUTI F. (Edd.), *Le icone di Cristo e la Sindone*, op. cit., p. 84.

[286] THEOCHARIS M., *"Epitafi" della liturgia bizantina e la Sindone*, in COPPINI L., CAVAZZUTI F. (Edd.), *Le icone di Cristo e la Sindone*, op. cit., pp. 105-121, p. 117.

[287] GUSCIN M., *La Síndone y la Imagen de Edesa. Investigaciones en los monasterios del Monte Athos (Grèce)*, op. cit., pp. 11-12.

[288] WILSON I., *Holy Faces, Secret Places*, Doubleday, London (UK) 1991, p. 152.

[289] DUBARLE A.-M., *L'icona del "Manoscritto Pray"*, in COPPINI L., CAVAZZUTI F. (Edd.), *Le icone di Cristo e la Sindone*, op. cit., pp. 181-188, p. 181.

analogue observé sur le Suaire. Dans la scène inférieure, on voit l'arrivée au tombeau des femmes pieuses, les myrophores, auxquelles l'ange montre le linceul vide.

La partie supérieure du drap vide a un motif qui imite le tissu à chevrons du Suaire, alors que de petites croix rouges recouvrent la partie inférieure. Sous le pied de l'ange, il y a deux traces rouges sinueuses qui peuvent représenter deux coulées de sang. Sur les deux parties du tissu on remarque quelques petits cercles, disposés de la même manière d'un groupe de quatre trous de brûlure qui sur le Suaire est visible en quatre points différents.[290] Cette dégradation de la relique est certainement antérieure à l'incendie de 1532: en effet, ces traces figurent sur une copie picturale de 1516 conservée dans la collégiale de Saint-Gommaire à Lierre en Belgique.[291]

Les témoignages écrits

La présence du Suaire à Constantinople est documentée par d'autres témoignages écrits, datant pour la plupart du XIe au XIIe siècle. Vers 1095, une lettre attribuée à l'empereur Alexis Ier Comnène énumère, parmi les reliques conservées dans la ville, «les linges qui furent trouvés dans le tombeau après sa résurrection».[292] Guillaume de Tyr raconte que Manuel I Comnène en 1171 montra à Amalric Ier, roi de Jérusalem, les reliques de la Passion, y compris le Suaire. Les linges funéraires de Jésus à Constantinople sont également nommés en 1151-1154 par Nicolas Soemundarson, abbé du monastère de Thyngeyr en Islande[293] et en 1207 par Nicolas d'Otrante,[294] abbé du monastère de Casole, qui les vit probablement plus tard à Athènes.[295]

En 1201, Nicolas Mésaritès, gardien des reliques conservées dans la chapelle de Notre Dame du Phare, dut les défendre d'une tentative de pillage et le fit en rappelant aux séditieux la sainteté du lieu, où étaient conservés, entre autres, le *soudárion* avec les linges funéraires. «Ils sont encore parfumés», souligne Mésaritès, «ils défient la

---

[290] *Ibid.*, pp. 186-187.

[291] FOSSATI L., *The Documentary value of the Lier Shroud*, in DOUTREBENTE M.-A. (Ed.), *Acheiropoietos. Non fait de main d'homme*, op. cit., pp. 195-196.

[292] DUBARLE A.-M., *Histoire ancienne du linceul de Turin*, op. cit., p. 54.

[293] *Ibid.*, pp. 53-54.

[294] SAVIO P., *Ricerche storiche sulla Santa Sindone*, op. cit., pp. 119-120.

[295] SCAVONE D., *The Shroud of Turin in Constantinople, the documentary evidence*, in *Sindon N.S.*, Quaderno n.1, juin 1989, pp. 113-128, pp. 120-121.

corruption, parce qu'ils ont enveloppé l'ineffable mort, dénudé et em-
baumé après la Passion.» Il est logique de déduire qu'en mentionnant
le corps nu, Mésaritès fait référence à l'image du corps du Sauveur
couché entièrement nu sur son linceul.[296] S'adressant aux émeutiers,
après avoir énuméré dix des plus précieuses reliques, Mésaritès pour-
suit: «Mais je vais mettre devant tes yeux le Législateur fidèlement
figuré sur une serviette et gravé dans une argile fragile avec un tel art
du dessin qu'on voit que cela ne vient pas de mains humains».[297]

En 1207, Mésaritès fit une autre référence à l'image de Jésus sur
un tissu dans l'éloge funèbre de son frère Jean, où il déclara:
«L'indescriptible, qui est apparu *semblable aux hommes* (Ph 2,7), est
comme nous descriptible, ayant été imprimé dans un prototype sur
la serviette.» Le théologien André-Marie Dubarle commente: «Ce qui
est remarquable, c'est que pour lui l'image miraculeuse est le *prototype*, le modèle des images faites de main d'homme et leur justifica-
tion».[298]

Dans son ouvrage *La conquête de Constantinople*, Robert de
Clari, chroniqueur de la quatrième croisade, évoqua les merveilles
qu'on pouvait voir avant que la ville ne tomba (le 12 avril 1204) aux
mains des croisés latins:

> Parmi eux, il y avait une église appelée Sainte-Marie-des-Blachernes,
> où se trouvait le Suaire (*Sydoines*) dans lequel Notre Seigneur était en-
> veloppé, et qui, chaque vendredi, était soulevé tout droit, de sorte qu'on
> pouvait voir clairement la figure de Notre Seigneur. Personne, ni les
> Grecs ni les Français, ne sut ce qu'il était advenu de ce suaire lors de la
> conquête de la ville.[299]

Le philologue Carlo Maria Mazzucchi[300] pense que la découverte
de la véritable nature du *Mandylion* et son transfert à Sainte-Marie-
des-Blachernes ont pu avoir lieu entre 1201 et 1203, années parmi les
plus turbulentes de l'histoire de Byzance. Il convient de rappeler que
lorsqu'elle arriva à Constantinople, comme nous l'avons déjà mentionné, l'image d'Édesse fut portée d'abord à Sainte-Marie-des-Blachernes, puis placée dans la chapelle de Notre Dame du Phare; un

---

[296] DUBARLE A.-M., *Histoire ancienne du linceul de Turin*, op. cit., p. 39.
[297] *Ibid.*, p. 40.
[298] DUBARLE A.-M., *Histoire ancienne du linceul de Turin*, op. cit., pp. 41-42.
[299] SAVIO P., *Ricerche storiche sulla Santa Sindone*, op. cit., pp. 190-191;
P. SAVIO, *Le impronte di Gesù nella Santa Sindone*, in *Sindon*, Quaderno n.
9, mai 1965, pp. 12-23.
[300] MAZZUCCHI C.M., *La testimonianza più antica dell'esistenza di una
sindone a Costantinopoli*, in *Aevum*, anno 57, n. 2, mai-août 1983, pp. 227-
231, p. 230.

déplacement entre les deux églises n'est donc pas improbable. En outre, vers 1100, l'historien byzantin George Cedreno écrivit qu'au cours de l'hiver 1036-1037, le *Mandylion* fut porté en procession à pied du palais impérial à Sainte-Marie-des-Blachernes pour implorer la fin d'une longue sécheresse.

Le transfert en Europe

Le Suaire vu par Robert de Clari, cependant, disparut de Constantinople en 1204. C'est probablement Othon de la Roche, qui avait été l'un des protagonistes de la quatrième croisade, qui transféra le linceul vénéré en France, après l'avoir apportée à Athènes. Au milieu du XIVe siècle, le Suaire apparut à Lirey, en France, en possession de Geoffroy de Charny, dont la femme, Jeanne de Vergy, était une descendante d'Othon de la Roche.[301] En outre, Geoffroy de Charny était l'homonyme, et probablement un parent, d'un Templier qui finit sur le bûcher en 1314.[302] Selon Wilson, la relique fut peut-être conservée et vénérée pendant un certain temps par les Templiers. [303]

Pendant la Seconde Guerre mondiale, une représentation intéressante fut trouvée sur un panneau en chêne à Templecombe, en Angleterre. La localité doit son nom au fait que, de 1185 jusqu'au début du XIVe siècle, elle fut le site d'un Préceptorat des Templiers.[304] Sur le panneau apparaît un visage barbu, aux contours flous. Il ne fait

---

[301] PIANA A., *Sindone: gli anni perduti. Da Costantinopoli a Lirey: nuove prove*, Sugarco Edizioni, Milan 2007; PIANA A., *"Missing years" of the Holy Shroud*, in DI LAZZARO P. (Ed.), *Proceedings of the IWSAI 2010*, op. cit., pp. 95-102, http://www.acheiropoietos.info/proceedings/PianaMYHSWeb.pdf; PIANA A., *La Sindone. Un mistero lungo duemila anni*, Mimep-Docete, Pessano con Bornago (MI) 2014; PIANA A., *Othon de La Roche and the Shroud. An hypothesis between History and Historiography*, in *ATSI 2014*, op. cit., pp. 58-63, https://www.academia.edu/9490977/Othon_de_La_Roche _and_the_Shroud._An_hypothesis_between_History_and_Historiography; SCAVONE D., *Documenting the Shroud missing years*, in DI LAZZARO P. (Ed.), *Proceedings of the IWSAI 2010*, op. cit., pp. 87-94, http://www.acheiropoietos.info/ proceedings/ScavoneBesanconWeb.pdf.

[302] WILSON I.,*The Shroud. Fresh light on the 2000-year-old Mystery...*, op. cit., p. 274.

[303] WILSON I.,*The Shroud of Turin. The burial cloth of Jesus Christ?*, op. cit., pp. 154-165.

[304] WILSON I., *The Shroud. Fresh light on the 2000-year-old Mystery...*, op. cit., p. 266.

aucun doute qu'il représente Jésus: il suffit de le comparer à un visage du XIV siècle, la Sainte Face[305] conservée dans la cathédrale de Jaén, en Espagne. Et il est sans équivoque similaire au Suaire: en utilisant la technique de superposition en lumière polarisée, 125 points de congruence ont été trouvés entre les deux images.[306] Les objections[307] concernant les différences entre le visage du Suaire et celui de Templecombe, qui a la bouche et les yeux ouverts, ne tiennent pas compte de l'observation du Suaire dans son état naturel, où en fait il peut sembler voir la bouche et les yeux ouverts; c'est le négatif photographique qui révèle qu'ils sont fermés. Même le manque de sang et les blessures ne sont pas significatifs: il existe de nombreux autres visages saints de Jésus, inspirés du Suaire, qui sont modifiés par les signes de la souffrance. Pensez simplement à l'icône du *Saint Mandylion* (XIVe siècle) de la galerie Tretiakov à Moscou.

Avec la méthode au radiocarbone, le panneau de Templecombe a été daté entre 1280 et 1440 après JC. et les scientifiques qui ont effectué l'examen ont commenté: «Les dates sont tout à fait compatibles avec un bois coupé dans la période 1280-1310 après JC. et donc la peinture pourrait être associée aux Templiers, peut-être commandée avant leur suppression en 1307 par le roi Philippe le Bel de France.»[308]

Le panneau de Templecombe pourrait avoir été le couvercle d'une boîte en bois dans laquelle le Suaire était conservé. Il est intéressant de noter que lorsqu'il fut découvert, le panneau avait des couleurs vives, bleu et rouge vif. Dans la reconstruction, on peut également voir un fond étoilé.[309] Ce détail rappelle ce qu'écrivait Siméon de Thessalonique (15e siècle) dans *De Sacra liturgia*: «À la fin, le prêtre

---

[305] WILSON I., *Holy Faces, Secret Places,* op. cit., p. 35.

[306] MORGAN R., *Testimonianza iconografica della Sindone in Inghilterra*, in COPPINI L., CAVAZZUTI F., (Edd.), *Le icone di Cristo e la Sindone*, op. cit., pp. 189-194, pp. 193-194.

[307] NICOLOTTI A., *I Templari e la Sindone, storia di un falso*, Salerno Ed., Rome 2011, p. 82. Ce texte a fait l'objet d'un examen critique: MARINELLI E., *Wiping the slate clean*, in *Shroud Newsletter*, n. 74, December 2011, pp. 45-70, http://www.sindone.info/SN-74ENG.PDF, traduction italienne: *Un colpo di spugna*, http://www.sindone.info/SN-74ITA.PDF

[308] HEDGES R.E.M. et al., *Radiocarbon dates of the Oxford AMS system: Archaeometry datelist 6*, in *Archaeometry*, vol. 29, n. 2, 1987, pp. 289-306, p. 303.

[309] MORGAN R., *Did the Templars take the Shroud to England? New evidence from Templecombe*, in BERARD A. (Ed.), *History, Science, Theology and the Shroud, Proceedings of the St. Louis Symposium*, St Louis, Missouri (USA), 22-23 June 1991, The Man in the Shroud Committee of Amarillo, Amarillo (Texas, USA) 1991, pp. 205-232.

recouvre l'autel de l'épitaphe. Ce dernier symbolise le firmament, où
se trouve l'étoile, et rappelle également le linceul funéraire, qui enveloppait le corps de Jésus saupoudré de myrrhe: le mystère nous est
présenté comme sur une table peinte.»[310]

Les documents écrits et iconographiques concordent donc pour
confirmer l'existence du Suaire dans les siècles précédant son apparition en Europe. L'histoire de l'art, en particulier, s'est révélée une aide
précieuse non seulement pour la datation du linge ancien, mais aussi
pour l'identification de l'Homme de Douleurs, dont les traits, mystérieusement imprimés, sont contemplés sur la relique vénérée.

---

[310] THEOCHARIS M., *"Epitafi" della liturgia bizantina e la Sindone*, in COP-
PINI L., CAVAZZUTI F. (Edd.), *Le icone di Cristo e la Sindone*, op. cit., pp. 105-
121, p. 108.

CHAPITRE V

LES SIGNES DE LA PASSION

Un homme torturé

Sur le Suaire, il y a une double image humaine, frontale et dorsale, parsemée de taches de sang. C'est l'empreinte d'un homme qui a subi l'une des tortures les plus cruelles et les plus déshonorantes de tous les temps: la crucifixion. Qui est cet homme? Avons-nous une chance de le découvrir? La comparaison avec les récits des évangiles s'est avérée d'une grande aide pour l'identification de l'homme du Suaire: en effet, tout coïncide avec le récit de la crucifixion et de la mort de Jésus. Le bibliste Giuseppe Ghiberti fait remarquer:

> Il y a une grande concordance entre les détails des tortures subies par les protagonistes des deux récits, le Jésus des Évangiles et l'homme du Suaire. Il s'agit de la correspondance la plus incroyable de notre recherche, car les deux récits se reflètent et se complètent de manière étonnante. [311]

Il est scientifiquement certain que le Suaire enveloppa réellement le cadavre d'un homme torturé,[312] qui laissa sur lui ses marques indubitables que l'on peut énumérer schématiquement comme suit:

1) son corps fut cruellement flagellé;
2) sa tête présente de nombreuses blessures causées par un ensemble d'objets pointus: un casque d'épines;
3) ses épaules sont marquées par une empreinte oblique laissée par le *patibulum*, la poutre horizontale de la croix;
4) ses genoux heurtèrent des surfaces rugueuses et irrégulières;
5) son visage présente de nombreuses tuméfactions, causées par les coups qu'il reçut et les impacts avec le sol lors des chutes;
6) ses poignets et ses pieds furent percés par des clous;
7) son côté fut percé par une lance;

---

[311] GHIBERTI G., *The Gospels and the Shroud*, in SCANNERINI S., SAVARINO P. (Edd.), *The Turin Shroud, past, present and future*, op. cit., pp. 274-284, p. 278.
[312] SVENSSON N., *Medical and forensic aspects of the Man depicted on the Shroud of Turin*, in DI LAZZARO P. (Ed.), *Proceedings of the IWSAI 2010*, op. cit., pp. 181-186, http://www.acheiropoietos.info/proceedings/SvenssonWeb.pdf.

8) son corps, détaché de la croix, nu et non lavé, était étendu sur
un long drap qui entra en contact avec la partie dorsale et,
passant sur la tête, couvrait toute la partie frontale jusqu'aux
pieds.

La plus ancienne description des blessures imprimées sur le Suaire
nous est donnée par les Clarisses de Chambéry,[313] qui dans leur patient travail de restauration après l'incendie de 1532, du 16 avril au 2
mai 1534, purent contempler le drap sacré pour plus longtemps que
les autres.

En effet, nous voyions, sur ce riche tableau, des souffrances qui ne
se saurait jamais imaginer. Nous y vîmes encore les traces d'une face
toute plombée et toute meurtrie de coups, sa tête divine percée de
grosses épines, d'où sortaient des ruisseaux de sang qui coulaient sur
son front et se divisaient en divers rameaux le revêtant de la plus précieuse pourpre du monde.

Nous remarquions, sur le côté gauche du front, une goutte plus
grosse que les autres et plus longue, elle serpente en onde; les sourcils
paraissaient bien formés; les yeux un peu moins; le nez, comme la
partie la plus éminente du visage, est bien imprimé; la bouche est bien
composée, elle est assez petite; les joues enflées et défigurées, montrent assez qu'elles ont été frappées cruellement, et particulièrement
la droite; la barbe n'est ni trop longue, ni trop petite, à la façon des
Nazaréens; on la voit rare en quelques endroits, parce qu'on l'avait
arrachée en partie par mépris, et le sang avait collé le reste.

Puis nous vîmes une longue trace qui descendait sur le col, ce qui
nous fit croire qu'il fut lié d'une chaîne de fer en la prise du Jardin des
Oliviers; car il se voit enflé en divers endroits comme ayant été tiré et
secoué; les plombées et coups de fouets sont si fréquents sur son estomac qu'à peine y peut-on trouver une place de la grosseur d'une
pointe d'épingle exempte de coups; elles se croisaient toutes et s'étendaient tout le long du corps, jusqu'à la plante des pieds; le gros amas
de sang marque les ouvertures des pieds.

Du côté de la main gauche, laquelle est très bien marquée et croisée
sur la droite dont elle couvre la blessure, les ouvertures des clous sont
au milieu des mains longues et belles, d'où serpente un ruisseau de
sang depuis les côtes jusqu'aux épaules; les bras sont assez longs et
beaux, ils sont en telle disposition qu'ils laissent la vue entière du
ventre, cruellement déchiré de coups de fouets; la plaie du divin côté
parait d'une largeur suffisante à recevoir trois doigts, entourée d'une

---

313 BOUCHAGE L., *Le Saint Suaire de Chambéry a Saint-Claire-en-Ville*,
Imprimerie C. Drivet, Chambéry (France) 1891, pp. 21-24.

trace de sang large de quatre doigts, s'étrécissant d'en bas et longue d'environ un demi-pied.

Sur la seconde face de ce Saint Suaire qui représente le derrière du corps de notre Sauveur, on voit la nuque de la tête percée de longues et grosses épines, qui sont si fréquentes qu'on peut voir par là que la couronne était faite en chapeau, et non pas en cercle comme celles des princes et telle que les peintres la représentent; lorsqu'on la considère attentivement, on voit la nuque plus tourmentée que le reste et les épines plus avant enfoncées, avec de grosses gouttes de sang conglutinée aux cheveux, qui sont tout sanglants; les traces de sang sous la nuque sont plus grosses et plus visibles que les autres, à cause que les bâtons dont ils frappaient la couronne faisaient entrer les épines jusqu'au cerveau, en sorte qu'ayant reçu des blessures mortelles, c'était un miracle qu'il ne mourût pas sous les coups; elles se rouvrirent aussi par la secousse de la croix lorsqu'on la mit dans son creux, et auparavant lorsqu'on le fit tomber sur la croix pour l'y clouer; les épaules sont entièrement déchirées et moulues de coups de fouets qui s'étendent partout.

Les gouttes de sang paraissent aussi larges comme des feuilles de marjolaine; en plusieurs endroits, il y a de grosses cassures à cause des coups qu'on lui donna; sur le milieu du corps, on remarque les vestiges la chaîne de fer qui le liait si étroitement à la colonne qu'il paraît tout en sang; la diversité des coups fait voir qu'ils se servirent de diverses sortes de fouets, comme des verges nouées d'épines, de cordes de fer qui le déchiraient si cruellement qu'en regardant par dessous le Suaire, lorsqu'il était étendu sur la toile de Hollande ou toilier, nous voyions les plaies comme si nous eussions regardé à travers un vitre.

Examinons maintenant plus en détail les différents signes de martyre qui apparaissent sur le Suaire.

La flagellation et le couronnement d'épines

Sur la base des études les plus récentes, les modalités de cette flagellation peuvent être reconstituées:

1) l'homme du Suaire subit un nombre important de coups, environ 120;[314] la législation juive autorisait un maximum de quarante coups moins un, tandis que la loi romaine n'imposait aucune limitation;

---

[314] RICCI G., *L'Uomo della Sindone è Gesù*, op. cit., pp. 139-180.

2) la précision et la direction des coups, qui n'épargnèrent presque aucune zone de la peau, témoignent du caractère systématique de la torture;[315]

3) À partir des lésions, compatibles avec les témoignages iconographiques et archéologiques des différents types de *flagrum* romains,[316] on peut déduire que les instruments utilisés comportaient des cordes ou des lanières de cuir ou des chaînes, lestées de morceaux d'os ou de boules métalliques tranchantes;

4) l'homme du Suaire fut flagellé nu, car les lésions causées par la flagellation sont clairement visibles sur les régions fessières; sur la base de l'écoulement du sang, il a été possible de déduire qu'il était stationnaire, courbé et probablement lié à une colonne basse[317].

La flagellation fut infligée avec une froide détermination, mais le condamné ne devait pas mourir, seulement être puni;[318] elle ne doit pas être considérée comme une préparation à la crucifixion: dans ces cas, la flagellation était beaucoup moins cruelle, car le condamné devait encore être assez fort pour porter le *patibulum*[319]. Ceci est en accord avec le «changement d'avis» de Pilate, qui, dans un premier

---

[315] LARATO G., *L'ignominiosa flagellazione secondo la Sindone. Rilievi di fisiopatologia clinica*, in COERO-BORGA P., INTRIGILLO G. (Edd.), *La Sindone, nuovi studi e ricerche*, op. cit., pp. 191-218, p. 193.

[316] FACCINI B., *Scourge bloodstains on the Turin Shroud: an evidence for different instruments used*, in FANTI G. (Ed.), *The Shroud of Turin. Perspectives on a multifaceted enigma*, op. cit., pp. 228-245, http://ohioshroudconference.com/papers/p19.pdf; FACCINI B., FANTI G., *New image processing of the Turin Shroud scourge marks*, in DI LAZZARO P. (Ed.), *Proceedings of the IWSAI 2010*, op. cit., pp. 47-54, http://www.acheiropoietos.info/proceedings/FacciniWeb.pdf; MANSERVIGI F., MORINI E., *The hypotheses about the roman flagrum: some clarifications*, in *Shroud of Turin, the controversial intersection of faith and science, International Conference*, op. cit., http://www.academia.edu/8802951/The_hypotheses_about_the_Roman_flagrum_that_was_used_to_scourge_the_Man_of_the_Shroud._Some_clarifications.

[317] LARATO G., *L'ignominiosa flagellazione secondo la Sindone. Rilievi di fisiopatologia clinica*, in COERO-BORGA P., INTRIGILLO G. (Edd.), *La Sindone, nuovi studi e ricerche*, op. cit., pp. 191-218, p. 193.

[318] ZANINOTTO G., *The Shroud and Roman crucifixion: a historical review*, in SCANNERINI S., SAVARINO P. (Edd.), *The Turin Shroud, past, present and future*, op. cit., pp. 285-324, p. 319.

[319] ZANINOTTO G., *La tecnica della crocifissione romana*, Emmaus 3, Quaderni di Studi Sindonici, Centro Romano di Sindonologia, Rome 1982, p. 16.

temps, pour sauver Jésus, ne le fit que flageller, mais qui ensuite céda à la pression de la foule après l'*Ecce Homo* et le condamna à la cruci- fixion.

Je le relâcherai donc après l'avoir fait châtier. (Lc 23,16).

Donc, après l'avoir fait châtier, je le relâcherai. (Lc 23,22).

Alors Pilate prit Jésus et le fit flageller. (Jn 19,1).

J'ai livré mon dos à ceux qui me frappaient. (Is 50,6)

Ils ont labouré mon dos, ils y ont tracé de longs sillons. (Sal 129 [128],3).

Toute la tête est malade, et tout le cœur est languissant. De la plante des pieds au sommet de la tête, il n'y a en lui rien de sain: ce n'est que blessures, meurtrissures, plaies vives, qui n'ont pas été pansées, ni ban- dées, ni adoucies avec de l'huile. (Is 1,5-6).

La tête de l'homme du Suaire présente de nombreuses blessures, causées par une série d'objets pointus. Le réalisme brut des écoule- ments de sang nous fait comprendre en quoi consistait le couronne- ment d'épines: il ne s'agissait pas d'un petit cercle placé autour de la tête, comme on le voit dans les représentations artistiques, mais d'un casque d'épines qui couvrait toute la surface, conformément aux véri- tables couronnes royales de l'Orient, portées sur la tête comme une mitre.[320]

En observant que les images du Suaire sont dépourvues des ré- gions pariéto-temporales, il est légitime de supposer que le casque provoqua l'implantation, dans le cuir chevelu, d'au moins cinquante épines.[321] Il est certain que toute la surface de la tête est marquée par de nombreuses traces de sang. L'examen objectif des empreintes de la couronne d'épines montre qu'il s'agit de ruisseaux de sang, certains formés par du sang artériel, d'autres par du sang veineux.

En effet, l'empreinte sur le front, à gauche de la ligne médiane et en forme de «3» inversé, présente les caractéristiques d'un sang vei- neux à descente lente et continue. Elle correspond parfaitement, ana-

---

[320] COPPINI L., BAIMA BOLLONE P., *Rilievi anatomici per la valuta- zione delle lesioni da corona di spine*, IN COPPINI L., CAVAZZUTI F., (Edd.), *La Sindone, Scienza e Fede*, op. cit. pp. 179-193, p. 179.

[321] RODANTE S., *La coronazione di spine alla luce della Sindone*, in *Sin- don*, Quaderno n. 24, octobre 1976, pp. 16-30.

tomiquement, à la veine frontale blessée par une épine de la couronne, et semble être due à une contraction spasmodique, c'est-à-dire
à une ride, le long de laquelle descendit un court filet de sang qui se
coagula, plus tard, sur le sourcil. La trace que l'on remarque, au contraire, dans la zone fronto-temporale droite a des caractères nette-
ment différents de la précédente: il s'agit en fait de sang jaillissant
d'une artère et arrivant en bas, comme un ruisseau, le long de la trame
du cheveu, exactement parce que sollicité par la pression artérielle.

> *Ils tressèrent une couronne avec des épines, qu'ils posèrent sur sa tête.* (Mt 27,29)

> *Ils le ceignirent d'une couronne d'épines qu'ils avaient tressée.* (Mc 15,17)

> *Les soldats ayant tressé une couronne d'épines, la mirent sur sa tête.* (Jn 19,2)

Le transport du *patibulum* et la crucifixion

Les représentations du *Chemin de la Croix* montrent la croix entière portée par Jésus sur une seule épaule. L'examen attentif de
l'image du Suaire amène les spécialistes à penser plutôt que les lésions
des régions suprascapulaire droite et scapulaire gauche furent causées par le *patibulum*, une poutre que le condamné portait transver-
salement sur ses épaules.

Les excoriations laissées par le *patibulum* laissent moins bien en-
trevoir les coups de la flagellation, car elles sont plus larges et plus
floues. Cela indique qu'un corps rugueux pesa sur les épaules après la
flagellation, aggravant les blessures préexistantes et en provoquant
d'autres.

Sur le chemin du lieu d'exécution, hors des murs de la ville, les
condamnés pour des crimes odieux étaient chargés du *patibulum*
pour une plus grande ignominie. Et si les condamnés étaient nombreux, ils étaient liés les uns aux autres.[322] L'homme du Suaire avan-
çait avec difficulté sous le poids de son *patibulum*, car il avait déjà
subi une sévère flagellation. L'extrême faiblesse et peut-être aussi la
lutte de ses compagnons l'ont fait tomber, provoquant le choc violent
de ses genoux et de son visage sur le pavé de la rue. Les fragments de
terre, identifiés sur le Suaire en correspondance de la pointe du nez et
du genou gauche, confirment ces chutes.

---

[322] ZANINOTTO G., *La tecnica della crocifissione romana*, op. cit., pp. 23-24.

Le visage de l'homme du Suaire est certainement, parmi les parties du corps, celle qui a subi le plus de traumatismes. Pourtant, ce visage continue d'impressionner par sa sérénité majestueuse et triste. On y trouve des signes évidents de traitements féroces. Ce visage fut frappé par un bâton, dont les traces sont facilement visibles sur la joue droite et le nez. L'image tridimensionnelle[323] de l'homme du Suaire fournit les détails suivants: incision du cartilage du nez; gonflement de la pommette droite; incisions, causées par des chutes répétées sur le gravier, sur la pommette gauche; caillot de sang sur la paupière gauche; deux ruisseaux de sang sortant du nez; gouttes de sang sous la lèvre supérieure; bosse et légère déviation du bout du nez. D'autres données pertinentes sont les plaies lacérées des sourcils et les ecchymoses des paupières.

Alors ils lui crachèrent au visage et le frappèrent avec le poing; d'autres le souffletèrent. (Mt 26,67)

Ils en frappaient sa tête. (Mt 27,30)

Et quelques-uns se mirent à cracher sur lui, et, lui voilant le visage, ils le frappaient du poing, en lui disant: «Prophétise!»; et les satellites lui administraient des soufflets. (Mc 14,65).

Et ils lui frappaient la tête avec un roseau. (Mc 15, 19).

Ceux qui le tenaient se moquaient de lui et le frappaient. (Lc 22,63).

Un des satellites qui se trouvait là, donna un soufflet à Jésus (Jn 18,22).

Et ils le souffletaient. (Gv 19,3).

Je n'ai pas dérobé mon visage aux outrages et aux crachats. (Is 50,6).

Jésus, portant sa croix, arriva hors de la ville au lieu nommé Calvaire. (Jn 19,17).

---

[323] TAMBURELLI G., GARIBOTTO G., *Nuovi sviluppi nell'elaborazione dell'immagine sindonica*, in COERO-BORGA P. (Ed.), *La Sindone e la Scienza*, op. cit., pp. 173-184, pp. 179-181; TAMBURELLI G., OLIVIERI F., *Un nuovo processamento della immagine sindonica*, in COERO-BORGA P., INTRIGILLO G. (Edd.), *La Sindone, nuovi studi e ricerche*, op. cit., pp. 245-254; TAMBURELLI G., BALOSSINO N., *Ulteriori sviluppi nell'elaborazione elettronica del volto sindonico*, in RODANTE S. (Ed.), *La Sindone, indagini scientifiche*, op. cit., pp. 120-126.

L'homme du Suaire a les mains croisées sur son bas-ventre. La main gauche passe sur le poignet droit, en le cachant; elle nous montre donc seulement la blessure du poignet, produite par le clou de la crucifixion.[324] Un clouage à la paume ne permettrait pas aux tissus de supporter un poids correspondant à celui d'un homme, alors que cela est possible si le clou est enfoncé au poignet. Les mains présentent également de vastes excoriations des doigts, dues au frottement sur les aspérités du bois de la croix.[325]

Deux flux de sang divergents partent de la plaie du poignet gauche. Ces différentes directions ont une explication plausible. L'homme du Suaire fut cloué au *patibulum* en position allongée sur le sol et ensuite fut élevé sur le *stipes*, le poteau vertical de la croix; puis le poids du corps fit prendre aux bras une position plus inclinée que celle presque horizontale qu'ils avaient lorsque les poignets étaient cloués.

En observant l'empreinte du dos du Suaire, on constate que la jambe gauche est légèrement pliée et que les pointes des pieds convergent: cela s'explique par le fait que sur la croix, le pied gauche était superposé sur le pied droit, qui s'appuyait directement sur le bois de la croix. À l'époque de Jésus, le repose-pied n'était pas utilisé. Il fut probablement introduit plus tard, au cours du premier siècle après JC, lorsque la crucifixion fut modifiée pour l'adapter à l'intérieur du cirque:[326] les pieds étaient alors posés sur un tabouret.

Les deux pieds de l'homme du Suaire étaient cloués ensemble et ainsi la rigidité cadavérique les fixa. Cela explique pourquoi nous avons une empreinte complète du pied droit, alors que du gauche nous ne voyons que le talon. L'empreinte du pied droit est donc la plus intéressante. Elle montre également les caillots des flux sanguins. Au centre on remarque une tache de sang, correspondant à la position du clou de la crucifixion; elle se trouve à la hauteur du deuxième espace intermétatarsien. Quelques ruisseaux s'écartent de cette tache: ceux du sang versé lors de la crucifixion descendent vers les doigts; d'autres, plus nuancés, vont vers le talon en passant au-delà de l'empreinte du pied. Ces derniers flux se produisirent pendant la déposition de la croix, lorsque le clou fut enlevé des pieds.[327]

---

[324] COPPINI L., *La lesione da chiodo agli arti superiori del crocifisso*, in COERO-BORGA P., INTRIGILLO G. (Edd.), *La Sindone, nuovi studi e ricerche*, op. cit., pp. 175-190.

[325] RICCI G., *L'Uomo della Sindone è Gesù*, op. cit., p. 116.

[326] ZANINOTTO G., *La crocifissione a quattro chiodi e l'Uomo della Sindone*, in RODANTE S. (Ed.), *La Sindone, indagini scientifiche*, op. cit., pp. 240-269, p. 247.

[327] RICCI G., *L'Uomo della Sindone è Gesù*, op. cit., p. 255.

Quand ils l'eurent crucifié, ils se partagèrent ses vêtements (Mt 27,35).

Ils le crucifièrent et se partagèrent ses vêtements (Mc 15,24).

Lorsqu'ils furent arrivés au lieu appelé Calvaire, ils l'y crucifièrent, ainsi que les malfaiteurs (Lc 23,33).

Ils le crucifièrent, et deux autres avec lui (Jn 19,18).

Ils ont percé mes pieds et mes mains, je pourrais compter tous mes os (Sal 22 [21],17-18).

Les causes de la mort

Diverses hypothèses[328] ont été émises sur les causes de la mort de Jésus, également à la lumière du Suaire. Selon Luigi Malantrucco, [329] chef du service de radiologie de l'hôpital S. Pietro-Fatebenefratelli de Rome, le signe «clé» pour la résolution du problème est la plaie de l'hémithorax droit. Cette plaie décrit un ovale presque parfait, dont le grand axe mesure un peu plus de 4 cm de long et le mineur près de 1 cm et demi; elle fut causée par une arme pointue et tranchante; ses marges sont restées élargies, comme on pouvait s'y attendre d'un coup porté à un cadavre.

Autour des blessures, il y a une tache de sang. Le sang s'écoula de la blessure, divergeant des bords de cette dernière. L'écoulement n'est pas homogène et consiste en de grandes taches qui descendent avec un parcours ondulé et se chevauchent partiellement; elles sont entre-coupées de zones de couleur plus claire, similaire mais non identique à la couleur de fond du lin; les analyses ont montré qu'il s'agit de sang et de sérum sanguin, séparés et en grande quantité; la coulée semble clairement interrompue en bas; le déroulement de l'interruption est oblique, de bas en haut et de l'intérieur vers l'extérieur. Dans la partie dorsale, plus bas que la tache antérieure, il y a une tache de sang gros-sière et irrégulière avec de grandes stries croisées, avec une course presque transversale; elle est interprétée comme l'extension dorsale de la coulée antérieure.

---

[328] FIORISTA F., FIORISTA L., *Ma Gesù morì di infarto?*, in *Giornale Italiano di Cardiologia*, vol. 10, septembre 2009, pp. 602-608.

[329] MALANTRUCCO L., *Il silenzio della Sindone*, Radicequadrata, Rome 2010.

La blessure sur le côté, post-mortelle, peut non seulement soutenir l'identification de l'homme du Suaire à Jésus, rappelant l'épisode décrit par Jean, mais peut, en elle-même, ajouter quelque chose d'important à la définition d'une cause de mort.

La seule hypothèse qui donne une réponse à toutes les questions, tant «basée sur le Suaire» et évangélique, est l'hémopéricarde. Ce mot est destiné à décrire une collection de sang, en quantité plus ou moins abondante, dans le sac péricardique. Le péricarde est une fine membrane, formée de deux feuillets fermés comme un sac, qui entoure le cœur dans toute son extension. Normalement, la cavité de ce sac est virtuelle et ne recueille pas plus de 5 cc. de liquide séreux à l'intérieur. Lorsque cette cavité, en raison d'une altération pathologique, se remplit de sang, le feuillet externe s'étire et s'élargit, et une quantité abondante de liquide peut y être recueillie, jusqu'à un maximum d'environ deux litres. Dans ce cas, le sang ne coagule pas, ou très peu.

Le cadavre étant en position verticale, au fil du temps, en raison de son poids, les éléments figurés tendent à se stratifier vers le bas, tandis qu'au-dessus d'eux le plasma devient de plus en plus clair; au bout de quelques heures, il y aura une division complète où les éléments rouges (hématies) seront complètement stratifiés en dessous, tandis que le plasma sera complètement clair au-dessus. Ensuite, en déchirant la paroi thoracique, la partie rouge (sang) sortira en premier, suivie de la partie plasma (eau). Cette sortie du «sang et de l'eau» se fait violemment, car le sang, collecté dans le sac péricardique, est soumis à une forte pression. Et l'immédiateté de cette sortie est clairement exprimée à la fois dans le Suaire et dans l'Évangile de Jean.

La formation de l'hémopéricarde est due à une lacération de la paroi du cœur (myocarde), à travers laquelle le sang, contenu dans les cavités cardiaques, passe dans le sac péricardique. L'inondation de celui-ci se produit en quelques secondes et provoque la mort très rapide par «tamponnade cardiaque». Et souvent, pour la douleur aiguë causée par ce processus, un grand cri est émis. C'est précisément ainsi que Jésus meurt. Cette mort rapide et violente, qui se déroula en toute lucidité, qui contredit toute hypothèse d'asphyxie, d'effondrement, etc., est caractéristique de la mort par hémopéricarde. Une comparaison rapide entre le Suaire et les Évangiles peut mieux montrer à quel point l'hypothèse de l'hémopéricarde correspond à ces histoires.

Jésus poussa de nouveau un grand cri et rendit l'esprit. (Mt 27,50)

Jésus jeta un grand cri et expira. (Mc 15,37)

Et Jésus clama d'une voix forte: «Père, je remets mon esprit entre vos mains.» Et, ce disant, il expira. (Lc 23,46)

Et baissant la tête il rendit l'esprit. (Jn 19,30)

Je suis comme de l'eau qui s'écoule, et tous mes os sont disjoints; mon cœur est comme de la cire, il se fond dans mes entrailles. (Sal 22 [21],15)

L'opprobre a brisé mon cœur et je suis malade. (Sal 69 [68],21)

Mais quand ils vinrent à Jésus, le voyant déjà mort, ils ne lui rompirent pas les jambes. Mais un des soldats lui transperça le côté avec sa lance, et aussitôt il en sortit du sang et de l'eau. Et celui qui l'a vu en rend témoignage, et son témoignage est vrai; et il sait qu'il dit vrai, afin que vous aussi vous croyiez. (Jn 19,33-35)

Et je répandrai sur la maison de David et sur l'habitant de Jérusalem un esprit de grâce et de supplication, et ils tourneront les yeux vers moi qu'ils ont transpercé. (Zc 12,10)

L'enterrement et le tombeau vide

La loi romaine autorisait l'enterrement des personnes exécutées, mais il fallait en demander l'autorisation. Si personne ne réclamait le corps, il était placé dans une sépulture commune.[330]

Les Juifs attachaient une grande importance à l'enterrement. [331] Les yeux du défunt étaient fermés; si nécessaire, la bouche était maintenue fermée avec un mouchoir, qui passait sous les mâchoires et était attaché au-dessus de la tête; tous les orifices devaient être bouchés. Le cadavre était lavé, oint d'huile d'olive et de diverses sortes d'herbes aromatiques; les cheveux et les poils en général devaient être coupés, puis le cadavre était recouvert de ses vêtements et enveloppé dans un drap. Des parfums dissous dans de l'huile d'olive étaient versés sur le défunt. Le transport jusqu'au lieu d'enterrement se faisait avec une civière et des arômes étaient brûlés pendant le cortège funéraire.

La tombe était préparée en répandant copieusement des onguents et des arômes en poudre sur le banc du sépulcre pour préparer un lit, et en plaçant quelques brûle-parfums dans la grotte pour purifier l'air

---

[330] ZANINOTTO G., *La tecnica della crocifissione romana*, op. cit., pp. 64-65.
[331] GROSSI A., *Jewish shrouds and funerary customs: a comparison with the Shroud of Turin*, in *I Congreso Internacional sobre la Sabana Santa en España*, op. cit., pp. 1-33, pp. 8-9; PERSILI A., *Sulle tracce del Cristo Risorto*, Casa della stampa, Tivoli 1988, p. 50.

à l'intérieur de la tombe. Au cours des trois jours suivants, les proches se rendaient sur la tombe pour vérifier que le décès avait bien eu lieu et pour éviter le risque de mort apparente; ils accomplissaient également les procédures d'inhumation si nécessaire. Ceux qui allaient rendre visite au défunt apportaient des pots d'huiles aromatiques à verser sur le corps et des sacs d'arômes en poudre à brûler en son honneur.

Lors de l'étude des catacombes juives de Villa Torlonia (Rome), qui remontent à l'époque de Septime Sévère (empereur romain de 193 à 211), le Barnabite Umberto Fasola,[332] recteur de l'Institut pontifical d'archéologie chrétienne et secrétaire de la Commission pontificale d'archéologie sacrée, a constaté que les tombes étaient recouvertes d'une patine noirâtre, car elles avaient été abondamment arrosées d'un mélange huileux contenant de l'aloès.

Les Hébreux utilisaient une grande variété de parfums: encens, myrrhe, aloès, nard, safran, cannelle, gàlban, storax, onyx, baume. La myrrhe, une épice au parfum puissant et au goût amer, était utilisée sous forme de pommade pour purifier le corps des mauvaises odeurs. Seule ou avec d'autres substances, notamment l'aloès, elle était utilisée pour parfumer les linges (draps ou vêtements). L'aloès médicinal, ou *aloès socotrina*, était un jus amer. Elle était peut-être mélangée à de la myrrhe pour tempérer son fort parfum. Son utilisation pour les cadavres était destinée à retarder leur corruption.

> *Asa se coucha avec ses pères, et il mourut la quarante et unième année de son règne. On l'enterra dans son sépulcre qu'il s'était creusé dans la ville de David; on le coucha sur un lit qu'on avait rempli de parfums et d'aromates préparés selon l'art du parfumeur, et l'on en brûla une quantité très considérable.* (2 Chr 16,13-14)

> *Une femme s'approcha de lui, avec un vase d'albâtre (plein) d'un parfum fort précieux; et, pendant qu'il était à table, elle le répandit sur sa tête. (...) «En mettant ce parfum sur mon corps, elle l'a fait en prévision de ma sépulture.»* (Mt 26,7; 26-12)

> *Pendant qu'il était à table, une femme entra, avec un flacon d'albâtre contenant un parfum très pur et de grande valeur. Brisant le flacon, elle lui versa le parfum sur la tête. (...) «Ce qu'elle pouvait faire, elle l'a fait. D'avance elle a parfumé mon corps pour mon ensevelissement.»* (Mc 14,3; 14,8)

---

[332] FASOLA U., *Scoperte e studi archeologici dal 1939 ad oggi che concorrono ad illuminare i problemi della Sindone di Torino*, in COERO-BORGA P. (Ed.), *La Sindone e la Scienza*, op. cit., pp. 59-83, pp. 60 et 64.

Or, Marie avait pris une livre d'un parfum très pur et de très grande valeur; elle versa le parfum sur les pieds de Jésus, qu'elle essuya avec ses cheveux; la maison fut remplie de l'odeur du parfum. (...) «Laisse-la observer cet usage en vue du jour de mon ensevelissement!». (Jn 12,3; 12,7)

Le sabbat terminé, Marie Madeleine, Marie, mère de Jacques, et Salomé achetèrent des parfums pour aller embaumer le corps de Jésus. (Mc 16,1)

Les femmes qui avaient accompagné Jésus depuis la Galilée suivirent Joseph. Elles regardèrent le tombeau pour voir comment le corps avait été placé. Puis elles s'en retournèrent et préparèrent aromates et parfums. Et, durant le sabbat, elles observèrent le repos prescrit. Le premier jour de la semaine, à la pointe de l'aurore, les femmes se rendirent au tombeau, portant les aromates qu'elles avaient préparés. (Lc 23,55-56; 24, 1)

La norme juive de laver le corps avait une exception: si le défunt avait été victime d'une mort violente et qu'une certaine quantité de son sang avait coulé, celui-ci ne devait pas être séparé du corps, donc il n'y avait pas de lavage rituel. Par crainte que le «sang de vie» ne soit perdu, la terre sur laquelle le sang était tombé devait être enlevée et enterrée avec le corps.

Selon le code de loi juive du 16ème siècle *Kitzur Shulchan Aruch*, écrit par le rabbin Solomon Ganzfried,[333] ceux qui étaient morts d'une mort violente n'étaient pas lavés avant d'être enterrés:

Celui qui est tombé et est mort sur le coup, si son corps a été blessé et saigne, et si nous pensons que du sang vivant a été absorbé par ses vêtements et ses chaussures, nous ne le purifions donc pas, mais nous l'enterrons dans ses vêtements et avec ses chaussures (puisque ce sang est considéré comme faisant partie de lui et doit être conservé avec le corps pour l'enterrement). Cependant, par-dessus ses vêtements, nous l'enveloppons d'un drap que l'on appelle «sovev». On a coutume de déterrer le sol où il est tombé, s'il y a du sang à cet endroit, et aussi dans les environs, et on enterre avec lui toute la terre qui a du sang.

Un texte plus ancien (10e siècle) du Rav Radak rapporte également les mêmes prescriptions.

---

[333] GANZFRIED S., *Kitzur Shulchan Aruch*, Lamed, Milan 2001, ch. 197:9, http://www.yonanewman.org/kizzur/kizzur197.html; LAVOIE B.B., LAVOIE G.R., KLUTSTEIN D., REGAN J., *The body of Jesus was not washed according to the Jewish burial custom*, in *Sindon*, Quaderno n. 30, décembre 1981, pp. 19-29.

Le cadavre qui fut enveloppé dans le Suaire fut immédiatement remis à ceux qui étaient intéressés par son enterrement. De l'aloès et de
la myrrhe furent certainement utilisés. L'absence de tout signe de décomposition suggère que le corps ne fut en contact avec le tissu que
pendant une courte période. La présence de sang montre que le cadavre ne fut pas lavé, car il avait été victime d'une mort violente. Il est
probable que le drap fut simplement déposé sur le corps allongé, sans
le serrer avec des bandages.[334]

> *Le soir venu, vint un homme riche d'Arimathie, nommé Joseph, qui
> lui aussi était devenu disciple de Jésus. Il alla trouver Pilate pour de-
> mander le corps de Jésus; Pilate alors ordonna qu'on le lui remit. Joseph
> prit le corps, l'enveloppa d'un linceul blanc, et le déposa dans son sé-
> pulcre neuf, qu'il avait fait tailler dans le roc; puis, ayant roulé une
> grosse pierre à l'entrée du sépulcre, il s'en alla.* (Mt 27,57-60)

> *Déjà il se faisait tard; or, comme c'était le jour de la Préparation, qui
> précède le sabbat,*
> *Joseph d'Arimathie intervint. C'était un homme influent, membre du
> Conseil, et il attendait lui aussi le règne de Dieu. Il eut l'audace d'aller
> chez Pilate pour demander le corps de Jésus.*
> *Pilate s'étonna qu'il soit déjà mort; il fit appeler le centurion, et l'in-
> terrogea pour savoir si Jésus était mort depuis longtemps. Sur le rap-
> port du centurion, il permit à Joseph de prendre le corps. Alors Joseph
> acheta un linceul, il descendit Jésus de la croix, l'enveloppa dans le lin-
> ceul et le déposa dans un tombeau qui était creusé dans le roc. Puis il
> roula une pierre contre l'entrée du tombeau.* (Mc 15,42-46)

> *Alors arriva un membre du Conseil, nommé Joseph; c'était un
> homme bon et juste, qui n'avait donné son accord ni à leur délibération,
> ni à leurs actes. Il était d'Arimathie, ville de Judée, et il attendait le
> règne de Dieu. Il alla trouver Pilate et demanda le corps de Jésus. Puis
> il le descendit de la croix, l'enveloppa dans un linceul et le mit dans un
> tombeau taillé dans le roc, où personne encore n'avait été déposé.* (Lc
> 23,50-53).

> *Après cela, Joseph d'Arimathie, qui était disciple de Jésus, mais en
> secret par crainte des Juifs, demanda à Pilate de pouvoir enlever le
> corps de Jésus. Et Pilate le permit. Joseph vint donc enlever le corps de
> Jésus. Nicodème – celui qui, au début, était venu trouver Jésus pendant
> la nuit – vint lui aussi; il apportait un mélange de myrrhe et d'aloès*

---

[334] FANTI G., MARINELLI E., *A study of the front and back body enveloping
based on 3D information*, in *The 2nd Dallas International Conference on
the Shroud of Turin*, Dallas (Texas, USA), 25-28 October 2001, pp. 1-18,
http://www.sindone.info/FANTI4A.PDF.

*pesant environ cent livres. Ils prirent donc le corps de Jésus, qu'ils liè-
rent de linges, en employant les aromates selon la coutume juive d'en-
sevelir les morts. À l'endroit où Jésus avait été crucifié, il y avait un jardin et, dans ce jardin, un tombeau neuf dans lequel on n'avait encore
déposé personne. À cause de la Préparation de la Pâque juive, et comme
ce tombeau était proche, c'est là qu'ils déposèrent Jésus.* (Jn 19,38-42)

> *On a placé sa tombe avec les méchants, son tombeau avec les riches;
> et pourtant il n'avait pas commis de violence, on ne trouvait pas de
> tromperie dans sa bouche.* (Is 53,9)

L'utilisation du terme *othónia*, que Jean utilise pour décrire les tissus vides trouvés dans la tombe, a suscité de grandes discussions, notamment parce que dans le passé, il fut traduit *bandages*, par exemple
dans la Bible de Jérusalem.[335] Le bibliste Giuseppe Ghiberti[336] com-
menta en 2004:

> D'autre part, je ne pense pas que *othónia* doive être rendu par *fasces*.
> Les bandes suggèrent de toute façon la représentation de quelque chose
> de serré (avec peu de différence avec les bandages de l'ancien traduction
> de la CEI (Conférence Episcopale Italienne): j'espère que bientôt nous
> pourrons lire *teli*, c'est-à-dire *linges*, tandis que *othónia* est formellement
> un diminutif, même si dans l'évolution linguistique atteinte en grec bi-
> blique il a perdu cette connotation diminutive. Je ne crois pas que les
> *othónia* coïncident avec les *keiríai, liens*, de la sépulture de Lazare: il n'en
> est pas fait mention dans la sépulture de Jésus (bien qu'il soit probable
> qu'ils aient été employés); je ne crois même pas que les *othónia* aient un
> autre sens que le *sindón* synoptique. En Jean, on ne connaît que deux vê-
> tements funéraires pour Jésus: les linges et le suaire.

Selon Ghiberti,[337] le pluriel *othónia* est utilisé pour comprendre ce
que Pierre et Jean virent dans le tombeau vide: «Les linges supérieur
et inférieur étaient posés l'un sur l'autre: deux linges, en fait, bien
qu'en réalité ils n'en fussent qu'un». Dans la nouvelle traduction de la
CEI, [338] *othónia keímena* (Jn 20,5-6) a finalement été traduit non plus
par *les linges gisant à terre*, comme dans la Bible de Jérusalem, mais
par *les linges sont posés*.
En ce qui concerne le temps de séjour du corps dans le drap, les
analyses effectuées sur le Suaire montrent que la redissolution des

---

[335] *La Bibbia di Gerusalemme*, Edizioni Dehoniane, Bologne 1974.
[336] GHIBERTI G., *Dalle cose che patì*, Effatà Editrice, Cantalupa (TO) 2004,
p. 137.
[337] *Ibid.*, p. 130.
[338] *La Sacra Bibbia*, Conferenza Episcopale Italiana, Unione Editori e Li-
brai Cattolici Italiani, 2008.

caillots sanguins par fibrinolyse s'arrêta après une période ne dépassant probablement pas 36-40 heures. Les traces de sang ne montrent aucun signe d'entraînement et on ne peut pas expliquer comment le contact entre le corps et la feuille a pu être interrompu sans altérer les décalques qui s'étaient formés.

Après la transposition du sang, l'image négative du cadavre qui en avait été enveloppé a été imprimée sur le linceul. Cette empreinte ne pouvait s'expliquer qu'en admettant que le corps avait émis un bref et puissant rayonnement ultraviolet. Dans l'obscurité de ce sépulcre, un phénomène lumineux peut nous éclairer pour comprendre le mystère du Suaire.

Ma chair elle-même repose en confiance: tu ne peux m'abandonner à la mort ni laisser ton ami voir la corruption. (Sal 15,9-10).

Après deux jours, il nous rendra la vie; il nous relèvera le troisième jour. (Os 6,2)

Jonas demeura dans les entrailles du poisson trois jours et trois nuits. (Jo, 2,1)

Cette génération mauvaise et adultère réclame un signe, mais, en fait de signe, il ne lui sera donné que le signe du prophète Jonas. En effet, comme Jonas est resté dans le ventre du monstre marin trois jours et trois nuits, le Fils de l'homme restera de même au cœur de la terre trois jours et trois nuits. (Mt 12,39-40)

Alors Pierre se leva et courut au tombeau; mais en se penchant, il vit les linges, et eux seuls. (Lc 24,12)

Pierre partit donc avec l'autre disciple pour se rendre au tombeau. Ils couraient tous les deux ensemble, mais l'autre disciple courut plus vite que Pierre et arriva le premier au tombeau. En se penchant, il s'aperçoit que les linges sont posés à plat; cependant il n'entre pas. Simon-Pierre, qui le suivait, arrive à son tour. Il entre dans le tombeau; il aperçoit les linges, posés à plat, ainsi que le suaire qui avait entouré la tête de Jésus, non pas posé avec les linges, mais roulé à part à sa place. C'est alors qu'entra l'autre disciple, lui qui était arrivé le premier au tombeau. Il vit, et il crut. (Jn 20,3-8)

Il fut transfiguré devant eux; son visage devint brillant comme le soleil, et ses vêtements, blancs comme la lumière. (Mt 17,2).

INDICATIONS BIBLIOGRAPHIQUES

Liste des principaux textes pouvant être utilisés par le lecteur pour une étude plus approfondie.

- Baima Bollone Pierluigi, *Sindone. Storia e scienza 2010,* Priuli & Verlucca, Ivrea (TO) 2010
- Balossino Nello, *Sindone. Immagini per la conoscenza,* Effatà Editrice, Cantalupa (TO) 2010
- Barberis Bruno, Boccaletti Marco, *Il caso Sindone non è chiuso,* Ed. San Paolo, Cinisello Balsamo (MI) 2010
- Barbesino Francesco, Moroni Mario, *Lungo le strade della Sindone,* Edizioni San Paolo, Cinisello Balsamo (MI) 2000
- Battezzati Stefano, *Gesù, ma quanto... quanto ci ami!,* Mimep-Docete, Pessano (MI) 2013
- Benedetto XVI, Poletto Severino, Schönborn Christoph, Ravasi Gianfranco, Verdon Timothy, *Icona del Sabato Santo,* Effatà Editrice, Cantalupa (TO) 2011
- Ciola Nicola, Ghiberti Giuseppe (Edd.), *La Passione di Gesù e la Sindone,* Lateran University Press, Cité du Vatican 2014
- Commissione diocesana per la Sindone, *Sindone* (DVD), Nova-T, Turin 2004
- Coppini Lamberto, Cavazzuti Francesco (Edd.), *Le icone di Cristo e la Sindone,* Ed. San Paolo, Cinisello Balsamo (MI) 2000
- Di Lazzaro Paolo (Ed.), *Proceedings of the IWSAI 2010, International Workshop on the Scientific approach to the Acheiropoietos Images,* 4-6 mai 2010, ENEA, Frascati (Rome) 2010
- Dubarle André-Marie, *Histoire ancienne du Linceul de Turin,* OEIL, Paris, France 1985; traduction italienne: Dubarle André-Marie, *Storia antica della Sindone di Torino,* Ed. Giovinezza, Rome 1989
- Fanti Giulio (Ed.), *The Shroud of Turin. Perspectives on a multifaceted enigma,* Proceedings of the 2008 Columbus International Conference, Columbus (Ohio, USA) 2008, Ed. Libreria Progetto, Padoue 2009
- Fanti Giulio, Gaeta Saverio, *Il mistero della Sindone,* Rizzoli, Milan 2013
- Ferrari Giuseppe, Pascual Rafael, *La Sindone tra scienza e fede,* Edizioni Studio Domenicano, Bologne 2008

– Fossati Luigi, *La Sacra Sindone, Storia documentata di una secolare venerazione*, Editrice Elledici, Leumann (TO) 2000
– Ghiberti Giuseppe, *Davanti alla Sindone*, Ed. San Paolo, Cinisello Balsamo (MI) 2010
– Guerreschi Aldo, *La Sindone e la fotografia*, Edizioni San Paolo, Cinisello Balsamo (MI) 2000
– Guscin Mark, *The Image of Edessa*, Brill, Leiden 2009
– Losi Loris (Ed.), *Il mistero continua*, Fondazione 3M Edizioni, Milan 2005
– Malantrucco Luigi, *Il silenzio della Sindone*, Radicequadrata, Rome 2010
– Marinelli Emanuela, *La Sindone. Il mistero di un'immagine*, I Quaderni del Timone, Ancora, Milan 2010
– Marinelli Emanuela, *La Sindone. Analisi di un mistero*, Sugarco Edizioni, Milan 2009
– Marinelli Emanuela, *La Sindone. Testimone di una presenza*, Ed. San Paolo, Cinisello Balsamo (MI) 2010
– Marinelli Emanuela, Marinelli Maurizio, *Alla scoperta della Sindone*, Ed. Messaggero Padova, Padoue 2010
– Marinelli Emanuela, Marinelli Maurizio, *La Sindone. Un mistero tra storia, scienza e fede*, Editrice Shalom, Camerata Picena (AN) 2010
– Marinelli Emanuela, Russi Angelo (Edd.), *Sindone 2000, Atti del Congresso Mondiale, Orvieto 27-29 août 2000*, Gerni Editori, San Severo (FG) 2002
– Petrosillo Orazio, Marinelli Emanuela, *La Sindone. Storia di un enigma*, Rizzoli, Milan 1998
– Piana Alessandro, *Sindone: gli anni perduti. Da Costantinopoli a Lirey: nuove prove*, Sugarco Edizioni, Milan 2007
– Piana Alessandro, *La Sindone, un mistero lungo duemila anni*, Mimep-Docete, Pessano (MI) 2014 (con DVD)
– Repice Domenico (Ed.), *Quattro percorsi accanto alla Sindone*, Edizioni Radicequadrata, Rome 2011
– Ricci Giulio, *L'Uomo della Sindone è Gesù*, Ed. Cammino, Milan 1985
– Rodante Sebastiano, *Le realtà della Sindone*, Massimo, Milan 1987
– Saracino Francesca, *La Sacra Sindone. La storia* (DVD), Mimep-Docete 2007
– Saracino Francesca, *La notte della Sindone* (DVD), Polifemo 2011
– Savio Pietro, *Ricerche storiche sulla Santa Sindone*, SEI, Turin 1957

– Scannerini Silvano, Savarino Piero (Edd.), *The Turin Shroud, past, present and future, International Scientific Symposium, Turin, 2-5 March 2000*, Effatà Editrice, Cantalupa (TO) 2000
– Schiatti Lamberto (Ed.), *Il grande libro della Sindone*, Ed. San Paolo, Cinisello Balsamo (MI) 2000
– Tosatti Marco, *Inchiesta sulla Sindone*, PIEMME, Casale Monferrato (AL) 2009
– Tornielli Andrea, *Sindone. Inchiesta sul mistero*, Gribaudi Editore, Milan 2010
– Trovellesi Cesana Luca, *I misteri del Santo Sepolcro* (DVD), Sydonia 2014
– Vercelli Piero, *La Sindone nella sua struttura tessile*, Effatà Editrice, Cantalupa (TO) 2010
– Wilson Ian, *The Shroud. Fresh light on the 2000-year-old Mystery...*, Transworld Publishers, London (UK) 2010
– Zaccone Gian Maria, *La Sindone. Storia di un'immagine*, Paoline Editoriale Libri, Milan 2010
– Zaccone Gian Maria, Ghiberti Giuseppe (Edd.), *Guardare la Sindone. Cinquecento anni di liturgia sindonica*, Effatà Editrice, Cantalupa (TO) 2007

Sites internet

- Arcidiocesi di Torino: www.sindone.org
- Collegamento pro Sindone: www.sindone.info
- Shroud of Turin website: www.shroud.com

MARCO FASOL

LES ÉVANGILES ET LES SCIENCES HISTORIQUES

Le Verbe était la vraie Lumière,
qui éclaire tout homme
en venant dans le monde.
(Jn 1,9)

Les questions de notre temps

«Ce que les Évangiles nous racontent est-il vraiment vrai ou s'agit-il de légendes populaires?» «Y a-t-il vraiment une différence entre Jésus et Jupiter? Ou sont-ils tous deux des mythes?» En plus de trente ans d'enseignement, j'ai souvent entendu des questions ou des phrases similaires. Pas d'étonnement ni de colère face à cette ignorance historique, car c'est comme un signe des temps. Il indique une direction de recherche. Il ne sert à rien de se plaindre.

Dans le passé, avant le siècle des Lumières, cette recherche critique et scientifique sur les Évangiles était de peu d'importance. Les gens croyaient sans se poser de questions. Saint François ou Sainte Catherine, pour citer les deux patrons de l'Italie, ne savaient rien des preuves scientifiques que nous avons vues sur le Suaire ou que nous verrons sur les Évangiles, et pourtant leur foi n'en fut pas affaiblie. Ils vivaient dans un autre environnement culturel, dans lequel il n'y avait aucun sens à douter ou mettre en question la véracité des textes transmis. Aujourd'hui, les temps ont changé et seule l'analyse scientifique des textes nous permet de discerner les légendes et les superstitions des connaissances authentiques.

L'homme moderne pose de nouvelles questions sur l'histoire et si les croyants ne peuvent y répondre, ils seraient ridiculisés comme de crédules.

La proclamation des textes sacrés ne suffit plus. Toute catéchèse a pour prémisse indispensable l'étude de la valeur historique des Évangiles. Sans ce sérieux scientifique, l'annonce est exposée à la dérision et à la moquerie et laisse le croyant sans défense face à un grand danger: le fidéisme ignorant de ceux qui ne peuvent pas expliquer la différence entre les Évangiles et les légendes à la fin heureuse.

Par fidéisme, j'entends une foi dissociée de l'histoire, de la raison critique. Si l'Évangile auquel nous croyons est dissocié de l'histoire, il devient immédiatement une légende édifiante ou une dangereuse idéologie fondamentaliste.

La foi chrétienne authentique, en revanche, est historique! Elle concerne des événements qui se sont réellement produits et qui sont bien documentés. Nous devons cependant maintenir la recherche historique distincte du choix de la foi, qui n'est pas subordonné à des études approximatives et partielles. Cependant, il est indispensable que la foi soit également renforcée par une connaissance rationnelle, capable de répondre aux objections et aux critiques.

Du Suaire aux Évangiles

Après avoir étudié scientifiquement le Suaire, nous essaierons donc d'appliquer la même méthode aux Évangiles qui sont la clé de son interprétation. Le tissu sacré conservé à Turin et les Évangiles se soutiennent et se clarifient mutuellement.

Les trois Évangiles synoptiques, qui, comme nous le verrons, sont les plus anciens, parlent explicitement d'un Suaire: «Joseph prit le corps et l'enveloppa dans un drap (grec: *sindon*)» (Mt 27,59; Mc 15,46; Lc 23,53). Le quatrième évangéliste, qui écrit vers la fin du premier siècle, précise encore:

> Simon-Pierre, qui le suivait, arrive à son tour. Il entre dans le tombeau; il aperçoit les linges, posés à plat (*othonia kéimena*), ainsi que le suaire (*soudàrion*) qui avait entouré la tête de Jésus, non pas posé avec les linges, mais roulé (*entetuligménon*) à part à sa place. C'est alors qu'entra l'autre disciple, lui qui était arrivé le premier au tombeau. Il vit, et il crut. (Jn 20,6-8).

Que vit-il et pourquoi crut-il? Le suaire était *roulé*. Jean utilise en fait le participe passif grec (*entetuligménon*) du même verbe utilisé par Matthieu et Luc à la forme active: «Joseph prit le corps, l'enveloppa (*enetulixen*) dans un drap propre (*sindon*)» (Mt 27,59; Lc 23,53). Il semble que l'*enveloppement* singulier du suaire soit le signe prodigieux qui suscite la foi en Jean.

Le texte est laconique et difficile à interpréter. En tout cas, cette description détaillée (*Suaire propre, linceul roulé, linges déposés*), dont les évangélistes se souviennent même après trente ou même soixante ans, nous fait comprendre qu'il s'agit d'un récit direct, provenant de témoins oculaires. C'est la grande préoccupation des évangélistes: ils veulent nous faire comprendre qu'ils ne sont pas des visionnaires ou des créateurs fantaisistes de légendes, mais qu'ils nous racontent ce qu'ils virent de leurs propres yeux. L'évangéliste Luc, au début de son Évangile, dit qu'il raconte les faits: «D'après ce que nous ont transmis ceux qui, dès le commencement, furent témoins oculaires et serviteurs de la Parole.» (Lc 1, 2). Et le texte grec parle de *témoins oculaires (autoptai)*. En fait, peu de temps après, il nous offre un cadre historique précis et détaillé des événements:

> L'an quinze du règne de l'empereur Tibère, Ponce Pilate étant gouverneur de la Judée, Hérode étant alors au pouvoir en Galilée, son frère Philippe dans le pays d'Iturée et de Traconitide, Lysanias en Abilène, les grands prêtres étant Hanne et Caïphe, la parole de Dieu fut adressée dans le désert à Jean... (Lc 3,1-2).

Aujourd'hui, nous nous demandons avec un esprit critique: avons-nous des preuves convaincantes de ce témoignage direct? Afin de rendre ces témoignages crédibles face à la culture des Lumières et à la culture scientifique de notre époque, il devient nécessaire d'entreprendre un parcours de recherche pour découvrir les trois *piliers* qui soutiennent la valeur historique des Évangiles.

Un *premier pilier* (chapitre I) traitera du texte que nous lisons aujourd'hui: «Est-il exactement le même que l'original?». Nous analyserons l'extraordinaire quantité et ancienneté des manuscrits qui, par leur concordance, nous garantissent la fidélité de la transmission.

Le *deuxième pilier* (chapitre II) concernera l'étude philologique du texte grec original, qui révèle clairement une origine araméenne et hébraïque, précisément les langues parlées par Jésus. Cela garantit que les auteurs nous ont donné un récit de première main, avec les structures originales et les caractéristiques stylistiques typiques de la didactique sémitique.

Le *troisième pilier* (chapitre III) traitera des différentes hypothèses concernant Jésus. Après avoir dépassé l'hypothèse critique et mythique, grâce aux découvertes papyrologiques et aux études philologiques, nous verrons comment la concaténation des événements racontés impose à l'historien le récit intact des Évangiles comme une explication nécessaire.

Nous tenterons ensuite (chapitre IV) de répondre scientifiquement à certaines objections des critiques contemporains, notamment sur les sources non chrétiennes, sur les Évangiles apocryphes, sur la fiabilité des témoins «partiaux».

Enfin (chapitre V), nous pourrons découvrir la valeur profonde de cette *lumière du Saint-Sépulcre* qui donne un sens à notre voyage. Nous verrons ce que la grande «révolution» de l'amour miséricordieux a signifié pour notre histoire.

CHAPITRE I

DES MILLIERS DE MANUSCRITS ANCIENS

De la prédication orale au texte écrit

Nous savons tous que les quatre Évangiles sont les sources historiques à la base du christianisme et que notre recherche scientifique doit donc partir précisément de ces textes *canoniques*. Les premières communautés chrétiennes définirent un *canon*, c'est-à-dire une «règle» qui identifiait les textes conformes à la prédication originale. Nous verrons que même les Évangiles *apocryphes*, découverts surtout au cours des deux derniers siècles, constituent une autre source historique, qui ne répond cependant pas aux critères de fiabilité scientifique. Nous approfondirons la question des apocryphes et de la définition du *canon* dans la partie conclusive (ch. IV), tandis que nous aborderons maintenant, en premier lieu, l'étude des Évangiles canoniques, puisque tous les chercheurs compétents les reconnaissent aujourd'hui comme les sources historiques les plus anciennes et les plus fiables.

Une première question concerne l'ancienneté de la composition des quatre Évangiles canoniques (Matthieu, Marc, Luc et Jean) et des autres textes du Nouveau Testament (les Actes des Apôtres, 14 lettres traditionnellement attribuées à Paul, 2 lettres de Pierre, 3 lettres de Jean, la lettre de Jacques, la lettre de Judas Thaddée, l'Apocalypse); en tout 27 écrits.

Jusqu'au début du siècle dernier, certains historiens pensaient que les Évangiles avaient été écrits même deux cents ans après les événements. Ces chercheurs parlaient donc de *contes populaires* légendaires, déformés par l'imagination des premières *communautés hellénistiques*, comme affirmaient par exemple R. Bultmann ou M. Dibelius. Les récentes découvertes papyrologiques et l'analyse linguistique du grec des Évangiles ont au contraire imposé une datation plus ancienne, très proche des événements. Suivons les étapes de ce processus de formation.

La mort de Jésus, par crucifixion, se passa en l'an 30; il n'y a aucun doute quant à ce drame parmi les spécialistes, même parmi les non-croyants. Il peut y avoir une fluctuation chronologique de quelques années parce que des calendriers différents étaient utilisés, mais cet événement est attesté à la fois par toutes les sources chrétiennes et

par des historiens séculiers, tels que Tacite et Flavius Josèphe. Ensuite, la communauté des croyants répandit la bonne nouvelle, en
commençant par Jérusalem, puis en atteignant Antioche, Damas,
Athènes, Rome, Alexandrie et d'autres villes méditerranéennes. C'est
la phase de la prédication orale uniquement, typique des civilisations
anciennes. Selon les études les plus récentes,[339] à l'époque, en Palestine, moins de 10 % de la population savait lire et écrire. L'annonce
n'était donc initialement qu'orale. La «bibliothèque» de l'homme ordinaire était la mémoire, aidée par certaines techniques qui la facili-
taient.

Il ne faut donc pas projeter sur ces deux ou trois premières décennies nos idées de la prédication orale, qui sont très différentes. Car
dans le judaïsme de l'époque, la tradition orale se transmettait selon
des règles précises et strictes de fidélité, mot à mot. La règle d'or de
l'enseignement antique était la «mémorisation», l'apprentissage par
cœur, sous le contrôle et l'autorité de l'enseignant. Toute la vie des
maîtres passait dans une répétition continue à la mémoire de l'héritage des anciens. Et cela s'applique non seulement à la culture juive,
mais aussi aux civilisations anciennes en général. Cicéron déclare également que la *répétition est la mère des études* (*repetitio est mater
studiorum*).

Il est donc probable que même les premières communautés chrétiennes respectaient cette pratique de transmettre fidèlement les paroles du Maître, sous la direction de l'autorité des Apôtres. La structure linguistique des Évangiles, comme nous le verrons, le confirme.
Surtout pendant ces trente premières années, mais aussi dans les décennies suivantes, la traduction de l'hébreu et de l'araméen vers le
grec fut également développée, car le Maître avait confié une tâche à
ses disciples: «Allez dans le monde entier...» (Mc 16, 15) et tout le
monde antique parlait grec, ne pouvait certainement pas comprendre
l'araméen, qui était un dialecte local! Après les deux ou trois premières décennies de prédication orale, les trois premiers Évangiles de
Matthieu, Marc et Luc, appelés Synoptiques (*lisibles en parallèle,
d'un seul coup d'œil*), commencèrent à prendre une forme écrite en
grec, car ils rapportèrent en parallèle l'essentiel de l'intrigue et de
nombreux discours et histoires, avec des mots très similaires. Ce passage de l'oral à l'écrit était nécessaire pour offrir un point de référence
sûr aux nouvelles communautés qui s'étendaient de plus en plus. Les
collections orales avaient été sédimentées selon des modèles ou des
formes de prédication, puis connectées ensemble avec un travail éditorial, dans les premières décennies après 50. L'Évangile de Jean,

---

[339] Dunn J., *Dal Vangelo ai Vangeli*, Ed. San Paolo, Turin 2012, pp. 37-38.

quant à lui, fut écrit plus tard, probablement vers la fin du premier siècle. La critique historique, surtout dans le monde germanophone, a distingué les *formes littéraires (Formgeschichte)* et la *rédaction (Redaktiongeschichte)*, c'est-à-dire le travail de connexion narrative entre les différentes *formes*.

Les *formes littéraires* étaient constituées par des collections de *paraboles*, de *miracles*, de *dictons* ou de *discours*, de *récits de la passion*... Ou encore, les références aux anciennes prophéties, réalisées dans la vie de Jésus, étaient rassemblées: dans les quatre Évangiles, nous trouvons au moins quatre-vingt-dix citations! La *rédaction* définitive consistait à relier toutes ces collections de manière ordonnée et cohérente.

Les premiers résultats de ces recherches étaient contradictoires et très hétérogènes, mais les acquisitions des cinquante dernières années nous permettent aujourd'hui d'affirmer que la prédication orale, conforme aux anciennes règles didactiques, nous garantit une fidélité de transmission encore plus grande qu'un enregistrement mécanique. Les études de l'école scandinave d'Uppsala[340] ont été déterminantes à cet égard, confirmées par les études les plus récentes sur les règles de la transmission orale au Moyen-Orient, effectuées par D. G. Dunn et R. Bauckham[341]. Il est facile de se rendre compte de cette homogénéité de la tradition orale quand on observe que la rédaction finale des Synoptiques est sensiblement concordante dans la séquence narrative et dans le lexique, dans toutes les communautés de la Méditerranée. Lisons les mots du cardinal C.M. Martini, bibliste universellement connu:

> L'examen du processus de formation des Évangiles nous a fait voir comment il confirme, en tout point, la validité historique des Évangiles. Les apôtres étaient les plus qualifiés pour imprimer dans leur esprit les paroles et les actes de Jésus, dont ils étaient les spectateurs quotidiens. La prédication qui eut lieu après la mort et la résurrection de Jésus était toujours effectuée sous la supervision du groupe apostolique, et dans un souci constant de retransmission fidèle de ce qui avait été transmis. Au moment de la rédaction des Évangiles, les évangélistes avaient à leur disposition, en plus de leurs souvenirs personnels, tout ce matériel déjà

---

[340] RIESENFELD H., *The gospel tradition and its beginnings*, Fortress, Philadelphia 1970; GERHARDSSON B., *Memory & Manuscript, Oral Tradition and Written Transmission in Rabbinic Judaism and Early Christianity*, William B. Eerdmans Publishing Company, Grand Rapids (Michigan) 1998.

[341] DUNN J., *Gli albori del cristianesimo. La memoria di Gesù*, vol. 1, Paideia, Brescia 2006; BAUCKHAM R., *Jesus and Eyewitnesses*, William B. Eerdmans Publishing Company, Grand Rapids (Michigan) 2006.

passé au crible et élaboré. La solidité des choses transmises dans l'Évangile repose donc non pas sur le témoignage d'une personne particulière, mais sur le groupe des apôtres, et sur l'ensemble plus vaste de ceux qui avaient vu les faits du Christ, et qui avaient tout intérêt à ce que le récit soit conservé avec exactitude et fidélité. Les recherches exégétiques récentes non seulement restreignent mais élargissent la base de témoignages sur laquelle se fonde la valeur des Évangiles et mettent notre foi en communion avec celle de toute la première communauté de croyants.[342]

La méthodologie historique la plus récente identifie donc trois phases dans la formation des Évangiles: la première est la vie de Jésus lui-même, la deuxième est la tradition orale, la troisième est la rédaction évangélique des écrits. Le récent magistère officiel de l'Église catholique a également adopté cette approche méthodologique.[343] Le Concile Vatican II, dans *Dei Verbum* (1965), n. 19, affirme *sans hésitation l'historicité des quatre Évangiles*.

Laissons aux spécialistes les recherches érudites – et même un peu académiques – sur la *question synoptique* qui cherche les phases du travail éditorial, même phrase par phrase. Des centaines de chercheurs se sont aventurés dans le labyrinthe des hypothèses. Ce qui nous intéresse vraiment, cependant, c'est la concordance *substantielle* des sources sur la prédication et les principaux événements. Dans le chapitre suivant, nous examinerons la structure linguistique de certaines règles de la tradition orale sémitique, grâce auxquelles la fidélité de la transmission est garantie. Il sera facile de se convaincre que les textes écrits suivent des schémas de prédication concordants dans toutes les communautés chrétiennes les plus anciennes, de Jérusalem à Antioche, en passant par Athènes, Rome, Alexandrie, Éphèse, etc.

Le texte le plus documenté de l'histoire ancienne

À ce stade, nous nous posons une autre question: sommes-nous sûrs que le texte de la prédication apostolique originale nous soit parvenu intact? C'est le problème de la transmission des textes anciens par copie manuelle.

Avant l'invention de l'imprimerie (vers 1450), tous les textes de l'antiquité nous sont parvenus grâce au travail infatigable des copistes, qui copièrent à la main, au fil des siècles, tout l'héritage des

---

[342] MARTINI C. M., *Qualcosa in cui credere*, Piemme, Milan 2010, pp. 52-53.
[343] PONTIFICIA COMMISSIONE BIBLICA, *De historica Evangeliorum veritate*, Libreria Editrice Vaticana, Cité du Vatican 1964.

cultures anciennes. Ces manuscrits furent copiés sur des *papyrus, parchemins, codex, rouleaux...* et sont conservés aujourd'hui dans toutes les bibliothèques les plus prestigieuses du monde. Évidemment, plus il y a de manuscrits d'un texte donné, plus on dit qu'il est bien documenté. Par exemple, il reste environ 600 manuscrits de l'Iliade et de l'Odyssée, et c'est un record! En fait, tous les autres chefs-d'œuvre antiques ont généralement un nombre beaucoup plus restreint de manuscrits. Virgile n'en a guère plus de 100, Platon et César n'en ont qu'une douzaine, tout comme la plupart des grands auteurs de l'antiquité. Tacite n'en a, pour certaines œuvres, qu'une seule, c'est un *unicum* et de plus incomplète!

Et combien de manuscrits du Nouveau Testament y a-t-il? Un nombre immense! Il reste au moins 5 300 manuscrits grecs, 8 000 manuscrits latins, au moins 2000 ou 3000 (le catalogage n'est pas encore terminé) dans des traductions en langues anciennes comme l'arménien, le syriaque, le copte... Au total, plus de quinze mille manuscrits![344]

À ce stade, un lecteur contemporain pourrait objecter: «Les copistes étaient souvent des moines bénédictins, alors qui sait combien de miracles ou de contes légendaires furent inventés pour influencer les gens ignorants!» C. Augias, par exemple, écrit: «Les textes sacrés sont le résultat de nombreux remakes et manipulations».[345]

Les érudits qui ont consulté des milliers de manuscrits peuvent facilement rétorquer: où sont ces manipulations et remakes si tous les manuscrits portent le même texte, mot pour mot?! Bien qu'ils aient été copiés à Rome, Athènes, Ephèse, Alexandrie d'Egypte, Antioche, Damas... et à différentes époques! Comme l'écrivait le respectable spécialiste K. Aland, il s'agit d'une concordance inattendue, même pour le spécialiste. Bien entendu, il faut signaler que, comme dans toute œuvre humaine, il existe de nombreuses erreurs d'orthographe ou de transcription. Un bon copiste fait, en moyenne, une erreur toutes les vingt lignes. S'il y a des milliers de manuscrits, il y aura évidemment des milliers d'erreurs et de nombreuses variantes. Mais ces erreurs n'affectent pas le contenu fondamental, comme l'ont affirmé

---

[344] Le catalogue complet se trouve dans ALAND K. et B., *Il Testo del Nuovo Testamento,* Marietti, Gênes 1987, ou encore dans les *Appendices* de la version officielle du *Novum Testamentum Graece,* redigée par NESTLE E., ALAND B. et K., KARAVIDOPOULOS J., MARTINI C.M., METZGER B., Deutsche Bibelgesellschaft, 28ª ed., Stuttgart 2012. Le texte de METZGER B., *Il testo del Nuovo Testamento,* Paideia, Brescia 1996, pp. 40-95, donne également une liste détaillée des manuscrits, avec des commentaires et des explications.

[345] AUGIAS C., PESCE M., *Inchiesta su Gesù,* Mondadori, Milan 2006, p. 245, phrase finale!

les plus grands spécialistes de la philologie, de B. Metzger, à E. Nestlé, de K. Aland à C. M. Martini.

Nous devons être capables de critiquer la désinformation à laquelle se prêtent de nombreux amateurs en quête de célébrité. La désinformation consiste à donner des informations vraies, mais en omettant les autres informations qui sont beaucoup plus importantes. Si un «désinformateur» écrit qu'il y a des milliers d'erreurs dans les manuscrits des Évangiles, il dit quelque chose de vrai. Il doit cependant ajouter que ces erreurs n'affectent pas les contenus fondamentaux, mais concernent surtout des oublis, des erreurs orthographiques, les omissions inessentielles. Il doit ajouter qu'il existe quinze mille manuscrits! Et qu'ils portent tous, substantiellement, le même texte! Que nous pouvons vérifier et définir le texte authentique en comparant des milliers de manuscrits! Que les plus grands chercheurs du monde sont parvenus à un consensus unanime pour définir le texte authentique.[346] Le *Novum Testamentum graece* est le couronnement de ce travail.

Les scribes voulurent donc respecter le texte original avec la plus grande fidélité, sans rien y ajouter. Ils étaient évidemment conscients de l'importance décisive de ce qu'ils écrivaient pour les générations futures. On peut également voir que les scribes ne disposaient certainement pas de techniques de communication modernes! Ils ne pouvaient certainement pas téléphoner pour s'entendre sur des ajouts ou des manipulations! Ils travaillaient enfermés dans leurs salles *(scriptoria)*, dans des lieux différents, à des moments différents et copiaient les textes avec une fidélité extraordinaire. Chaque manuscrit confirme et est confirmé par tous les autres. Ce respect rigoureux dans la transmission écrite est une confirmation du respect rigoureux analogue dans la transmission orale, dont nous avons parlé. Par conséquent, si personne n'a jamais douté de l'authenticité d'un Platon ou d'un Tacite, à plus forte raison personne ne devrait douter de la fidélité de la transmission des textes évangéliques, qui comptent des milliers et des milliers de copies manuscrites. Il faut également noter qu'aux plus de 15 mille manuscrits du Nouveau Testament, il faut ajouter toutes les citations des écrivains chrétiens des trois premiers siècles (Justin, Irénée, Clément de Rome et Clément d'Alexandrie, Origène, Tertullien...) répartis dans le monde antique, de l'Europe à l'Afrique du Nord en passant par l'Asie occidentale: plus de 20000 citations! Au point qu'il serait possible de reconstruire presque tout le Nouveau Testament simplement en rassemblant ces anciennes citations.

---

[346] METZGER B., *Il testo del Nuovo Testamento*, op. cit., pp. 143-144.

Un récit[347] des 200 premières années de la diffusion du christianisme a commencé à être publié à Paris: de 30 à 230 environ. Les Évangiles sont très fréquemment cités: 3 800 citations de Matthieu, environ 1 400 de Marc, 3 200 de Luc, 2 000 de Jean. La première lettre aux Corinthiens, qui contient la première annonce complète de la résurrection (1 Co 15, 1-8) est citée 1 650 fois.[348] Ces 20 000 citations se multiplient plusieurs fois si l'on ajoute les auteurs des IIIe et IVe siècles, comme Ambroise, Athanase, Jérôme, etc.[349]

On peut aussi noter que les premiers auteurs chrétiens venaient de tout le monde connu à l'époque: de Rome à Athènes, à Antioche, à Jérusalem, à l'Égypte, à Lyon, à Hiérapolis.... Les manuscrits du Nouveau Testament qu'ils utilisaient provenaient donc des endroits les plus divers. Leur concordance confirme que pour aucun autre protagoniste de l'histoire ancienne nous ne disposons d'une attestation de sources aussi unanime.

Afin de donner au lecteur une idée concrète de l'immense travail des scribes, je conclus par quelques phrases écrites par eux au terme de leur patient travail de copie. Ce sont des mots emblématiques du labeur, mais aussi du dévouement et de la conscience de ces milliers de «travailleurs» anonymes de l'Évangile, auxquels nous devons une immense gratitude.

«O lecteur, pardonnez-moi avec un amour spirituel, pardonnez l'audace de celui qui a écrit et convertis ses erreurs en quelque bien mystique... il n'y a pas de copiste qui ne disparaisse, mais ce que ses mains ont écrit restera à jamais. N'écrivez rien de votre main, sauf ce que vous serez heureux de voir à la résurrection.... Que le Seigneur Dieu Jésus-Christ accorde que cette copie sainte serve au salut de l'âme du misérable qui l'a écrite.» [...] «Miséricorde pour celui qui a écrit, Seigneur, sagesse pour ceux qui lisent, grâce pour ceux qui entendent, salut pour ceux qui possèdent (ce codex).» [...] «Ceux qui ne savent pas écrire croient que ce n'est pas de la fatigue; mais même si seulement trois doigts écrivent, tout le corps se débat. L'écriture courbe le dos, enfonce les côtes dans l'estomac et provoque une faiblesse générale du corps.»[350]

[347] *Biblia patristica, Index des citations et allusions bibliques dans la littérature patristique,* Editions du CNRS, Paris 1975.

[348] Ces informations peuvent être trouvées in METZGER B., *Il canone del nuovo Testamento,* Paideia, Brescia 1997, pp. 227-228. B. Metzger est considéré comme l'un des principaux spécialistes de la papyrologie.

[349] Une liste sommaire des auteurs chrétiens des quatre cents premières années du christianisme peut être trouvée dans METZGER B., *Il testo del Nuovo Testamento,* op. cit., p. 92-93. Il contient plus d'un million de citations!

[350] METZGER B., *Il testo del Nuovo Testamento,* op. cit., pp. 27-29.

Les manuscrits les plus anciens et les plus importants

Le Nouveau Testament est le texte le plus documenté de l'histoire ancienne, non seulement en raison du nombre de manuscrits, mais aussi de l'ancienneté de ces papyri et parchemins. Nous devons immédiatement préciser que les manuscrits autographes originaux, écrits de leur propre main par les auteurs anciens, ont tous été perdus. Les vicissitudes de l'histoire, le caractère périssable des matériaux utilisés, les variations climatiques et mille autres facteurs ont empêché la conservation des autographes. Pour Dante lui-même, qui est un auteur beaucoup plus récent, nous ne possédons pas le manuscrit autographe complet de la *Divine Comédie*. Cependant, cette perte est peu pertinente pour notre cas, car avec quinze mille manuscrits tous en accord, nous ne pouvons pas douter de la fidélité de la transcription de l'autographe original.

Analysons donc l'ancienneté des manuscrits en se basant avant tout sur des critères paléographiques. Les érudits qui ont consulté des milliers de manuscrits anciens complets reconnaissent les types d'écriture des différentes époques; par exemple, le *style orné d'Hérodien* est plus ancien que l'écriture *onciale majuscule*, ou *minuscule* cursive, ou *minuscule carolingienne* et ainsi de suite. En combinant ces connaissances paléographiques avec des critères comparatifs, archéologiques et chimiques, il est possible de déterminer l'ancienneté d'un manuscrit avec une précision suffisante.

À l'exclusion des Évangiles, l'auteur classique dont le plus ancien manuscrit a survécu est Virgile. C'est un court fragment, copié environ 350 ans après la mort du poète. Pour tous les autres auteurs classiques, la distance entre l'original et le plus ancien manuscrit survivant est beaucoup plus grande. Pour César, par exemple, le plus ancien manuscrit remonte à 900 ans de l'original; pour Platon, il y a environ 1 300 ans entre l'original et le plus ancien manuscrit.

Pour les manuscrits du Nouveau Testament, la question change radicalement, car la distance entre le texte autographe original et les manuscrits les plus anciens est très proche. Le plus ancien manuscrit des Évangiles est probablement le *papyrus Rylands (P 52)*, un fragment de la taille d'une carte de crédit, conservé à la bibliothèque *J. Rylands Library* de Manchester, publié en 1934. Il contient 114 lettres grecques, portant le texte de Jn 18, 31-33 *(recto)* et Jn 18, 37-38 (verso), et date d'environ 125, selon la datation du respectable professeur Colin H. Roberts. Il fut trouvé en Égypte, parmi les bagages d'un soldat, qui avait un «format de poche» de l'Évangile de Jean. Le papyrus atteste que le quatrième Évangile fut composé à la fin du Ier siècle, car il fallut environ une génération pour passer d'Éphèse – où l'original a été rédigé – à l'Égypte. Le texte donné dans ce fragment correspond parfaitement, mot pour mot, au texte de Jean que nous lisons aujourd'hui. Cet évangile ne peut donc pas avoir été écrit 200 ans après les événements, comme le prétendaient les inventeurs de l'hypothèse mythique et des «légendes populaires».

Un autre manuscrit très ancien est le *papyrus Bodmer II (P 66)*, conservé à la *Bibliothèque Bodmerienne de Cologny* (Genève), publié en 1956. Il contient une bonne partie de l'Évangile de Jean, en 104 pages de 15 x 14 cm. La publication de ce papyrus a suscité un grand intérêt parmi les chercheurs car, selon la datation du professeur Herbert Hunger de Vienne, le fragment date au plus tard du milieu du IIe siècle. Ce texte s'accorde aussi parfaitement avec les principaux manuscrits du IVe siècle (*Codex Vaticanus, Sinaiticus, Alexandrinus...*) et démontre donc la fidélité des copiestes que nous avons mentionnées.

Un texte plus controversé est le célèbre *papyrus 7Q5*, découvert dans la septième grotte de Qumran en 1955 et conservé à la *Rockefeller Library* de Jérusalem. Il a la taille d'un timbre-poste et ne contient que 11 lettres alphabétiques complètes et 8 autres partielles, disposées sur 5 lignes. C'est le papyrologue José O'Callaghan qui, en 1972, formula l'hypothèse d'un déchiffrage du texte. L'informatique nous a alors donné un coup de main! Dans le *Thesaurus Linguae Graecae* de l'Université de Californie, Irvine, en effet, les œuvres de la littérature grecque ont été informatisées, pour un total de 91 millions de mots. En comparant la disposition des lettres du papyrus 7Q5 avec ce *Thesaurus*, seul le texte de Mc 6:52-53 était compatible. La 7Q5 date de 50 après JC, selon le style paléographique, l'*ornementation* dite *hérodienne*. En tout état de cause, comme tous les manuscrits de Qumran, 7Q5 ne peut être postérieur à l'an 68 après JC, l'année où la communauté essénienne fut massacrée par la légion romaine Fretensis, pendant la guerre des Juifs. C'est certainement avant cet événement tragique que les grottes de Qumran, avec les précieux manuscrits, furent scellées pour éviter la destruction des textes. Si le déchiffrement d'O'Callaghan était confirmé, le 7Q5 serait le plus ancien fragment de l'Évangile, mais la datation a été contestée par d'autres savants, ignorants ou sceptiques des preuves informatiques. Je rapporte les termes de la question dans un tableau, afin que le lecteur puisse directement se rendre compte des difficultés textuelles de déchiffrer un papyrus ancien. La documentation photographique est incluse dans l'encart de ce livre.

Les lettres du 7Q5	Compatibilité avec l'Évangile de Marc 6,52-53	Lettres par ligne
EP	*SUNEKAN **EPI** TOIS ARTOIS*	*20*
UTON E	*ALL'EN **AUTON** E KARDIA PEPORO*	*23*
E KAITI	*MENE **KAI** T**I**APERASANTES*	*20*
NNES	*ELTHON EIS GE**NNES**ARET KAI*	*21*
THESA	*PROSORMIS**THESA**N KAI EXEL*	*21*

Parmi les autres papyri et codex très anciens, citons les suivants.

- Le *papyrus Bodmer XIV – XV (P 75)* découvert en 1952, datant de la fin du deuxième siècle, contient dans une centaine de feuillets une partie de l'Évangile de Luc et une partie substantielle de l'Évangile de Jean. Il a récemment été donné à la Bibliothèque du Vatican.
- Le *papyrus Chester Beatty II (P 46)*, en 86 feuillets, certains conservés à la bibliothèque *Chester Beatty de Dublin*, d'autres à l'*université du Michigan* à Ann Harbour, contient 7 lettres de Paul. La datation est controversée: le papyrologue Young Kyu Kim, en 1988, la fixa autour de 70, mais selon d'autres, elle devrait être placée à la fin du deuxième siècle.
- Les *principaux codes*, sur parchemin, contiennent la quasi-totalité du Nouveau Testament. Parmi ceux-ci figure le *Codex Vaticanus (B 03, Rome, Bibliothèque du Vatican)*, 759 feuillets; datant de la première partie du quatrième siècle, il comprend également une bonne partie de l'Ancien Testament. Sur ce code est basé le *textus receptus*, l'édition officielle reconnue par les catholiques, les orthodoxes et les protestants du *Novum Testamentum Graece* de Nestle – Aland.
- Le *Codex Sinaiticus (01, Londres, British Library)*, 346 feuilles, date d'environ 330-350, et fut trouvé au monastère de Sainte Catherine du Sinaï vers 1850. Il contient, outre la quasi-totalité du Nouveau Testament (147 feuillets), de grandes parties de l'Ancien.
- Le *Codex Alexandrinus (A 02, Londres, British Library)*, 773 feuilles de parchemin, date de la même époque que les deux codes précédents, et provient d'Alexandrie en Egypte.

Au total, selon le calcul de K. et B. Aland (*Le texte du Nouveau Testament*) nous possédons dans les quatre premiers siècles au moins 127 papyri (dont beaucoup ne sont que des fragments) et 20 rouleaux du Nouveau Testament.

Tous ces manuscrits portent le texte original grec, mais il ne faut pas oublier les milliers de traductions en latin, syriaque, géorgien, arménien, gothique, éthiopien, vieux slave et copte. Certains d'entre eux remontent même aux premiers siècles.

Conclusions sur la fidélité des textes transmis

Nous sommes ainsi en mesure de tirer nos propres conclusions sur ce qui est le premier pilier de notre recherche. Nous pouvons être sûrs que les Évangiles que nous lisons aujourd'hui sont vraiment ceux écrits à l'origine du christianisme. Les manuscrits anciens sont plus de quinze mille et se trouvent dans les bibliothèques les plus prestigieuses du monde. Des collections d'une importance particulière se trouvent au monastère du Mont Athos (900 manuscrits), de Sainte Catherine du Sinaï (300 manuscrits), à Rome (367), Paris (373), Athènes (419), Londres, Saint-Pétersbourg, Jérusalem, Oxford, Cambridge...

Ces milliers de manuscrits, comme déjà dit, s'accordent d'une manière qui «est inattendue même pour le spécialiste»,[351] de sorte qu'il était possible de publier un texte standard approuvé par un *comité international* avec les chercheurs suivants, représentants des principales écoles philologiques mondiales: M. Black de St Andrews, Écosse; B. M. Metzger, de Princeton; A. Voobus de Chicago; A. Vikgren de Chicago; K. Aland de Münster; C. M. Martini de l'Institut biblique pontifical de Rome. Ces savants ont consulté non seulement les 5300 manuscrits grecs, mais aussi les 8000 manuscrits latins et les milliers de manuscrits en langues anciennes (copte, syriaque, arménien...) ainsi que les milliers de citations des Pères de l'Église des premiers siècles.

Cet ouvrage gigantesque, qui complète la recherche de générations et de générations de savants à partir d'Erasme de Rotterdam au XVIe siècle, nous garantit que le texte des Évangiles que nous lisons aujourd'hui est de loin le plus maîtrisé et documenté de l'histoire ancienne. Comme l'écrit C. M. Martini:

> L'étude des manuscrits est une véritable aventure scientifique menée à l'aide d'une documentation immense et précise. Et la découverte fondamentale est toujours celle, surprenante, d'un texte qui, malgré le passage des siècles et les multiples transcriptions, a été fidèlement conservé, per-

---

[351] ALAND K. et B., *Il testo del Nuovo Testamento,* op. cit., p. 35.

mettant ainsi aux chercheurs et aux traducteurs de le faire résonner, intact, dans nos communautés et pour les lecteurs individuels, croyants ou
non.[352]

---

[352] Avant-propos au texte par ALAND K. et B., op. cit., p. XII.

CHAPITRE II

LE STYLE LINGUISTIQUE: JÉSUS PARLAIT AINSI

Les traces de la langue maternelle

Après avoir certifié la fidélité de la transmission à travers les siècles, plongeons maintenant dans un deuxième *pilier* des sciences historiques appliquées aux textes anciens: la recherche philologique qui étudie le style communicatif d'une œuvre, la langue utilisée. Nous verrons que cette analyse philologique est d'une grande utilité pour nous assurer que les auteurs des Évangiles n'étaient certainement pas des philosophes hellénistiques, des hommes de lettres imaginatifs ou des romanciers raffinés, mais qu'ils nous ont raconté la prédication de Jésus et l'histoire de sa vie, en maintenant intact un style linguistique très original et unique dans tout le monde antique.

Les quatre Évangiles canoniques nous sont parvenus en grec, la langue la plus répandue alors dans tout le bassin méditerranéen. Cependant, le grec du Nouveau Testament révèle clairement un fond sémitique, de dérivation hébraïque et araméenne, les langues parlées par Jésus. Ce sont des langues très similaires, au point que le lexique est sensiblement le même.

L'araméen était le dialecte parlé, répandu surtout en Galilée et dans le langage populaire, alors que l'hébreu était la langue écrite, plus répandue dans les cérémonies officielles et parmi la classe cultivée. La langue maternelle de Jésus, comme le souligne J. Jérémias, était la variante galiléenne de l'araméen occidental. En fait, les analogies linguistiques les plus proches des paroles de Jésus se trouvent dans les passages araméens d'origine galiléenne et d'intonation populaire du Talmud[353] et des *midrashim* palestiniens.[354]

Nous verrons donc que de nombreux termes, phrases et constructions linguistiques furent conçus et formulés par des témoins directs des discours de Jésus, parce qu'ils conservent à la lettre le style araméen très original créé par le Maître. Les chercheurs s'accordent au-

---

[353] Le Talmud (qui signifie enseignement), le Midrash et la Mishnah sont considérés comme la transmission et la discussion orales de la Torah. Le Talmud fut mis par écrit à l'époque de la destruction du second temple de Jérusalem. Il s'agit d'une collection de discussions entre les érudits et les rabbins sur la signification et les applications de passages écrits de la Torah.

[354] JEREMIAS J., *Teologia del Nuovo Testamento*, vol. 1, Paideia, Brescia 1976, p. 12.

jourd'hui sur cette base sémitique, après les études de Joachim Jérémias,[355] Pierre Grelot,[356] James D.G. Dunn,[357] John P. Meier,[358] pour n'en citer que quelques-uns.

Un savant français, Jean Carmignac, a résumé son expérience de philologue, spécialisé pendant trente ans dans l'hébreu de Qumran: «J'ai vu que le traducteur hébreu-grec de l'Évangile de Marc l'avait porté mot pour mot, en gardant l'ordre des mots désiré par la grammaire hébraïque... l'âme invisible était sémitique, mais le corps visible était grec».[359]

Carmignac a prétendu que l'Évangile de Marc était écrit en hébreu, mais aucun manuscrit de cette version originale n'a été retrouvé jusqu'à présent, de sorte que cette thèse a été sévèrement critiquée par P. Grelot. Cependant, les deux spécialistes partageaient la certitude que les auteurs parlaient précisément la même langue maternelle que Jésus. Ce fond araméen est particulièrement important pour les sciences historiques, car nous verrons qu'il différencie les Évangiles canoniques des Évangiles apocryphes, dont le lexique et la morphologie sont étrangers à ce fond. Ces apocryphes sont certainement l'œuvre de philosophes ou de conteurs gnostiques hellénistiques loin de l'environnement de la Palestine, car ils sont indubitablement démasqués par leur lexique et leur langue grecque ou copte, généralement d'origine égyptienne.

Jérémias écrit:

> Établir l'existence d'un substrat araméen dans les paroles de Jésus est d'une grande importance pour la question de la fiabilité de la tradition. En fait, ce résultat nous ramène dans la sphère de la tradition orale araméenne et nous oblige à comparer les paroles de Jésus avec le langage du judaïsme contemporain de langue sémitique... aussi du point de vue de la langue et du style.[360]

Voyons donc, à partir de quelques exemples, comment le langage de l'Évangile nous ramène précisément aux créations linguistiques originales et novatrices du Maître. Seuls les témoins directs de sa prédication pouvaient nous transmettre un style communicatif

---

[355] JEREMIAS J., *Teologia del Nuovo Testamento*, op. cit.

[356] GRELOT P., *L'origine dei Vangeli*, Libreria Editrice Vaticana, Cité du Vatican 1989.

[357] DUNN J., *Gli albori del cristianesimo*, op. cit.

[358] MEIER J. P., *Un ebreo marginale*, Queriniana, Brescia, vol. 1, 2002.

[359] CARMIGNAC J., *La naissance des Evangiles Synoptiques*, OEIL, Paris 1984, p. 11.

[360] JEREMIAS J., *Teologia del Nuovo Testamento*, op. cit., p. 16.

unique dans la littérature antique et, je dirais, dans la littérature mondiale.

Les mots originaux en araméen et en hébreu

Le texte grec conserve de nombreux mots araméens ou hébreux non traduits. Evidemment ces mots étaient restés gravés de manière indélébile dans la mémoire des disciples, ils avaient changé toute leur vie. C'est pourquoi ils s'en souvenaient même trente ou quarante ans plus tard et ils ne voulurent même pas les traduire, pour qu'ils puissent résonner comme ils étaient pour quiconque voudrait lire l'Évangile au cours des siècles.

Abbà

L'une de ces paroles, peut-être la plus importante, est l'invocation par laquelle Jésus s'adressait au Père, l'appelant en araméen *Abbà* (Mc 14,36), comme nous le raconte l'évangéliste Marc dans la prière de Gethsémani. Personne n'avait jamais osé invoquer le Très-Haut de cette façon. Un éminent érudit comme J. Jérémias affirme avec assurance que nulle part dans l'immense patrimoine littéraire du judaïsme du premier millénaire on ne trouve cette invocation de Dieu comme *Abbà* ni dans les prières liturgiques, ni dans les prières privées.

Comme l'écrit le *Talmud*: «Les premiers mots qu'un enfant apprend sont *abbà* (père, père) et *immà* (mère)». L'évangéliste Marc a voulu nous témoigner que le Maître avait précisément cette confiance filiale dans sa relation avec le Père. J. Jérémias a consacré un livre entier à l'étude de ce mot, en affirmant que ce terme résume le message central de tout le Nouveau Testament:

> Pour la sensibilité juive, il aurait été inconvenant et inadmissible de s'adresser à Dieu par ce mot familier. Jésus a donc apporté une innovation absolue. Il a parlé à Dieu comme un enfant parle à son père, avec la même simplicité, la même intimité, le même abandon confiant. Avec le vocatif Abbà, Jésus a manifesté l'essence même de sa relation avec Dieu.[361]

Cependant, la référence au langage infantile ne doit pas être mal comprise, car dans un langage familier, même le fils adulte pouvait s'adresser à son père en l'appelant *abbà*. Cette expression, dans les

---

[361] JEREMIAS J., *Abba*, Supplément au *Grande Lessico del Nuovo Testamento*, Paideia, Brescia 1966, p. 65.

relations familiales, indique la confiance, mais aussi la soumission dévouée et la reconnaissance du plein pouvoir.

Les premières communautés chrétiennes avaient compris l'importance essentielle de cette innovation et l'utilisaient habituellement dans leurs prières. Ceci est attesté par Paul qui, écrivant en grec aux Romains et aux Galates, attribue à une inspiration divine l'invocation *Abbà*, qui était manifestement devenue habituelle dans les prières (Rm 8,15; Ga 4,6). Dans un monde qui multipliait les titres divins par une longue liste, Jésus a résumé l'essence de son message en un seul mot. Nous comprenons par ce détail combien la première prédication insistait sur la fidélité à *l'ipsissima verba (= aux paroles précises)* du Maître.

On peut noter que l'expression *Abbà* n'était pas une exception, mais était utilisée de manière habituelle par Jésus. Nous la comprenons à partir de l'une des plus anciennes formules des Synoptiques: «Oui, ô Père, car ainsi tu l'as décidé dans ta bonté» (Mt 11,26; Lc 10,21). Le texte grec a: o *Patèr*, article et nom au nominatif, alors que le grec correct exigerait le vocatif sans l'article. En araméen, cependant, la construction est correcte: en fait, le mot *abbà* était récurrent dans l'araméen palestinien du premier siècle, à la fois comme appellatif (vocatif) et comme équivalent de l'expression «le père» (nominatif). Il est évident que l'article dans le texte grec est grammaticalement incorrect, mais il est correct dans l'araméen original, dans lequel le nominatif et le vocatif coïncident. Le texte grec, en somme, est une traduction inopportune! Il avait été «pensé» en araméen, comme le Maître le prononçait habituellement.

Amen, amen...

Une autre expression novatrice que les évangélistes ont conservée dans la forme hébraïque originale, sans la traduire, est *amen*. Elle apparaît au moins soixante fois dans les Évangiles, elle est souvent doublée (*amen, amen...*) et se traduit: *en vérité, en vérité...* de la racine hébraïque *amàn* qui signifie vérité, *dire la vérité*. C'est un terme doublement innovant: d'abord parce que personne n'avait jamais osé introduire son discours avec une autorité et une confiance aussi péremptoires; deuxièmement, parce que cette expression était généralement la confirmation finale d'un discours ou d'un dialogue. Le mot *amen* était toujours utilisé comme une réponse approbatrice aux paroles d'autrui; il a exprimé le consentement de l'auditeur. Comme nous répondons aujourd'hui: «*Amen*» au célébrant dont nous recevons l'hostie consacrée.

Jésus l'utilise toujours au contraire comme introduction, comme prémisse énonciative; c'est pourquoi elle avait fait une impression indélébile, au point que l'évangéliste Jean a surtout voulu la conserver intacte dans sa sonorité hébraïque originale. Il la relate jusqu'à vingt-cinq fois dans son Évangile, et toujours répétée, *amen, amen*. Il voulait souligner solennellement la vérité de l'Évangile, qui ne devait pas être confondue avec une quelconque opinion ou réflexion humaine, défectueuse et discutable. L'*amen* hébreu devait être comme un sceau divin placé au début de chaque discours solennel du Maître. Cette expression novatrice est également entrée dans le langage habituel des prières chrétiennes qui, comme nous le savons tous, se terminent toujours par ce sceau catégorique. L'*amen* répété plus de soixante fois dans les Évangiles a qualifié l'annonce de nouveauté sans précédent par rapport à toute philosophie ou discours humain.

J'énumère ci-dessous les autres termes araméens utilisés par Jésus, en m'appuyant principalement sur les études de Jérémie: *bar* (Mt 16,17), fils de Jonas, *Bariona*, était le nom de Simon. *Be'el* (Beelzebùl) (Mt 10, 25), signifie «seigneur» en araméen. *Geenna* (Mc 9, 43, 45, 47), vallée de la perdition. *Céphas* (Jn 1,42), signifie «pierre», c'est le nom araméen de Pierre. *Lemá* (Mt 27,46), «pourquoi», est la question araméenne de Jésus depuis la croix. *Mammon* (Mt 6,24), signifie «argent». *Pacha* (Mc 14,14), indique le passage, la Pâque juive. *Kum* (Mc 5,41), ou *qam*, ou *qumi*, ou *qum*, ou *kum* «lève-toi», «réveille-toi». *Rabbì* (Mt 23,7), de la racine «rab» qui signifie grand, maître. *Boanèrghes* (Mc 3,17), signifie «fils du tonnerre». *Raqa* (Mt 5,22), signifie «insensé». *Sabbata* (Mc 3,4), indique le jour du sabbat. *Sata* (Mt 13,33: trois *sata* = mesures, de farine avec levure). *Satan* (Mc 3,23-26), est l'ennemi de Dieu et du bien. *Sebak* (Mc 15,34), est la racine dont dérive *sabactàni*, abandonner. *Talità* (Mc 5,41), «fille», signifie aussi agneau, sous la forme diminutive, puisque le mot araméen *talia* signifie à la fois agneau et garçon, jeune homme, serviteur. Lorsque Jésus ressuscite la jeune fille, la fille de Jaïrus, il s'adresse à elle avec un terme d'affection qui témoigne du langage familier et confidentiel du Maître. Ces mots *talità kum* étaient restés tellement imprimés dans la mémoire des témoins, qu'ils ont été rappelés en araméen trente ou quarante ans plus tard!

À cette liste, il faut ajouter les mots proprement hébreux: *Amen*, sûrement, en vérité. *Elì* (Mt 27, 46), mon Dieu, prononcé par Jésus de la croix. *Effatha* (Mc 7, 34), ouvert, prononcé par Jésus au moment d'un miracle. *Korbàn* (Mc 7, 11), offrande sacrée, formule de refus. *Rabbì*, mon Maître, prononcé par Marie de Magdala (Jn 20, 16). *Ho-*

sanna (Mt 21,9), sauvez-nous, est une acclamation d'exultation adressée au Fils de David qui entre à Jérusalem. Zebul, habitation (Mt 10,25). Les noms propres hébreux doivent également être ajoutés: *Jesous, Mariam, Joanan, Elisabeth, Zacharia, Betleem, David, Moise, Hesaias, Salomonos, Golgotha, Getsemani, Gabbata, Jerusalem, Bethsaida, Gennesareth, Nathanael, Kaiafa, Anna, Farisaioi, Saddukaioi...* Et donc le nombre total d'aramaïsmes et de sémitismes dépasse largement quarante mots. Il est difficile d'avoir des doutes sur le fait que les Évangiles ont été écrits précisément par des témoins directs de la prédication et de la vie de Jésus.

Les parallèles sémitiques

Essayez d'identifier les caractéristiques communes des phrases suivantes.

Le Fils de l'homme n'est pas venu pour être servi, mais pour servir. (Mc 10,45)

Ce ne sont pas les gens bien portants qui ont besoin du médecin, mais les malades. (Mc 2,17).

Le ciel et la terre passeront, mes paroles ne passeront pas. (Mc 13,31)

Il n'est pas le Dieu des morts, mais des vivants. (Mc 12,27)

Et ne nous laisse pas entrer en tentation, mais délivre-nous du Mal. (Mt 6,13)

Vous avez appris qu'il a été dit: Tu aimeras ton prochain et tu haïras ton ennemi.
Eh bien! moi, je vous dis: Aimez vos ennemis. (Mt 5,43-44)

Vous aurez déjà compris que la même idée se répète de deux façons différentes, l'une négative et l'autre positive. C'est comme si la même pensée se répétait en *parallèle*. Nous sommes confrontés à des *parallélismes* dits *antithétiques*. Le parallélisme, que l'on pourrait appeler «rime pensée», est une loi fondamentale de la poésie et de la prose hébraïque. Il est typique de la culture orale, qui doit utiliser des techniques adaptées pour être plus facilement mémorisées. Elle n'est pas présente dans la langue grecque classique, qui considère ces répétitions comme pléonastiques.

Le Maître aurait pu se limiter à prononcer la deuxième phrase: *Je suis venu pour servir... ce sont les malades qui ont besoin du médecin... mes paroles ne passeront pas...* mais pour que son enseignement soit plus mémorable, il a doublé le discours, en répétant le message sous une forme négative: *Je ne suis pas venu pour être servi... ce ne sont pas les bien portants qui ont besoin du médecin...* et ainsi de suite.

Dans les parallélismes antithétiques, la répétition se produit par contraste, et il y aura alors une phrase affirmative et une phrase négative. Il s'agit d'une technique de communication très récurrente également dans l'Ancien Testament. Elle est typiquement sémite. Par exemple: «Yahweh est mon pasteur; je ne manquerai de rien.» (Sal 23,1). Les deux propositions, affirmative et négative, réitèrent la même idée de protection divine sur nos vies. Il peut également y avoir un *parallélisme synthétique ou synonymique*: «Il me fait reposer dans de verts pâturages, il me mène près des eaux rafraîchissantes» (Sal 23,2). Ici, la même idée est répétée en parallèle avec deux propositions affirmatives, qui ont une signification similaire.

Les parallélismes, aussi bien dans les formes antithétiques que synonymes, ressortent surtout dans les passages poétiques des Évangiles, par exemple dans le *Benedictus* (Lc 1, 68-79), le *Magnificat* (Lc 1, 46-55), le *Notre Père* (Mt 6, 9-13), le *Prologue de Jean* (Jn 1, 1-14), la *Prière sacerdotale de Jésus* (Jn 17). Tous ces passages poétiques ne reflètent pas du tout les lois de la poésie grecque, mais celles de la poésie hébraïque. Ils confirment donc la thèse historique de l'origine sémitique très ancienne des Évangiles. Selon E. Norden,[362] le sémitisme le plus sûr du Nouveau Testament est précisément le parallélisme, ainsi que la construction de la phrase à partir du verbe. C. F. Burney[363] est arrivé à la conclusion que, parmi les différents types de parallélisme sémitique (synonymique, antithétique, synthétique), l'antithétique est la «marque de l'enseignement du Seigneur dans toutes les sources évangéliques.» En effet, il va jusqu'à affirmer qu'avec les parallélismes antithétiques, nous nous rapprochons beaucoup de l'*ipsissima verba Jesu*, «plus qu'avec tout autre jugement exprimé par d'autres moyens».

Quel est le nombre de ces parallèles antithétiques dans les Évangiles? Rien que dans les trois Évangiles synoptiques, nous avons plus d'une centaine d'exemples! C'est une fréquence étonnante. Notez que nous excluons du décompte les parallélismes trouvés dans des passages entiers érigés en antithèses! Et si nous ajoutons l'Évangile de

---

362 NORDEN E., *Agnostos Theos*, Leipzig, Berlin 1913.
363 BURNEY C.F., *The poetry of our Lord*, Clarendon Press, Oxford, 1925.

Jean, nous avons trente autres exemples. Dans le quatrième Évangile, cependant, le calcul est rendu problématique par le fait que Jean procède souvent avec deux niveaux et donc le parallélisme johannique pourrait faire partie de son style linguistique, plus que dans la référence à l'*ipsissima verba Jesu*. Jérémie a trouvé 30 parallèles antithétiques dans Marc; 34 communs à Matthieu et Luc; 44 dans Matthieu seul, 30 dans Luc seul.

Le parallélisme antithétique était également présent dans l'Ancien Testament, mais dans ce dernier le message central était le premier vers, la première proposition, tandis que la seconde n'était qu'une clarification. Par exemple: «Yahweh est mon pasteur; je ne manquerai de rien.» (Sal 23,1) «Le Seigneur connaît le chemin des justes, mais le chemin des méchants se perdra.» (Sal 1,6). Dans les mots de Jésus, d'autre part, exactement le contraire se produit, parce que l'accent est toujours placé dans la seconde moitié: «Le Fils de l'homme n'est pas venu pour être servi, mais pour servir.» (Mc 10,45). «Le ciel et la terre passeront, mes paroles ne passeront pas.» (Mc 13,31). Ainsi, dans la mémoire de l'auditeur reste le contenu décisif. Comme le dernier goût goûté.

Le parallélisme antithétique se retrouve également dans les paraboles. La maison sur le sable s'oppose à la maison sur le rocher, le serviteur fidèle à l'infidèle, la large route à l'étroite, le fils prodigue au fils aîné. Il semble que Jésus ait eu une prédilection pour le parallélisme antithétique. On retrouve donc une continuité avec la tradition juive, qui a largement utilisé le parallélisme antithétique, mais aussi une originalité innovante: le message décisif est reporté dans la deuxième phrase. Certains philologues croient que ce critère de *continuité/discontinuité* est l'un des plus importants pour reconnaître avec confiance le message typique du Maître.

Aussi dans la prière par excellence du Chrétien, *Notre Père*, nous trouvons les deux types de parallélisme exposés ci-dessus. Les trois premières questions sont un exemple de *parallélisme synonymique*, à un rythme ternaire, dans lequel le Maître invoque la paternité de Dieu tout au long de notre vie: «Que ton nom soit sanctifié, que ton règne vienne, que ta volonté soit faite.» (Mt 6,9-10) La même idée est répétée trois fois pour qu'elle s'imprime davantage dans la mémoire et nous fasse comprendre que c'est vraiment la chose la plus importante. Les deux questions finales sont au contraire un *parallélisme antithétique*: on invoque la libération du mal avec deux propositions, l'une négative (ne nous abandonne pas à la tentation), l'autre positive (délivre-nous du mal). À partir de ces observations philologiques, nous pouvons comprendre pourquoi la version du *Notre Père* dans l'Évangile de Luc est plus courte. L'évangéliste Luc connaissait parfaitement les lois du parallélisme sémitique; il pouvait donc omettre deux phrases (Que ta volonté soit faite, délivre-nous du mal) sans en appauvrir le sens.

Les Évangiles ont également rapporté de nombreux *parallélismes synonymiques*, qui renforcent le message par deux expressions similaires. Par exemple: «Ne donnez pas aux chiens ce qui est sacré; ne jetez pas vos perles aux pourceaux.» (Mt 7,6). «Il fallait festoyer et se réjouir; car ton frère que voilà était mort, et il est revenu à la vie; il était perdu, et il est retrouvé!» (Lc 15,32). «Demandez, on vous donnera; cherchez, vous trouverez; frappez, on vous ouvrira» (Mt 7,7).

Cette identification des parallélismes nous a ainsi permis de démontrer que les Évangiles sont véritablement des témoignages directs de la prédication du Maître à voix vivante. Avec plus d'une centaine d'exemples, nous avons la preuve d'une prédication innovante et extraordinairement efficace. Personne n'avait jamais parlé comme Jésus; tout d'abord pour les contenus éthiques et théologiques, évidemment, mais aussi du point de vue des techniques expressives, que le Maître sut utiliser en s'appuyant sur la tradition de son peuple, apportant toutefois son originalité avec la postposition du message le plus précieux. Ceux qui veulent vérifier la liste complète des parallélismes antithétiques peuvent consulter J. Jérémias, *Théologie du Nouveau Testament*, vol. 1, pp. 23-29. L'érudit conclut son analyse détaillée en ces termes: «Les données trouvées montrent qu'à l'origine des parallélismes antithétiques dans les paroles de Jésus n'est jamais la rédaction... donc la masse des textes doit être remontée à Jésus lui-même.»

Le «passif théologique»

Regardez attentivement les verbes passifs dans ces exemples.

Heureux ceux qui pleurent, car ils seront consolés. (Mt 5,4)

Heureux ceux qui ont faim et soif de la justice, car ils seront rassasiés. (Mt 5,6)

De la manière dont vous jugez, vous serez jugés. (Mt 7,2)

Demandez, on vous donnera; cherchez, vous trouverez; frappez, on vous ouvrira. (Mt 7,7)

Il est facile de remarquer que la construction passive des verbes laisse toujours comprendre que le complément d'agent est Dieu lui-même, qui n'est cependant pas nommé explicitement. Jésus aurait très bien pu construire la phrase à la forme active: «Heureux ceux qui pleurent, car Dieu les consolera», «Demandez, et Dieu vous donnera... frappez, et Dieu vous ouvrira», et ainsi de suite. Au lieu de cela, il a préféré ce qu'on appelle le *passif théologique* ou passif divine, dont nous avons dans les Évangiles même plus de 100 exemples!

La surprise est d'autant plus grande lorsque l'on observe que dans la vaste littérature talmudique, le passif théologique est rare. Des spécialistes tels que G. Dalman, H. Strack et P. Billerbecks[364] n'en citent qu'une douzaine d'exemples. Ensuite, nous pouvons dire que c'est une innovation typique du Maître. Les auteurs des Évangiles voulaient nous reproduire fidèlement un style de communication sans précédent.

Essayons maintenant d'expliquer au moins quelques-unes des raisons de ce choix stylistique. Il faut se référer au deuxième commandement: «Tu n'invoqueras pas en vain le nom du Seigneur ton Dieu» (Es 20,7; Dt 5,11), qui excluait tout abus du nom de Dieu, au point que les scribes et les docteurs de la Loi interdisaient de prononcer le nom propre du Très-Haut. C'est pourquoi, dans l'environnement juif, on utilisait des circonlocutions ou des périphrases et, aujourd'hui encore, on discute de l'ancienne prononciation du tétragramme (YHWH), le nom propre du Très-Haut, qui, à certaines périodes de l'histoire d'Israël, n'était prononcé qu'une fois par an, par le Grand Prêtre, en signe de respect absolu.

Jésus, sans aucun doute, prononça à plusieurs reprises le nom de Dieu et introduisit, comme nous l'avons vu, la grande innovation du terme *Abbà*. Cependant, il voulait aussi tenir en haute estime le deuxième commandement. Jérémias a compté les passifs théologiques comme suit: 21 dans Marc, 23 communs à Matthieu et Luc, 27 dans Matthieu seul, 25 dans Luc seul. Les passifs théologiques sont donc le témoignage d'une prédication originale et unique, qui différencie les textes évangéliques de toute littérature ancienne et qui est «l'une des marques les plus claires des paroles précises de Jésus».[365]

La construction de la phrase

Notez les constructions linguistiques suivantes, peu fréquentes dans notre langue et encore moins en grec classique.

---

[364] DALMAN G., *Worte Jesu*, Kessinger Publishing, LLC, Whitefish (Montana) 2010 (ed. originale 1898); STRACK H., BILLERBECKS P., *Kommentar zum Neuen Testament aus Talmud und Midrash*, C.H. Beck, Munich 1922.

[365] JEREMIAS J., *Teologia del Nuovo Testamento*, op. cit., p. 22.

Sa bouche s'ouvrit, sa langue se délia. (Lc 1,64)

Levant les yeux, il vit les gens riches... (Lc 21,1)

il les enseignait. Il disait... (Mt 5,2)

Ils se réjouirent d'une très grande joie (dans le texte grec: *«ils se ré-jouirent beaucoup, avec une grande joie»*). (Mt 2,10)

J'ai désiré d'un grand désir manger cette Pâque avec vous (dans le texte grec: *«Je souhaitais avec désir...»*). (Lc 22,15)

Le point commun de ces exemples est leur surabondance expressive. Le verbe est doublé de synonymes (*il s'ouvrit... se délia. Leva les yeux... vit. Il les enseignait... il disait*), d'adverbes (*beaucoup... grande...*), avec la répétition du même terme (*je souhaitais avec désir*). C'est une redondance étrangère à notre langage, qui préfère des expressions plus synthétiques et directes. Au contraire, les Évangiles nous rapportent à une modalité expressive sémitique qui nous renvoie directement à l'environnement originel de Jésus.

Remarquez un autre exemple célèbre:

Au commencement était le Verbe, et le Verbe était auprès de Dieu, et le Verbe était Dieu.
(Jn 1,1).

Il est certain qu'aucun Grec n'aurait commencé son récit de cette façon. Nous pouvons déceler dans ce premier verset, emblématique du style johannique, au moins trois sémitismes:

a) *construction paratactique et non hypotactique*. Le style narratif sémitique préfère une période avec une séquence de propositions coordonnées, toutes sur le même niveau, presque récitatives; en termes techniques on parle de *parataxe*. C'est un style typique des cultures orales où la narration de vive voix ne permet pas une construction élaborée avec de nombreuses subordonnées. Au contraire, le style grec et en général le style des langues écrites modernes, qui sont beaucoup plus élaborées, préfère la connexion par subordination (*construction hypotactique*) de type causal, final, temporel, hypothétique etc.

b) *Anticipation du prédicat par rapport au sujet*. L'évangéliste ne construit pas «Le Verbe était au commencement», mais suit le style sémitique, en reportant le sujet. Pour les premiers chré-

tiens d'origine juive, ce début johannique rappelait immédiatement le très célèbre début de l'Écriture: «Au commencement,
Dieu créa le ciel et la terre» (Jn 1,1)

c) *Répétition de termes.* Pour les rendre plus mémorables, le
   terme *Verbe* est répété trois fois dans un verset et le terme *Dieu*
   deux fois. En parlant de répétitions, observez également les
   exemples suivants.

Le semeur sortit pour semer la semence, et comme il semait... (Lc 8,5).

Remets-nous nos dettes, comme nous-mêmes nous remettons leurs
dettes à nos débiteurs. (Mt 6,12)

Tu es bénie entre toutes les femmes, et le fruit de tes entrailles est béni.
(Lc 1,42)

C'est une bonne chose que le sel; mais s'il cesse d'être du sel, avec quoi
allez-vous lui rendre sa saveur? Ayez du sel en vous-mêmes. (Mc 9,50)

Il est clair que les exemples sont unis par la répétition de termes
identiques: *semence, dette, remise, béni, sel.* Cette répétition est typique de la tradition orale sémitique, alors qu'elle est étrangère à la
culture grecque, qui considérait les répétitions des mêmes termes
comme inélégantes ou inappropriées. Les études de B. Gerhardsson
sur les techniques de l'enseignement rabbinique nous ont expliqué
que dans les écoles de l'ancien Israël, l'activité des disciples consistait
principalement en la répétition par cœur, sous la direction du maître.
Le patrimoine des Écritures était appris avec accentuation, rythme
mélodique, style linguistique cadencé. «Chante tous les jours» était
un slogan de cet enseignement, puisque chaque disciple devait réciter
en chantant les passages bibliques les plus importants chaque jour.
En fait, on sait qu'en général un texte s'apprend plus facilement par
cœur s'il est chanté. Selon une autre décision rabbinique, chaque
maître devait préparer le résumé le plus court possible de son enseignement, afin qu'il puisse être appris plus facilement. De plus, le
maître devait s'engager à répéter sa leçon au moins quatre fois, afin
de la rendre facilement assimilable par ses disciples.[366]

Nous avons dans les Évangiles eux-mêmes, à titre d'exemple, le récit du jugement dernier dans Matthieu ch. 25,35 et suivants. Dans ce
récit, Jésus répète précisément quatre fois les exemples concrets,
dont les disciples pourront ainsi se souvenir plus facilement: «Car
j'avais faim, et vous m'avez donné à manger; j'avais soif, et vous

---

[366] GERHARDSSON B., op. cit., p. 61.

m'avez donné à boire; j'étais un étranger, et vous m'avez accueilli; j'étais nu, et vous m'avez habillé; j'étais malade, et vous m'avez
visité; j'étais en prison, et vous êtes venus jusqu'à moi...». Et les disciples justes lui répètent les six images, en lui demandant quand ils
l'avaient déjà secouru. Puis le juge répète une troisième fois les six
images des nécessiteux, en réprimandant les indifférents, qui répètent les six exemples pour la quatrième fois. Pour la culture hellénistique, et aussi pour nous aujourd'hui, ce conte semble certainement
pléonastique, mais il devient compréhensible car il facilite la mémoire
et répond aussi au besoin sémitique de complétude et de symétrie des
parties d'un conte.

En résumé, les auteurs des Synoptiques n'étaient certainement pas
des communautés anonymes égyptiennes, néo-platoniciennes ou hellénistiques qui avaient mythifié et rendu légendaire la figure de Jésus,
mais c'étaient des gens qui avaient écouté le Maître à plusieurs reprises. Sinon, ils n'auraient pas pu utiliser tous les aramaïsmes que
nous avons vus: mots araméens, constructions syntaxiques araméennes, assonances et répétitions typiquement sémitiques, etc. Ses
paroles mêmes, parfois même dans la langue d'origine, s'imprimèrent
dans leur mémoire. La philologie réfute radicalement les théories
construites par R. Bultmann il y a environ un siècle, sur le mythe d'un
Christ de la foi, inventé par des *communautés hellénistiques* avec des
légendes populaires. Le Christ de la foi est précisément le Jésus de
l'histoire.

Les paraboles, *unicum* en littérature mondiale

Nous sommes habitués à entendre les récits des paraboles. Généralement, dès l'enfance, des images évocatrices nous ont décrites et
même illustrées; elles font désormais partie de notre imaginaire col-
lectif et ont façonné, peut-être inconsciemment, nos sentiments d'accueil et de pardon (*le fils prodigue*), d'attention aux malades (*le bon
Samaritain*), d'amour pour les pauvres (*Lazare*), etc. Mais pour en
comprendre l'originalité, nous devons nous identifier à ceux qui en-
tendirent ces histoires pour la première fois. Ils y reconnurent une
création ingénieuse qui a révélé un nouveau visage de Dieu et de nouvelles relations entre nous.

Des sources historiques rapportent ces histoires comme des éléments indéniables de la prédication du Maître de Nazareth. «Dans
toute la littérature du judaïsme ancien, à la fois de l'Ancien Testament
et du Nouveau Testament, dans les écrits esséniens, chez Paul, dans

les écrits rabbiniques, il n'y a rien qui puisse être comparé aux paraboles de Jésus.»[367]

Nous avons reçu, il est vrai, aussi les fables moralisatrices d'Esope et de Phaedrus, mais elles ont des animaux comme protagonistes, alors que Jésus n'a jamais inventé de fables dans lesquelles les plantes ou les animaux parlent! La morale finale des fables classiques est donc dictée par le bon sens populaire, alors que les paraboles ont un message moral novateur et deviennent des armes tranchantes de défi et de conflit avec la classe dirigeante de l'époque.

Nous avons également quelques récits figuratifs dans l'Ancien Testament (Jc 9,8-15; 2 Rois 14,9; Ez 17,3-8), mais il s'agit d'épisodes isolés qui ne s'inscrivent pas dans un cadre systématique de proclamation éthique et théologique.

Dans l'immense littérature rabbinique, nous ne disposons que de quelques métaphores du Rabbi Hillel.[368] Et dans le langage figuré de Paul, quand il parle du symbolisme du corps, de la course des athlètes, de l'armure des guerriers... on ne trouve rien d'analogue aux paraboles. Les Évangiles nous en donnent plus de quarante. Une collection aussi abondante nous fait comprendre que les paraboles exprimaient le style communicatif habituel de Jésus. Le Maître ne choisit pas des protagonistes aristocratiques, il n'a pas besoin de recourir à des histoires extraordinaires et spectaculaires pour attirer l'attention. Il prend pour modèle la vie familiale de gens ordinaires, engagés dans leur travail quotidien – *le semeur, le berger, la femme qui a perdu une pièce de monnaie, les jeunes vierges, les invités au banquet de noces...* – et à travers ces gens simples, il annonce des messages éthiques et théologiques révolutionnaires: *le père miséricordieux, la gratuité envers les travailleurs de la dernière heure, le bon Samaritain, la récompense pour Lazare...*

D'un point de vue linguistique, Jérémias affirme avec assurance que «derrière le texte grec, la langue maternelle de Jésus transpire partout».[369] Le style linguistique des paraboles, en fait, déborde d'aramaïsmes, qui sont comme la marque de l'annonce originale.

Les *parallèles antithétiques* sont très fréquents: la maison construite sur le sable par opposition à celle qui est sur le rocher, la prière du pharisien et du publicain, le contraste entre l'homme riche et le pauvre Lazare, et ainsi de suite. Observons le parallélisme antithétique de la parabole du père miséricordieux (Lc 15, 11-32) dans la-

[367] JEREMIAS J., *Teologia del Nuovo Testamento*, op. cit., pp. 41-42.
[368] JEREMIAS J., *Le parabole di Gesù*, Paideia, Brescia 1973, p. 10.
[369] *Ibid.*, p. 9.

quelle le fils qui revient et le premier-né rancunier sont mis en contraste. Dans les dialogues entre le père et le second, nous reconnaissons les parallèles antithétiques araméens:

> Il y a tant d'années que je suis à ton service..., et jamais tu ne m'as donné un chevreau pour festoyer avec mes amis. // Mais, quand ton fils que voilà est revenu..., tu as fait tuer pour lui le veau gras... «Toi, mon enfant, tu es toujours avec moi, et tout ce qui est à moi est à toi. // Il fallait festoyer et se réjouir; car ton frère que voilà était mort // et il est revenu à la vie; il était perdu // et il est retrouvé!».

Ces parallélismes antithétiques s'avèrent très efficaces car, en plus de rester plus gravés par rapport aux jugements philosophiques, ils stimulent une prise de position. Les paraboles à deux sommets narratifs, en fait, laissent toujours la conclusion au lecteur. Elles sont une arme de défi car elles opposent deux comportements divergents.

En restant dans cette parabole, observons maintenant, comme autre exemple de style sémitique, la description du *père miséricordieux* qui accueille le fils de retour: «Comme il était encore loin, son père l'aperçut et fut saisi de compassion; il courut se jeter à son cou et le couvrit de baisers». (Lc 15,20). Avec cinq verbes, dans une séquence paratactique, le Maître a pu imprimer une image d'une efficacité extraordinaire chez les disciples. Il a ouvert un nouvel horizon sur la miséricorde du Père envers les pécheurs, c'est la bonne nouvelle. «*Il l'aperçut*» nous révèle que le père observe aussi notre chemin de loin. «Fut saisi de compassion»: le verbe grec (*splanchnizo*) fait référence à une émotion viscérale, correspondant à l'original hébreu *raham*, qui indique l'émotion maternelle. En fait, en hébreu, le terme signifie également *utérus*. Une affectivité maternelle est aussi attribuée au père, allusion pas nouvelle dans la Bible (cf. Is 66,13 et 49,14-15).

«*Il courut*»: ce verbe est singulier, presque un parallélisme antithétique à *lente à la colère* des Psaumes (Ps 86,15; 102,8; 145,8). Le Maître, doté d'une autorité novatrice, nous présente un père qui non seulement est lent à la colère, mais *court* pour pardonner. *Il se jette autour de son cou*, c'est plus qu'une étreinte. «*Il le couvrit de baisers*»: c'est un signe d'amour qui rapproche le père de notre fragilité et chasse la peur de Dieu.

Remarquons que les verbes choisis par le Maître sont très concrets, ils nous font comprendre l'intériorité à travers les mouvements du corps. Même l'émotion intérieure est exprimée par des allusions sensibles. Le Père ne prononce pas de mot, il parle avec ses gestes. Il est décrit avec un langage figuratif sémitique, qui voit devant lui la personne vivante. Le Maître, qui a appelé confidentiellement son Père *Abbà*, l'a décrit dans cette parabole comme personne ne l'avait jamais fait, comme un membre de notre famille, qui nous pardonne. Quelques images lui ont suffi pour révolutionner l'idée sévère de Dieu bâtie par les scribes et les pharisiens.

Revenant aux aramaïsmes dans les paraboles, on peut également mentionner les répétitions des mêmes mots pour faciliter la mémoire de l'auditeur. C'est une autre caractéristique des langues sémitiques, comme nous l'avons vu. Par exemple: «Voici que le semeur sortit pour semer. Comme il semait...» (Mc 4,3-4).

Le lexique des paraboles reflète également un original hébreu. Les *fils du royaume* (Mt 8,12) est la traduction littérale d'une expression hébraïque ou araméenne désignant les citoyens du royaume. L'expression «*les invités de la noce*» (Mt 9,15) traduit le texte grec «*les fils de la fête des noces*», traduction littérale de l'hébreu. Les *fils de ce monde* (Lc 16,8) traduit en grec l'expression hébraïque indiquant un *esclave du monde*. Et les exemples pourraient continuer. Tous ces éléments sémitiques nous attestent que nous sommes très proches du Jésus historique. Nous sommes donc face à une création lexicale et linguistique vraiment unique.

Les images, esquissées en quelques coups de pinceau, se sont imprimées dans l'esprit et le cœur des auditeurs, au point que, même trente ou quarante ans plus tard, les auteurs des synoptiques se sont parfaitement souvenus de ces exemples très efficaces et nous les ont transmis, avec des textes qui concordent souvent mot pour mot.

Conclusions sur le critère linguistique

Nous sommes ainsi parvenus à des conclusions sur le deuxième *pilier* des sciences historiques appliquées aux Évangiles. Il est clair, pour un historien honnête, que le texte grec fut écrit en s'appuyant sur des témoins directs de la prédication de Jésus, des témoins fidèles de son message original et parfois même de ses propres paroles (*ipsissima verba* ou *ipsissima vox*).

Nous ne devons cependant pas être obsédés par la recherche méticuleuse des l'*ipsissima verba* originales. Pensons que pour les paroles très importantes de l'institution de l'Eucharistie, lors de la dernière Cène, les Synoptiques nous donnent des expressions légèrement différentes. Cela montre que la tradition orale avait transmis le sens le plus profond, l'essentiel, qui pouvait être habillé de formes linguistiques aux nuances diversifiées, comme c'est le cas pour tout récit de témoin oculaire. De toute évidence, même les évangélistes n'étaient pas obsédés par l'*ipsissima verba*, mais voulaient nous communiquer la substance du discours.

Par conséquent, seuls des auditeurs directs des paroles de Jésus pouvaient nous transmettre un texte aussi riche en aramaïsmes. L'expérience directe, pour tout texte historique, est évidemment un critère de grande fiabilité.

Nous verrons dans le quatrième chapitre que la comparaison avec les Évangiles apocryphes est éclairante: dans ces derniers, les aramaïsmes disparaissent et sont remplacés par des concepts philosophiques hellénistiques et par un vocabulaire gnostique ou néoplatonicien. La philologie démasque ces faussaires prétentieux qui ont cru pouvoir nous tromper en associant leurs traités philosophiques à des «labels» prestigieux: *Évangile de Pierre, Évangile de Jacques, Évangile de Thomas, Évangile de Philippe...*

Cependant, la fiabilité des auteurs du Nouveau Testament ne découle pas seulement de la philologie, mais est également confirmée par le fait que beaucoup d'entre eux sont morts en martyrs afin de ne pas nier ce qu'ils avaient écrit. Pensons à Pierre, Paul, Matthieu, Marc, Judas Thaddée, Jacques. Et les martyrs de la première génération chrétienne étaient une *ingens multitudo,* comme nous le dit l'historien romain Cornelius Tacite[370] lorsqu'il décrit la persécution de Néron en 64. Cette nouveauté d'un *martyre* (= témoignage) au nom de sa conscience personnelle n'est pas historiquement explicable sans une motivation basée sur des événements réels. Il est à noter que les martyrs prêts à sacrifier leur vie pour témoigner que Jésus était vraiment ressuscité, n'étaient pas des individus exceptionnels, comme un Socrate ou une Antigone, mais de grandes multitudes!

En ce qui concerne la fiabilité des auteurs, il faut ajouter que tout un peuple fut témoin des événements relatés dans les Évangiles: prédication, miracles, crucifixion, résurrection, annonce évangélique ultérieure. Pourtant, aucun texte de l'époque n'est venu nier les faits racontés. Il est clair, par exemple, que la proclamation de la Résurrection n'aurait pas pu tenir sur la route, même le temps d'un après-midi, s'il n'y avait pas eu réellement un tombeau vide, visible par tous, le Suaire et le Sudarium, et s'il n'y avait pas eu réellement les apparitions du Ressuscité. Ainsi les miracles publics de la multiplication des pains, de la guérison de l'aveugle né dans le Temple de Jérusalem, de la résurrection de Lazare... ainsi que les miracles accomplis par les Apôtres après la Résurrection, décrits dans les premiers chapitres des Actes des Apôtres. Ce sont tous des événements que les contemporains auraient pu facilement réfuter, couvrant les évangélistes de ridicule si leurs récits avaient été faux ou inventés.

---

[370] TACITE, *Annales,* XV, 44.

Nous avons ainsi examiné les deux premiers *piliers* de la fiabilité des Évangiles, à savoir la certitude que les textes que nous lisons aujourd'hui sont bien ceux écrits aux origines du christianisme et la confirmation philologique que les auteurs des Évangiles ont fidèlement rapporté les faits avec un style linguistique original. Ces deux arguments sont également définis comme des critères *externes* de fiabilité historique, c'est-à-dire, ils n'entrent pas dans le contenu narré, mais se limitent à considérer des éléments extérieurs à la narration. Ils concernent en effet la fidélité de la transmission des manuscrits, l'analyse philologique dans le contexte des langues parlées à cette époque et dans cet environnement, le contexte culturel dont témoignent les pièces archéologiques, parmi lesquelles se distingue naturellement le Saint Suaire.

Nous allons maintenant voir les critères *internes* qui entrent en relation avec les contenus évangéliques.

CHAPITRE III

EST-CE VRAIMENT ARRIVÉ?

L'hypothèse critique

Nous sommes arrivés au troisième *pilier* de notre recherche, à la question cruciale et décisive pour les sciences historiques. Les Évangiles racontent-ils ce qui s'est réellement passé? Évidemment, la réponse sera toujours personnelle et unique. Il revient à chacun de nous d'exprimer le jugement final, dans la liberté de notre conscience. Dans les pages suivantes, nous pouvons simplement proposer quelques informations et connaissances précieuses pour un jugement de fiabilité historique, mais cette recherche s'arrête au seuil du mystère de la liberté. Respecter la liberté signifie avant tout éliminer l'ignorance, car ceux qui ne connaissent pas les documents historiques ne seront jamais libres de faire un choix conscient et compétent.

Après avoir examiné les critères externes, tels que les papyri et les rouleaux, ou les structures syntaxiques et lexicales, nous entrons dans l'étude des critères internes du récit évangélique, abordant ainsi la fiabilité historique des événements.

Jusqu'à il y a 250 ans, cette fiabilité historique ne faisait aucun doute. Avant les Lumières, on tenait pour acquis, dans le monde chrétien, que les Évangiles disaient la vérité. Mais maintenant que les temps ont changé et que nous savons tous que l'histoire est pleine de tricheurs et de calomniateurs, l'étude critique devient indispensable.

Les premiers contestataires des Évangiles furent certains érudits des Lumières, qui osèrent les premières critiques, dépassées par la suite, car au XVIIIe siècle les anciens manuscrits n'étaient pas encore connus. H. S. Reimarus, en 1778, fut peut-être le premier à douter de l'historicité des Évangiles. Plus tard D. Strauss, un hégélien convaincu, soutint que Jésus était un mythe (1837). Quelques décennies plus tard, E. Renan publia sa *La Vie de Jésus* (1863). Il était un romantique et considérait les Évangiles comme des histoires populaires. Il interprétait la résurrection comme l'impression de Marie-Madeleine: «La passion d'une femme hallucinée resuscite un Dieu au monde.»

C'étaient des hypothèses simplistes; Renan, par exemple, ne parlait que de Madeleine et ignorait tous les autres témoins! Cette première recherche est entrée dans l'histoire comme une *hypothèse critique*. Il ne niait pas l'existence historique de Jésus, mais se limitait à le considérer comme un homme simple. Après sa crucifixion, il aurait été déifié par les disciples qui lui aurait attribué des miracles et une résurrection. En bref, l'hypothèse critique soutenait que les disciples avaient fait d'un homme un Dieu. Dans cette théorie, les préjugés philosophiques rationalistes ou romantiques étaient évidents: ils effaçaient brutalement tout ce qui n'était pas d'accord avec les idées préconçues des auteurs. Ces théories du XIXe siècle forçaient et modifiaient les textes, ignorant les règles les plus élémentaires des sciences historiques. La critique la plus pertinente de ces théories fut peut-être formulée par A. Schweitzer,[371] qui reconnut comment ces premiers auteurs critiques projetaient leurs conceptions morales sur Jésus.

Les rationalistes décrivaient Jésus comme l'un d'eux, les socialistes comme le premier révolutionnaire, les idéalistes hégéliens comme le prédicateur de la quintessence de l'humanité, les théologiens libéraux allemands présentaient Jésus comme un philosophe kantien, qui réduisait la religion aux limites de la raison. De toute évidence, l'hypothèse critique n'était qu'un prétexte pour pouvoir habiller le Maître de ses propres interprétations subjectives et arbitraires.

Aujourd'hui, avec plus de quinze mille manuscrits concordants et souvent très anciens, et avec une connaissance beaucoup plus approfondie du contexte historique, culturel, philologique, archéologique, cette hypothèse est devenue insoutenable. Cette première phase est donc souvent classée comme *Ancienne Quête (Old Quest)*. Elle s'étend de 1778 à 1906.

L'hypothèse mythique

C'est de 1921 à 1953 qu'une deuxième phase, dite de *non-quête (No Quest)* sur le Jésus historique, se prolongea parmi les chercheurs luthériens. Rudolf Bultmann, un érudit luthérien, fut le protagoniste de ce tournant. Son œuvre principale, *Jésus* (1926), distingue et sépare le *Christ de la foi* du *Jésus de l'histoire*, en introduisant précisément l'*hypothèse mythique*. Bultmann parlait explicitement d'une *démythologisation du christianisme,* car il considérait les miracles comme des *mythes,* des *contes populaires* élaborés par les *communautés hellénistiques,* quelques générations après les événements. Le savant allemand révéla explicitement ses préjugés positivistes: «On ne peut pas se servir de la lumière électrique et de la radio, ou recourir en cas de maladie aux découvertes médicales et cliniques modernes et en

---

[371] SCHWEITZER A., *Storia della ricerca della vita di Gesù,* Paideia, Brescia 2003.

même temps croire au monde des esprits et des miracles que nous propose le Nouveau Testament.»[372]

Dans ses premières publications, il déclara catégoriquement: «Je suis sans aucun doute d'avis que nous ne pouvons pratiquement rien savoir de la vie et de la personnalité de Jésus.»[373] Cependant, Bultmann identifia à la suite jusqu'à 25 *dictons* de Jésus qu'il considérait comme historiques:

> Les exorcismes, la transgression du repos du sabbat, la non-observation des purifications rituelles, la polémique contre la loi juive, la familiarité avec les pécheurs... la bienveillance envers les femmes et les enfants; de plus, Jésus n'était pas un ascète; peut-être pouvons-nous aussi ajouter qu'il invitait les gens à le suivre et rassemblait autour de lui un petit groupe de disciples, hommes et femmes... Il était conscient d'être chargé par Dieu d'annoncer le message eschatologique de la venue du Royaume de Dieu.[374]

Cependant, pour Bultmann, la foi ne dépend pas de l'histoire. Les miracles sont des projections et des élaborations de l'imagination populaire, ce sont des créations mythiques. Il s'agissait d'un fidéisme qui partait du principe luthérien du *sola fide* et qui faisait sien les préjugés de la philosophie positiviste de l'époque. Mais celui qui épouse l'esprit de son temps se retrouve vite veuf!

Les historiens ultérieurs ont en effet démontré l'absence de fondement de ses hypothèses. Bultmann pensait que les Évangiles étaient le produit d'une «tradition anonyme et populaire, informelle», de la part des premières églises de Rome, Corinthe, Éphèse... bref, des «communautés hellénistiques». Au contraire, nous avons vu dans le deuxième chapitre de cette étude que les Évangiles sont très riches en araméismes: mots araméens, parallélismes, passages théologiques, répétitions et assonances, etc. Même les études les plus récentes (Université de Jérusalem, 2000)[375] garantissent que les 46 noms propres masculins et les 14 noms propres féminins qui existent dans les Évangiles sont également attestés dans des documents juifs de l'Antiquité tardive (230 av. J.-C. – 200 ap. J.-C.). Les noms sont donc historiques et palestiniens et non hellénistiques comme le prétend Bultmann.

---

[372] BULTMANN R., *Nuovo Testamento e mitologia,* Queriniana, Brescia 1973, p. 110.

[373] BULTMANN R., *Gesù,* Queriniana, Brescia 1972 (originale 1926), p. 9.

[374] BULTMANN R., *Esegetica, vol. 1. La coscienza messianica di Gesù,* Borla, Turin 1971, p. 169.

[375] Cités dans: SEGALLA G., *La ricerca del Gesù storico,* Queriniana, Brescia 2010, pp. 186-187.

De plus, le chercheur allemand croyait que les évangélistes avaient puisé dans les *formes littéraires* de la littérature rabbinique antérieure: *paraboles, miracles, disputes avec les pharisiens, accomplissement de prophéties.* La critique historique ultérieure, en revanche, a établi qu'il s'agissait de nouveautés absolues! Elles n'ont pas de précédent. En ce qui concerne les paraboles, nous avons déjà vu qu'elles représentent un *unicum* dans toute la littérature antique. Pour les *miracles*, les sources rabbiniques et hellénistiques parlent rarement de thaumaturges! En tout cas, ils avaient pour seul but de susciter l'émerveillement des gens.[376] Les miracles des Évangiles, cependant, ne sont pas des gestes magiques, mais des signes qui manifestent le nouveau visage de Dieu. Ils représentent donc une nouveauté historique sans précédent.

C'est un autre théologien luthérien, Ernst Käsemann, disciple de Bultmann, qui remit en question la philosophie du maître et inaugura une nouvelle phase, connue par les spécialistes sous le nom de *Nouvelle Quête (New Quest)*, de 1953 à 1980 environ. En 1953, dans une célèbre conférence (*Le problème du Jésus historique*), donnée devant son maître, il pose des questions décisives. Pour Bultmann, les premiers chrétiens auraient-ils inventé et cru à des légendes? La foi et l'histoire seraient-elles contradictoires? Mais une foi dans le Ressuscité, sans réalité historique, n'est plus une foi! «La foi elle-même, pour sa part, ne peut pas s'empêcher de se fixer autour les paroles, les actes, le destin du Jésus terrestre.»[377] En bref, Käsemann, devant son professeur, rétorqua que le Christ de la foi n'est tel que s'il est le Jésus de l'histoire. La foi consiste à croire que Jésus est réellement ressuscité, dans l'histoire, sinon ce n'est pas de foi, c'est une illusion mythologique. Si les Évangiles furent écrits, c'est parce que les premiers disciples s'intéressaient au Jésus historique, et voulaient ancrer fermement leur foi dans des événements historiques réels.

Un autre défi très important à cette hypothèse mythique vint des études de Kurt Schubert et Joachim Jérémias au début des années

---

[376] Les sources ne parlent que de trois personnages, au premier siècle avant et après le Christ: deux thaumaturges juifs et Apollonius de Tyane. Pour les deux premiers, nous avons comme seule source le Talmud, composé au moins trois cents ans plus tard. Pour Apollonios, nous n'avons qu'un seul biographe, Philostrate, qui écrivit environ 150 ans plus tard, sous la forme d'un roman. Ces sources historiques ne répondent pas aux critères de fiabilité que nous verrons dans ce chapitre.

[377] Cité dans LAMBIASI F., *L'autenticità storica dei vangeli*, EDB, Bologne 1986, p. 37.

1970.[378] Nous avons vu que l'hypothèse mythique bouleversait substantiellement l'hypothèse critique: non plus d'un homme à un Dieu,
mais d'un Dieu mythique à un homme. Cette hypothèse a donc imaginé qu'à l'origine du christianisme, il existait un mythe légendaire,
très ancien, préexistant, concernant un Dieu qui s'est incarné, est
mort, puis est ressuscité pour le salut des hommes. Or, les deux chercheurs cités ci-dessus, puis de nombreuses autres études ultérieures,
ont constaté que dans la littérature juive de l'époque de Jésus, il n'y
avait pas de mythe de la résurrection en tant qu'événement de l'histoire et concernant un seul homme! Il est vrai que dans le judaïsme
tardif, la foi en une résurrection était répandue, mais celle-ci était
conçue comme un événement universel et eschatologique, c'est-à-dire
impliquant tous les peuples et à la fin de l'histoire. Il n'y avait pas de
mythe d'un messie qui devrait mourir crucifié et ressusciterait après
trois jours. David Flusser, peut-être le principal historien israélien sur
l'origine du christianisme, professeur de longue date à l'Université hébraïque de Jérusalem, a écrit: «Il n'y a rien dans tout le judaïsme de
l'époque de Jésus, rien dans aucun courant connu de nous, qui sache
que ce soit d'un Fils de l'homme qui devrait mourir et ressusciter.»[379]

Si nous examinons ensuite toute la littérature hellénistique, nous
constatons que, même dans celle-ci, aucun texte, jusqu'au IVe siècle
après JC, n'attribue à un Dieu une mort rédemptrice ou une résurrection dans l'histoire qui soit analogue à celle décrite dans les Évangiles.
À première vue, certaines légendes mythologiques concernant Héra-
clès, Asclépios, Dionysos, Osiris, Mithra... peuvent sembler similaires, mais l'analogie apparente *mort-réveil* fait allusion au cycle des
saisons, dans lequel la nature passe du «sommeil» de l'hiver au «réveil» du printemps. Ce qui manque à tous ces mythes classiques, ce
sont les éléments d'un contexte historique précis, d'une nouvelle annonce éthique, d'un affrontement avec les classes dominantes d'un
peuple, qui caractérisent les récits évangéliques.

La *troisième recherche* et l'explication nécessaire

Après l'échec de l'hypothèse critique et de l'hypothèse mythique,
la soi-disant *troisième quête (Third Quest)* a émergé, surtout dans la

---

[378] SCHUBERT K., *'Auferstehung Jesu' im Lichte der Religionsgeschichte
des Judentums*; JEREMIAS J., *Die alteste Schicht der Osterüberlieferungen*,
in DHANIS E. (Ed.), *Resurrexit. Actes du Symposium International sur la Résurrection de Jesus* (Rome 1970), Libreria Editrice Vaticana, Cité du Vatican
1974, pp. 185–229.

[379] FLUSSER D., *Jesus*, Morcelliana, Brescia 1997.

sphère anglo-américaine, à partir de 1980, qui met l'accent sur la continuité entre Jésus et l'environnement juif. Au cours des deux décennies précédentes, les recherches approfondies de Joachim Jeremias, l'un des plus grands spécialistes des langues sémitiques, avaient magistralement délimité la langue très singulière de Jésus en remontant jusqu'à sa prédication en araméen. Birger Gerhardsson[380] a également expliqué que le matériel synoptique était «un matériel d'enseignement traité de manière professionnelle: condensé, bref, lapidaire et bien structuré», compatible avec l'enseignement rabbinique. Il faut ajouter que les nouvelles connaissances sur Qumran ont permis de mieux reconstituer le contexte juif.

Un spécialiste emblématique de cette troisième quête est le jésuite américain John Paul Meier, auteur de *A Marginal Jew. Rethinking the historical Jesus* (2002/09), publié à ce jour en quatre volumes de plus de 3 200 pages au total. C'est peut-être le meilleur travail de la *Third Quest*. Un élément important acquis par Meier est la reconnaissance, après un examen critique minutieux, que les sources crédibles pour le Jésus historique sont précisément les quatre Évangiles canoniques, tandis que les nombreux apocryphes ont perdu leur fiabilité selon des critères intrinsèques et extrinsèques: «En dehors des quatre Évangiles canoniques, on ne trouve que quelques paroles isolées de Jésus, qui n'apportent rien de nouveau par rapport aux Évangiles.»[381]

Un autre auteur de grande importance est Gerd Theissen, un théologien luthérien qui met l'accent sur le critère de concaténation et de plausibilité explicative des événements dans son monumental *Der historische Jesus* («Le Jésus historique») (2007), écrit en collaboration avec Annette Merz.

La réalisation la plus importante de la *Nouvelle Quête* et de la *Troisième Quête* est peut-être l'identification de *critères d'authenticité historique*. En d'autres termes, les chercheurs ont cherché des règles objectives permettant de discerner les événements ou les discours les plus fiables.

Un premier critère, qui autorise un jugement d'authenticité, est le *critère de l'attestation multiple*: un événement qui est confirmé par plusieurs sources indépendantes est plus fiable. Par exemple, la crucifixion est attestée par les 27 livres du Nouveau Testament, par Tacite, par Flavius Josèphe, par les Évangiles apocryphes...

Il y a ensuite le *critère de discontinuité/continuité*: lorsqu'un événement, une histoire ou un discours s'inscrit dans la continuité de la tradition historique et culturelle de l'époque et révèle en même temps

---

[380] GERHARDSSON B., op. cit.
[381] MEIER J.P., op. cit., vol. 1, p. 149.

des éléments de nouveauté et d'originalité par rapport à cette tradition, il est historiquement fiable. Nous avons vu, par exemple, que les paraboles, les parallélismes, les passages théologiques, les répétitions et les assonances... révèlent une continuité avec la didactique rabbinique, tout en présentant des innovations que toutes les sources attribuent précisément à Jésus de Nazareth.

Enfin, le critère le plus important est peut-être celui de l'*explication nécessaire*. Elle est dite *intrinsèque*, car elle ne traite pas d'éléments extérieurs aux récits, comme d'autres sources historiques, des manuscrits, la comparaison avec l'enseignement rabbinique... mais elle entre dans le vif du sujet, elle répond à la question qui nous intéresse le plus: «Est-ce vraiment arrivé?».

Ce critère est appliqué à la concaténation des événements.

Tout fait historique nécessite toujours une explication causale qui peut rendre la succession des faits plausible, raisonnable. Évidemment, nous devons également appliquer aux Évangiles ce critère, qui a été défini comme la recherche d'une *explication nécessaire*. Lisons la formulation de René Latourelle, professeur à l'Université Grégorienne, qui considère ce critère comme «le plus important de tous les critères fondamentaux.»

> Si devant un complexe considérable de faits qui nécessitent une explication cohérente et suffisante, une explication est proposée qui éclaire et regroupe harmonieusement tous ces éléments (qui autrement resteraient des énigmes), nous pouvons conclure que nous sommes en présence d'un fait authentique (fait, geste, parole de Jésus).[382]

Ce critère représente le point d'arrivée vers lequel convergent les recherches examinées ci-dessus. On l'appelle aussi le *critère de cohérence narrative*.

Latourelle a appliqué ce critère aux miracles de Jésus, qui sont les événements les plus critiqués par l'hypothèse critique et l'hypothèse mythique. Il est arrivé à la conclusion qu'ils ne sont pas des faits isolés dans l'évangile, mais qu'ils sont inséparablement liés à tout le reste, ce qui serait incompréhensible sans ceux-ci. Bref, les miracles sont un élément indispensable pour une *nécessaire explication* des événements.

Considérons le récit des Synoptiques. Si nous effacions les miracles, nous ne comprendrions pas la foi des apôtres et des disciples

---

[382] LATOURELLE R., *L'authenticité historique des miracles de Jésus*, in *Gregorianum*, 54, 1973, p. 238. Cité dans LAMBIASI F., op. cit., p. 103. Aussi: LATOURELLE R., *Critères d'authenticité historique des Evangiles*, in *Gregorianum*, 55, 1974, pp. 609-637.

en Jésus, ni l'exaltation des foules qui l'acclamaient comme le Messie, ni l'affrontement avec la classe dirigeante et le Sanhédrin, envieux du succès de Jésus, ni la controverse sur les miracles accomplis le jour du sabbat. De plus, il faut garder à l'esprit que le peuple juif avait une conception si élevée de Dieu qu'il ne pouvait jamais reconnaître un homme comme Dieu, sauf en présence de signes véritablement miraculeux. Sans miracles, le récit des Synoptiques serait donc incompréhensible.

Dans le quatrième évangile également, la corrélation entre les *signes miraculeux* et les événements est claire. Le premier signe est le miracle de Cana, qui est suivi de la foi des disciples (2:11). Le signe suivant est la guérison du paralytique à la piscine de Betzatà (5,1-9) qui déclenche la polémique avec les juifs car la guérison s'était vérifiée samedi. Après le signe de la multiplication des pains (6:1-13), le peuple veut le faire roi et cela sera un chef d'accusation devant Pilate. Après la guérison de l'aveugle né (9,1-41) et la résurrection de Lazare (11,1-44), les grands prêtres et les pharisiens décident de la mort de Jésus (11,53) et veulent aussi tuer Lazare, «parce que beaucoup de Juifs sont partis à cause de lui et ont cru en Jésus» (12,10-11). Il est clair que la cohérence narrative ne peut pas ignorer les signes miraculeux.

L'explication nécessaire et la résurrection

À ce stade, nous devons restreindre le champ de nos recherches. Nous laissons l'étude des enseignements de l'évangile et de l'affrontement avec le sanhédrin et l'autorité romaine aux théologiens et aux exégètes. Concentrons plutôt notre attention sur l'événement le plus extraordinaire qui a changé l'histoire: la résurrection de Jésus. C'est cet événement qui marque la différence entre Jésus et tous les autres fondateurs de religions. Saint Paul est catégorique: «Et si le Christ n'est pas ressuscité, notre prédication est donc vaine, vaine aussi est votre foi» (1 Co 15, 14). C'est donc sur cette pierre angulaire que tout le bâtiment chrétien est construit. Si nous pouvons trouver des arguments convaincants, tout le bâtiment tient la route et toutes les autres discussions sur les épisodes individuels ainsi que sur la valeur des enseignements apparaissent sous une nouvelle lumière.

Appliquons donc le critère de l'explication nécessaire au miracle des miracles et voyons comment, sans cet événement, rien de l'évangile n'est compréhensible. Les textes canoniques étaient parfaitement conscients de cette clé d'interprétation, en effet la résurrection est attestée par l'ensemble des vingt-sept écrits du Nouveau Testament et avait tellement choqué et impressionné les témoins que les mots *eg-heirein* (réveil) et *anastasis* (résurrection) reviennent plus de cent fois! Nous sommes donc confrontés à un mot clé pour entrer dans la compréhension de l'évangile.

Un historien, mais aussi tout chercheur honnête de vérité, doit expliquer comment un renversement extraordinaire a été possible dans la communauté des disciples en seulement trois jours, ou tout au plus en quelques semaines.

Réfléchissons à la séquence des événements.

Le soir du Vendredi Saint, après avoir vu le Maître crucifié, la communauté des disciples était certainement déçue, bouleversée, dans un désarroi psychologique et théologique. Ils avaient cru en lui comme au Fils de Dieu, ils avaient vu de nombreux signes, ils avaient entendu des révélations inouïes et pleines d'espoir, et voilà que tout semble s'écrouler. Le Maître avait été humilié et même crucifié comme un maudit de Dieu (Dt 21,23: «Celui qui est un pendu est l'objet de la malédiction de Dieu»). Paul parle du crucifix comme d'un «scandale pour les Juifs et folie pour les Gentils» (1 Co 1,23) et ces mots nous révèlent toute la perplexité et la déception du Vendredi Saint. Toutes les attentes semblaient anéanties à jamais. Notez que la condamnation à la croix était considérée comme si humiliante pour l'opinion publique que pendant quatre cents ans, les chrétiens n'osèrent pas représenter le crucifix. En fait, la première représentation du Christ crucifié remonte au portail en bois de Sainte-Sabine à Rome, vers 450.

Toutes les prophéties des Écritures semblaient être incroyablement réfutées. Et nous savons bien que le peuple juif «vivait» par la Parole de Dieu (Dt 8,3; Mt 4,4), donc la déception sur les prophéties messianiques avait certainement créé un désarroi théologique très profond. Quel sens pouvaient avoir les grandes prophéties messianiques concernant le Fils de David? Qui sait combien de fois les disciples avaient prié avec les psaumes messianiques dans lesquels Dieu promet son messie: «Je te donnerai les nations pour héritage, pour domaine les extrémités de la terre. Tu les briseras avec un sceptre de fer, tu les mettras en pièces comme le vase du potier.» (Sal 2,8-9). «Assieds-toi à ma droite, jusqu'à ce que je fasse de tes ennemis l'escabeau de tes pieds... Règne en maître au milieu de tes ennemis!... Le Seigneur est à droite, il brisera les rois au jour de sa colère.» (Sal 110,1-2.5). Qui sait combien de fois ils s'étaient arrêtés pour réfléchir, pleins d'espoir, aux visions du Fils de l'homme:

> Et voici que sur tes nuées vint comme un Fils d'homme; il s'avança jusqu'au vieillard, et on le vit approcher devant lui. Et il lui fut donné do-

mination, gloire et règne, et tous les peuples, nations et langues le servirent. Sa domination est une domination éternelle qui ne passera point, et son règne ne sera jamais détruit. (Dn 7,13-14).

Les disciples connaissaient bien ce passage, car le titre messianique de *Fils de l'homme* apparaît environ quatre-vingts fois dans les Évangiles! Et Jésus se l'appliquait fréquemment à lui-même, même au moment solennel du procès devant Caïphe. Selon D. Boyarin, l'un des plus respectables spécialistes contemporains du judaïsme, les visions du prophète Daniel étaient «l'un des textes les plus influents du judaïsme moderne, y compris de sa branche chrétienne.»[383]

Toutes ces attentes semblaient s'être effondrées à jamais. Les disciples s'étaient donc enfermés au Cénacle comme s'ils étaient vaincus, craignant de finir comme le Maître.

Si un historien étudie honnêtement cette situation, il doit admettre que la communauté des disciples n'avait pas en elle les ressources pour se relever.

Elle semblait être tombée dans un ravin sans issue.

A ce désarroi psychologique et théologique s'ajoutent les conditions de pauvreté culturelle, politique et économique des disciples. Nous savons par les Actes des Apôtres qu'ils étaient «simples et sans instruction» (*agràmmatoi* et *idiòtai*, Actes 4:13). Le Maître leur avait refusé l'usage des armes et des richesses, ils n'avaient donc aucun pouvoir militaire et économique.

Nous constatons que tous les historiens, des croyants aux profanes, s'accordent sur ce tableau brisé. Que Jésus soit mort crucifié est une certitude historique indiscutable.

Essayons maintenant d'annuler les apparitions du Ressuscité. Imaginons qu'elles ne se soient pas vérifiées, qu'elles soient toutes une contrefaçon historique.

Nous observons comment, en quelques semaines, la plus grande révolution éthique et théologique de l'histoire a commencé, une révolution qui a changé la vision du monde pendant deux mille ans. À partir du matin de Pâques, puis de la Pentecôte, ces mêmes disciples apparaissent radicalement transformés.

Tout est chamboulé.

Ils affirment avec conviction que le crucifié est même le Fils de Dieu. Remarquons que les premiers disciples étaient tous des Juifs, monothéistes de toujours, des gens qui n'auraient jamais pu prêcher

---

[383] BOYARIN D., *Il Vangelo ebraico, le vere origini del cristianesimo*, Castelvecchi, Rome 2012, p. 46. Boyarin, professeur de culture talmudique à l'université de Californie, est reconnu comme l'un des plus éminents spécialistes du Talmud au monde.

la Divinité d'un homme s'ils n'avaient pas eu des preuves certaines et choquantes.

Ils l'annoncent comme «le Seigneur» (*Kyrios*, titre divin), à Jérusalem, en Judée et ensuite dans tout le monde antique. Ils quittent leur famille, leur terre, pour s'aventurer dans une prédication pleine d'obstacles et de dangers, sachant pertinemment que beaucoup d'entre eux seraient martyrisés. Ils n'ont aucun pouvoir, et pourtant ils défient même l'Empire de Rome. Ils comprenaient, c'est incroyable, le sens des Écritures avec toutes les anciennes prophéties, expliquées dans les discours de Pierre dans les premiers chapitres des Actes des Apôtres. Ces explications ne pouvaient pas provenir de l'intelligence ou de la culture des disciples, car personne ne pouvait alors comprendre comment un homme crucifié pouvait provoquer le triomphe messianique du Fils de David et du Fils de l'Homme.

Le changement est si radical, inattendu, qu'il est inexplicable si une cause qui a bouleversé l'histoire n'est pas admise. Tous les textes rapportent que cette cause était les apparitions réelles du Ressuscité, avec ses explications des Écritures, confirmées par le tombeau vide et le signe du Suaire.

Sans cette intervention de Dieu dans l'histoire, ce renversement devient totalement incompréhensible. Même un historien séculier dut prononcer honnêtement ces mots: «Il y a eu une irruption transcendante dans les événements humains.»

Connaissons-nous la première annonce?

Nous nous demandons si les documents révèlent une quelconque trace de la première annonce. Partons du fait historique que les premiers écrits ne sont pas les quatre Évangiles, mais certaines lettres de saint Paul, dont la composition remonte au début des années Cinquante, environ vingt ans après les événements. C. M. Martini écrivit:

> Aujourd'hui, nous pouvons étudier, avec les moyens les plus raffinés de la recherche historique et critique, les origines du christianisme en remontant très loin dans le temps. Nous arrivons à un moment où, à travers l'analyse des textes, nous pouvons saisir les formules primitives du message, non seulement celles de 60, 70 ou 50 après J.-C., mais même celles des années 30, c'est-à-dire de l'origine du message chrétien. Ce message, le plus ancien que nous puissions saisir, est celui du Christ ressuscité. Il n'y a jamais eu de christianisme primitif dont le premier message était «aimons-nous les uns les autres», «soyons frères», «Dieu est le Père de

tous»... Tous les autres dérivent du message «Jésus est vraiment ressuscité.»[384]

C'est précisément dans le flux du texte grec des lettres de Paul que nous pouvons discerner quelques «pierres précieuses» qui sont restées enchâssées dans les textes. Il s'agit des témoignages les plus anciens, d'origine araméenne ou juive, datant de très peu d'années après les événements. Ce sont de courtes phrases archaïques, ou des hymnes, ou des formules sommaires, inventées par des témoins oculaires.

Comment discerner ces pierres précieuses? Le lexique et la construction syntaxique ne sont pas ceux habituellement utilisés par Paul. Ces formules cristallisées du *kérygme* ou première annonce chrétienne circulaient dans les premières communautés, toutes de langue hébraïque. Le discours suivant exigerait beaucoup plus d'étude exégétique et théologique, mais nous nous limitons ici à de brèves notes philologiques.

La formule la plus ancienne était la plus courte, du type *théologique*: «Celui qui a ressuscité Jésus d'entre les morts» (Rm 4,24; Rm 8,11; 2 Co 4,14; 1 Th 1,10; Ga 1,1; 1 Co 6,14; Rm 10,9...). C'est une formule très brève et ne comporte aucune interprétation de la signification et de la valeur *salvifique* de la mort et de la résurrection. C'est pourquoi les spécialistes pensent qu'il s'agit de la plus ancienne formule de la foi chrétienne. C'est une formule théologique, sur Dieu. En effet, elle est ancrée dans le monothéisme d'Israël: Dieu n'est plus seulement le «Dieu du ciel et de la terre», ni seulement le «Dieu d'Abraham, d'Isaac et de Jacob», mais il est aussi le Dieu qui est intervenu dans l'histoire, avec la résurrection de Jésus. Il s'agit d'une formule avec le verbe au participe, presqu'une nouvelle bénédiction, sur le modèle des louanges juives (*berakà*): «Béni soit Dieu» qui est «Celui qui a fait le ciel et la terre, Celui qui a libéré Israël d'Egypte, Celui qui a ressuscité Jésus d'entre les morts.»

Une formule plus tardive est celle du type *christologique*, dans laquelle Jésus est reconnu comme le Seigneur, le Christ (Rm 1,4; Rm 8,34; 1 Th 4,14 et suivants). «Jésus est ressuscité» (1 Th 4, 14), il est le sujet explicite et donc il est reconnu comme: *Le Seigneur (Kyrios)*. Il est donc élevé au même rang que Dieu, appelé en hébreu *Adonaï*, rendu en grec dans la traduction des Septante par *Kyrios, le Seigneur*. C'est un titre de grandeur et de souveraineté divine, l'expression la plus élevée et la plus complète de la foi. C'est la résurrection qui convainc les disciples qu'en Jésus, toutes les prophéties concernant le

---

[384] MARTINI C.M., *Ultime ricerche sulla risurrezione di Gesù*, in *Rassegna di teologia*, 15, 1974, p. 51.

Messie se sont accomplies. Le Psaume 2, le Psaume 110, la prophétie de Daniel (7,13-14) ont reçu une explication du Ressuscité. Même dans la formule christologique: «Le Christ est mort, bien plus il est ressuscité, il est à la droite de Dieu, il intercède pour nous!» (Rm 8,34) on voit explicitement la lecture messianique de la résurrection comme intronisation à la droite du Père.

Aussi très archaïque est certainement la prière araméenne, non traduite en grec, laissée dans sa forme originale «*Maràna tha*» *(Notre Seigneur, viens*! 1 Co 16,22), qui présuppose la foi en la résurrection de Jésus et en son élévation à Dieu. Jésus est placé aux côtés de Dieu, ce qui peut peut-être être considéré comme la première expression de la foi en la divinité de Jésus.

Nous nous concentrons maintenant sur la troisième formulation, *sotériologique* (=salvifique), la plus complète. Elle se trouve dans 1 Cor 15, 1-8. Nous verrons que la structure et le vocabulaire sont typiquement sémitiques, de langue maternelle araméenne. Paul la date de l'époque de sa conversion en 36! Même si nous n'avions que ce passage, nous pourrions défendre la fiabilité des apparitions du Ressuscité. Je présente une traduction littérale du grec original.

> Je vous fais connaître, frères, l'Évangile que je vous ai annoncé...
> Je vous ai envoyé tout d'abord ce que j'ai moi-même reçu...:
> que le Christ est mort pour nos péchés selon les Écritures..,
> et qu'il a été enterré
> et qu'il est ressuscité le troisième jour, selon les Écritures,
> et qu'il est apparu (a été vu) à Céphas,
> puis aux Douze.
> Après cela, il est apparu (a été vu) à plus de cinq cents frères en une seule fois: la plupart d'entre eux sont encore vivants, tandis que certains sont morts.
> Après cela, il apparut (fut vu) à Jacques,
> puis à tous les Apôtres.
> Enfin, il m'est apparu (a été vu) aussi, comme à un avorton.

L'analyse philologique[385] remonte aux racines araméennes et hébraïques du texte.

---

[385] Benoît XVI consacre dix pages à l'analyse de ce texte dans *Jésus de Nazareth*, II, Libreria Editrice Vaticana, Cité du Vatican 2011, pp. 279-289. On peut également consulter JEREMIAS J., *Le parole dell'ultima cena,* Paideia, Brescia 1973, avec une analyse philologique approfondie aux pages 120-123. Cependant, tous les spécialistes de la Résurrection font une analyse détaillée de ce texte essentiel.

- «Je vous ai envoyé... vous avez reçu.» Ce sont les verbes des écoles rabbiniques. Paul, qui avait été formé à l'école du rabbin Gamaliel, était familier avec ces verbes techniques.

- «Qu'il est mort... et qu'il a été enterré... et qu'il est ressuscité... et qu'il est apparu...» Ce sont quatre propositions coordonnées, avec un sujet identique; il s'agit d'une séquence typique du récit oral, dépourvue de propositions subordonnées, dans le style sémitique et non grec. Remarquez le *parallélisme antithétique*, d'usage sémitique: les deux premiers verbes sont négatifs, terrestres (*il est mort, a été enterré*), tandis que le troisième et le quatrième sont positifs, divins, ils renversent le sens (*il est ressuscité, il est apparu*).

- «Pour nos péchés.» Il n'appartient pas au lexique paulinien, qui utilise généralement le *péché* au singulier (50 fois). On peut noter la signification salvatrice attribuée à la mort de Jésus, à la lumière des prophéties. En fait, on cite Isaïe 53: 5: «Il a été transpercé à cause de nos péchés.» De toute évidence, les explications du Ressuscité ont permis d'éclairer cette prophétie.

- «Selon les Écritures.» Il s'agit également d'une expression non paulinienne. Lorsque Paul rapporte une citation biblique, il utilise toujours le singulier: «comme dit l'Écriture» (11 fois), ou bien il dit explicitement: «comme dit Ésaïe». C'est la résurrection qui a ouvert une nouvelle compréhension de toutes les prophéties bibliques, qui autrement restaient incompréhensibles.

- «Il est ressuscité» (*egheghertai*). Morphologiquement, c'est un parfait passif, alors que Paul utilise toujours l'aoriste (*egherthe*) et jamais le parfait. Il s'agit d'un *passif théologique*, typiquement sémitique, conforme au style inauguré par Jésus. Notez les temps verbaux: «il est mort... a été enterré... est apparu» sont tous des «aoristes», indiquant une action passée, instantanée. Alors que le temps verbal «il a (été) ressuscité» exprime une action réalisée dans le passé, dont les effets demeurent effectivement dans le présent. Ce sens s'ensuit: Jésus est ressuscité et continue à l'être; il demeure dans son état nouveau et définitif de resuscité.

- «Le troisième jour» (*litt.* «le jour, le troisième»). Il s'agit d'une construction araméenne avec la postposition du numéral, précédée de l'article. C'est la seule construction possible en araméen; Paul ne l'utilise jamais dans ses écrits. C'est précisément ce *troisième jour* qui deviendra *le jour du Seigneur* (*dies dominica*), le dimanche qui remplace le sabbat, le jour sacré des Juifs. C'est une autre confirmation de l'importance décisive de la résurrection.

- «Cephas». Nom araméen, originaire de Jérusalem. Paul utilise toujours *Simon* ou *Pierre*. Il faut noter que *Céphas* est au datif, alors qu'en grec, après un passif (*ofthe: fut vu*), on s'attendrait à un *upò* +

génitif. Le datif est au contraire la construction requise par l'*est apparu* correspondant en hébreu, intransitif, typique des apparitions divines dans l'Ancien Testament. La construction a donc été conçue en araméen, puis traduite en grec.

- «Les Douze»: même cette expression n'est pas paulinienne; Paul utilise *les apôtres*.

- On peut noter les *répétitions (selon les Écritures)* et la séquence de verbes typique du *kérygme (il est mort, a été enterré, est ressuscité et est apparu)*; séquence paratactique, récitative, selon le style sémitique, pour favoriser la mémorisation.

- La référence explicite à *Céphas* et *Jacques*, qui faisaient déjà partie des *Douze*, suggère que la formule fut inventée à Jérusalem; en effet Céphas et Jacques étaient les autorités de la communauté de Jérusalem, comme le dit Paul lui-même (Ga 2,9).

- Comme l'a noté Gerhardsson,[386] le texte comporte jusqu'à 8 *simanim* = mots clés (*key-words* ou *catch-words*) au début de chaque verset, afin de stimuler la mémoire. Les *simanim*, dans les écoles rabbiniques, aidaient la mémoire en facilitant la répétition. Les 4 premiers *simanim* introduisent quatre propositions: «que *(oti)* est mort... et que *(oti)*... et que *(oti)*...». Les 4 autres *simanim* introduisent la liste des témoins: «Après *(eita)*... après quoi *(epeita)*... après *(eita)*...» Ils confirment l'environnement sémitique d'origine.

Cette formule, si ancienne, puisqu'elle résulte du sémitisme, démontre que probablement déjà dans les années Trente les premiers chrétiens, conscients de l'exceptionnalité de l'événement dont ils avaient été témoins, avaient codifié dans une formule essentielle, récitative, les concepts fondamentaux de la croyance chrétienne. Selon la tradition rabbinique, la formulation contient dans les quatre premiers verbes l'annonce extraordinaire et dans la séquence suivante la liste des témoins, par respect de l'Écriture qui exigeait toujours au moins deux ou trois témoins (Dt 17,6). Remarquons que seuls des hommes sont mentionnés, afin que le témoignage soit irréprochable pour le peuple d'Israël. En fait, les tribunaux juifs n'acceptaient pas le témoignage des femmes. Seuls les récits évangéliques ultérieurs ont précisé que les premiers témoins étaient des femmes.

L'analyse philologique nous montre que Paul a inséré dans sa lettre une formule préexistante qui circulait déjà dans les toutes premières années après la Résurrection, probablement en araméen. Au moins six expressions, en effet, n'appartiennent pas au lexique de Paul (*selon les Écritures, pour nos péchés, il est ressuscité, le jour en*

---

[386] Op. cit., p. 143.

troisième, Céphas et les Douze). Il y a au moins cinq aramaïsmes (*je vous ai envoyé... j'ai reçu, il a été ressuscité, il a été vu à..., le jour dans le troisième, Céphas*). J. Jeremias écrit: «De tout cela, il est clair que le kérygme n'est pas formulé par Paul, mais qu'il est d'origine judéo-chrétienne; il dérive probablement de la plus ancienne communauté de langue araméenne».[387]

Paul transmet un schéma de proclamation qui a la force contraignante et autoritaire d'une *formule de foi*, avec une priorité sur les versions ultérieures des Évangiles. En fait, il devait être repris tel quel, quatre siècles plus tard, dans le *Credo* constantinopolitain professé chaque dimanche par les chrétiens. C'est une démonstration de combien la transmission de la foi a traversé deux mille ans sans subir d'altération.

Nous sommes donc face à un texte historique décisif pour confirmer la fiabilité de l'événement. Lisons un commentaire des évêques italiens sur cette première annonce:

> L'événement pascal reste le noyau germinal de tout le processus de transmission de l'Évangile, comme en témoigne saint Paul. Écrivant au printemps de l'an 56 à l'Église de Corinthe, l'Apôtre rappelle à ses lecteurs qu'il avait lui-même «transmis», lors de la fondation de la communauté vers l'an 51, le message qu'il avait lui-même «reçu» lors de sa conversion, vers l'an 36. Cette tradition ininterrompue conduit à l'événement fondamental de toute l'histoire du salut: la mort et la résurrection du Christ (cf. 1 Co 15, 1-5).[388]

Benoît XVI attribue également le cœur de ce texte «aux années trente, donc un véritable témoignage des origines».[389]

On voit donc que la documentation historique est très «serrée». Elle ne laisse aucune place aux mythes ou légendes créés au fil des siècles. Les premières pierres précieuses de l'annonce nous montrent qu'il n'y a pas eu d'évolution ou de mythe légendaire, mais dès le début le noyau génétique de la foi s'est consolidé, cristallisé.

Les sommets historiques du grand retournement

J'ajouterai quelques mots sur les événements qui suivirent les apparitions du Seigneur ressuscité.

---

[387] JEREMIAS J., *Le parole dell'ultima cena*, op. cit., p. 123.

[388] Commission épiscopale italienne pour la doctrine de la foi, l'annonce et la catéchèse, *Questa è la nostra fede*. Note pastorale sur la première annonce de l'Évangile. Rome, 15 mai 2005.

[389] BENOIT XVI, *Gesù di Nazaret,* II, op. cit., p. 279.

La communauté commence à vivre le message moral de Jésus, dans l'amour fraternel, dans le partage des biens, dans la prière commune de louange (Actes 4,32). Le découragement de la croix est remplacé par la confiance et l'adoration du Maître ressuscité qui est proclamé comme le Seigneur, le Fils de Dieu. Les prophéties qui semblaient incompréhensibles et niées, sont au contraire expliquées dans les premiers discours de Pierre, rapportés dans les Actes. Les trois grandes directives prophétiques qui annonçaient le Messie comme Fils de David (Ps 2, Ps 110...), comme Fils de l'Homme (Dn 7,13-14), comme serviteur souffrant de Dieu (Is 42-53) sont harmonisées dans une vision d'ensemble, avec une explication qui ne pouvait être révélée que par le Ressuscité: «Alors il ouvrit leur intelligence à la compréhension des Écritures.» (Lc 24,45; cf. aussi Lc 24,13-32). Ces trois lignes prophétiques sont toutes citées et expliquées après la résurrection (Lc 24,7; Ac 1-13). La victoire messianique ne devait pas être interprétée comme une victoire militaire d'un messie guerrier, mais comme une victoire spirituelle, attestée par la résurrection. Le Ressuscité démontre la victoire de l'amour qui se donne (*agapè*) et qui se sacrifie pour convertir le pécheur. Il ne veut pas la mort du pécheur, mais qu'il se convertisse et vive. Nous qui venons après deux mille ans, nous pouvons comprendre clairement le sens de ces prophéties: les puissants de l'époque, Pilate, Caïphe, Hérode, Tibère... ont été vaincus par l'histoire, tandis que le crucifié, le serviteur de Dieu souffrant, est le vainqueur depuis deux mille ans! C'est seulement maintenant que nous pouvons comprendre dans quel sens le messie a brisé les rois de la terre comme des pots d'argile (Ps 2,9).

Et comment les disciples purent-ils comprendre cela, il y a deux mille ans, après que le Maître a été humilié et crucifié? La seule explication possible est qu'ils avaient vraiment vu que le crucifié était ressuscité et avait écouté ses explications (Lc 24, 45). Nier l'événement des apparitions du Ressuscité signifie non seulement aller à l'encontre de tous les documents qui nous sont parvenus, mais aussi rendre totalement incompréhensible le tournant historique qui suivit. C'est comme si nous voulions enlever le pilier porteur d'un bâtiment et exiger que l'ensemble du bâtiment reste debout.

Même les plus grands savants contemporains définissent les apparitions du Ressuscité comme une explication nécessaire de l'histoire ultérieure, comme le lien indispensable pour rendre compte du passage de la honte du scandale au courage de l'annonce.

Martin Dibelius, collaborateur de R. Bultmann, a écrit: «Quelque chose a dû se produire qui, en peu de temps, non seulement changea complètement l'état d'esprit des disciples, mais leur permit de mener une nouvelle activité et de fonder la communauté chrétienne primitive. Ce quelque chose est le noyau historique de la foi pascale.»[390]

Le jésuite australien Gerald O'Collins, professeur d'université à Boston, Melbourne et Rome, coordinateur d'une conférence œcuménique sur la résurrection, déclare:

> Il faut ajouter à ce que dit M. Dibelius, que Jésus est mort d'une mort honteuse et scandaleuse. Par la suite, malgré la crucifixion, les disciples ont commencé à répandre le christianisme au nom de celui qui avait été si ignominieusement vaincu. H. Küng essaie aussi de rendre justice au renversement vraiment extraordinaire qui s'opère dans l'attitude des disciples.[391]

Lisons donc les paroles du théologien suisse Hans Küng, infatigable érudit des religions et promoteur d'une éthique mondiale: «Nous sommes confrontés à l'énigme historique du début du christianisme... Immédiatement après l'échec complet de Jésus et sa mort déshonorante, ce message et cette communauté sont nés et se sont répandus presque simultanément, précisément au nom d'une faillite».[392]

Gerd Theissen, professeur à l'université d'Heidelberg, écrit à propos des premiers témoins: «Il ne peut y avoir de doute sur l'authenticité de ces témoignages, parce qu'ils proviennent tous de personnes qui attestent de bonne foi une expérience par laquelle ils ont été dépassé.»[393]

Dans le Nouveau Testament, nous avons pas moins de vingt récits de ces apparitions à des personnages individuels ou à des groupes. Remarquons: Pierre avait renié Jésus, Paul avait persécuté ses disciples, Jacques et les apôtres étaient initialement incrédules, Thomas n'avait pas confiance, Marie-Madeleine elle-même et les femmes pieuses ne s'attendaient absolument pas à rencontrer le Ressuscité. Nous ne pouvons certainement pas dire qu'ils nous ont fait part des projections de leurs attentes! Ou de leurs hallucinations! Ces dernières sont toujours individuelles et jamais collectives. Notez alors que les hallucinations sont liées à une imagerie personnelle et nous avons vu que le peuple d'Israël imaginait un messie glorieux, vainqueur, restaurateur du royaume. «Le Dieu qui s'identifie au Crucifié ressuscité implique une conversion radicale par rapport à la manière

---

[390] DIBELIUS M., *Jesus,* Westminster Press, Berlin 1949, pp. 121 et suivantes.
[391] O'COLLINS G., *Gesù risorto,* Queriniana, Brescia 2000, pp. 115-116.
[392] KÜNG H., *Tornare a Gesù,* Rizzoli, Milan 2013, p. 257.
[393] THEISSEN G., Merz A., *Il Gesù storico,* Queriniana, Brescia 2007, p. 599.

même de concevoir Dieu... par rapport à l'imaginaire religieux humain et aussi à celui du peuple d'Israël.»[394]

Les textes que nous avons examinés nous montrent une pluralité de langages (*egheiro=réveil, anastasis=résurrection, zoopoieo=donner la vie, upsoo=augmenter, doxazo=glorifier*), de formules d'annonce (*théologique, christologique, sotériologique*), d'hymnes (Ph 2,6-11; Ap 22,20), de discours (Actes 1-4 et suivants), de récits d'apparitions dans différents lieux (à *Jérusalem* et en *Galilée*) à différentes personnes (*à des femmes, à des apôtres, à Paul, à des disciples*); tout cela nous fait comprendre qu'il n'y avait pas d'interprétation convenue au départ. Au contraire, il y a eu des expériences extraordinaires, diversifiées, à certains témoins et formulées avec un langage qui exclut une interprétation convenue. En bref, nous nous trouvons devant l'irruption du surnaturel qui conduit à la foi, et non devant une escroquerie organisée.

Hans Kessler, professeur à l'Université de Francfort, auteur d'une excellente monographie sur la résurrection, résume tous ces discours en ces termes:

> Entre le Vendredi Saint et Pâques, et la naissance de la communauté, il y a pour les disciples un fossé infranchissable. Il a fallu l'auto-témoignage du Crucifié ressuscité pour combler ce fossé. L'événement dont il faut être témoin n'est pas constitué d'expériences subjectives, de réflexions, de discussions... les disciples ne fournissent pas d'élaborations personnelles, mais invitent simplement à croire... Nous pouvons parler avec une certitude historique de rencontres, d'auto-manifestations du Ressuscité. La rencontre est sans doute ancrée dans l'historiquement contrôlable. Nous pouvons en avoir la preuve historique empirique. Notre décision de croire n'est en aucun cas arbitraire, mais elle a ses bonnes raisons. [395]

Nous avons ainsi conclu le discours sur le *troisième pilier* des sciences historiques.

Résumons: tous les historiens s'accordent sur l'*avant*, sur la défaite de la croix.

L'*après*, la diffusion enthousiaste de l'heureux message, est sous les yeux de tous. Ce renversement entre deux situations incontestables et diamétralement opposées ne peut être compris sans les apparitions du Ressuscité.

---

[394] MAGGIONI B., PRATO E., *Il Dio capovolto*, Cittadella, Assisi 2014, pp. 152-153.

[395] KESSLER H., *La risurrezione di Gesù Cristo*, Queriniana, Brescia 1999, pp. 210-216.

Bien sûr, les conclusions sont toujours personnelles, car elles impliquent notre conscience individuelle, conditionnée par de nombreux facteurs. Les croyants, cependant, peuvent se libérer du complexe d'infériorité par rapport aux Lumières et aux scientifiques profanes. Les véritables éclaireurs sont précisément les croyants qui sont capables de donner une explication historique des événements. Les vrais obscurantistes sont ceux qui refusent d'étudier les documents historiques de manière objective.

Nous pouvons dire avec une conscience critique que les Évangiles sont bien documentés. La raison nous a amenés au seuil du mystère. La tâche des sciences historiques s'arrête ici.

CHAPITRE IV

LES PRINCIPALES OBJECTIONS

Les évangélistes étaient-ils des témoins «partiaux»?

Notre discussion pourrait s'arrêter ici. Cependant, nous ne pouvons pas négliger les questions ou les objections les plus fréquentes. «Les évangiles sont des livres *partiaux*. La foi était le préjugé des évangélistes, qui étaient *idéologisés, endoctrinés*! Leur témoignage n'est donc pas neutre, objectif.»

Pour ceux d'entre nous qui connaissent les totalitarismes du vingtième siècle, les mots *endoctrinement* et *déformation idéologique* jettent une ombre noire sur tout témoignage historique.

Rien de tout cela ne s'est produit pour les premiers chrétiens. La foi n'a jamais été imposée! En fait, c'est tout le contraire qui s'est passé: les premiers chrétiens ont été persécutés pendant près de trois siècles! Et il y avait le risque d'être condamné à mort pour avoir choisi la foi!

Et puis il faut dissiper une fois pour toutes le préjugé absurde, selon lequel l'historicité d'un événement exigerait la neutralité du narrateur et exclurait les témoins oculaires comme partiaux. Pour tout événement historique, la voix la plus autorisée est celle des témoins oculaires! Quel sens cela a-t-il d'exclure précisément les protagonistes d'un événement? Pour tout historien, la première personne à interroger est le témoin direct. Alors évidemment ce témoignage doit être vérifié, mais dans tous les cas cette voix est indispensable. Personne n'a jamais rêvé d'exclure les témoins directs.

De plus, personne ne peut jamais trouver un témoin «neutre». Que signifie neutre? Qu'il ne prend pas parti? Qu'il est amorphe? Alors il ne peut et ne doit rien dire. Dès qu'il dit quelque chose, il est inévitablement «partial», il prend parti. Ainsi, revendiquer la «neutralité» revient à revendiquer l'absurde, l'impossible. Ce serait comme mettre soi-même entre parenthèses. Nous devons plutôt exiger la comparaison des sources, la cohérence narrative et la concaténation des événements, l'absence de fanatisme, comme nous l'avons vu. La philosophie herméneutique de H. G. Gadamer a montré une fois pour toutes que la «neutralité» objective n'est pas possible, pas plus que l'oubli de

soi.[396] Nous connaissons le monde à l'intérieur de notre horizon herméneutique, avec toutes ses préconceptions auxquelles nous ne pouvons jamais nous soustraire. Au contraire, nous devons être conscients de ces préconceptions ou préjugés et être disponibles à en faire
un examen critique.

Or, de l'analyse des récits évangéliques il ressort que la foi dans le
Ressuscité n'était certainement pas le préjugé trompeur des disciples,
car ils étaient tous choqués et fuyaient de peur de connaître la même
fin que le Maître. Si, en quelques jours, cette terreur se transforme en
courage téméraire et en enthousiasme, il est évident que la cause ne
peut être qu'un événement extérieur choquant, et tous les textes nous
parlent en effet des apparitions du Ressuscité.

Il convient également de noter que le style communicatif de ces
récits ne dénote certainement pas un fanatisme ou une emphase, mais
un témoignage dépouillé et sobre des événements. Les textes décri-
vent une attitude désenchantée et critique, étrangère à tout fanatisme: ils parlent, en effet, d'un «manque de foi» préalable et de leur
«dureté de cœur» (Mc 16,14), de doutes (Mt 28,17), de divagations (Lc
24,11 «Mais ces propos leur semblèrent délirants, et ils ne les
croyaient pas.»), de résignation (Lc 24, 21 «Nous, nous espérions que
c'était lui qui allait délivrer Israël. Mais avec tout cela, voici déjà le
troisième jour qui passe depuis que c'est arrivé...»), de stupéfaction et
de peur (Lc 24,37 «Saisis de frayeur et de crainte, ils croyaient voir un
esprit.»).

Nous n'avons pas affaire à des témoins «partiaux», ayant un préjugé dû à leur foi. Au contraire, tous les témoins sont partis de la peur,
de la déception et de la dispersion. Comme l'écrit H. Küng: «Ce n'est
pas la foi des disciples qui a ressuscité Jésus pour eux, mais c'est celui
qui a été ressuscité par Dieu qui les a ramenés à la foi... Le message
de la résurrection est bien un témoignage de foi, mais pas un produit
de la foi».[397] Walter Kasper, l'un des plus grands théologiens contemporains, défini par le pape François comme «un cardinal qui a fait et
fait encore de la théologie à genoux»,[398] nous explique en ces termes
comment les attentes (l'*horizon herméneutique*, dirait Gadamer) des
disciples ont été désorientées:

> Même les disciples qui étaient les plus proches de Jésus, à la fin
> (après sa mort sur la croix) ne savaient pas quoi penser de leur Maître...

---

[396] GADAMER H.G., *Verità e metodo,* Bompiani, Milan 2000, notamment
559 et suivantes.

[397] KÜNG H., *Essere cristiani,* Mondadori, Milan 1976, p. 421.

[398] Discours d'ouverture du consistoire extraordinaire sur la famille, 20
février 2014.

L'impuissance, la pauvreté et l'insignifiance... ont trouvé leur accomplissement final et déconcertant... L'histoire et le destin de Jésus restent une question ouverte, à laquelle seul Dieu peut donner une réponse... C'est précisément le contenu de la confession de foi en la résurrection de Jésus.[399]

De plus, comme l'observe René Girard,[400] si l'on se penche sur le texte évangélique, on découvre que ce ne sont pas les auteurs qui ont élaboré le message de manière autonome. Parce qu'ils rapportent aussi ce qu'ils ne peuvent pas comprendre! Les auteurs sont des intermédiaires passifs, porte-parole d'une intelligence supérieure. L'ignorance du messager garantit l'authenticité du message.

En autre, l'honnêteté des premiers témoins peut également être déduite du *critère dit de l'embarras*, très apprécié par les historiens plus récents. Par exemple, J. P. Meier le cite même comme le premier critère de fiabilité historique. Nous constatons en effet que les Évangiles nous parlent aussi des fautes et des défauts des auteurs eux-mêmes. Les évangélistes ont également raconté des faits embarrassants qu'ils auraient pu omettre pour rendre l'histoire plus plausible sur le plan humain. Par exemple, ils ont soutenu que Marie avait conçu «par l'œuvre du Saint-Esprit», ils ont décrit les pleurs du Christ, leurs défauts personnels et leurs fautes, comme se demander qui était le plus grand d'entre eux, le déni de Pierre, leur manque de foi pendant la Passion, ils ont fait connaître les souffrances et les humiliations du Maître... Ils ont écrit que les premiers témoins de la résurrection étaient des femmes, bien que le témoignage des femmes n'ait pas été légalement accepté à ce moment-là. Bref, les évangélistes ne voulaient pas «adapter» l'histoire aux auditeurs, mais raconter les faits pour ce qu'ils étaient, même si cela leur coûtait dérision et persécution et même s'ils ne pouvaient pas comprendre le sens des événements. Les faits, bien qu'apparemment embarrassants, furent quand même racontés.

Existe-t-il des sources historiques non chrétiennes?

Cependant, nous n'avons pas seulement des textes chrétiens, nous avons aussi d'autres sources historiques, d'auteurs non chrétiens. Ceux-ci, bien que n'ayant pas été des témoins directs des faits, garantissent une documentation «profane» de l'existence historique du Christ et nous offrent souvent des nouvelles intéressantes. Ils nous montrent que Jésus était connu même des non-chrétiens. Pline le

---

[399] KASPER W., *Gesù il Cristo,* Queriniana, Brescia 2013, pp. 165–166.
[400] GIRARD R., *Il capro espiatorio,* Adelphi, Milan 1987.

Jeune (120 ap. J.-C. environ) atteste à Trajan la propagation du christianisme en Bithynie (Turquie) et connaît la périodicité des assemblées chrétiennes pour chanter des hymnes «au Christ comme à un Dieu».[401] Tacite (vers 117) écrit: «L'auteur de ce nom, le Christ, sous l'empereur Tibère avait été condamné au supplice par le procurateur Ponce Pilate».[402] Suétone (vers 120) décrit les chrétiens comme une «nouvelle et mauvaise superstition»;[403] à l'instigation de «Chresto», ils provoquèrent des émeutes à Rome.[404]

Les témoignages de juifs non-chrétiens sont particulièrement étudiés. Mara Bar Serapion (70 après J.-C.), dans une lettre en syriaque, nomme avec respect un «sage roi des Juifs» mis à mort par sa propre nation, qui aurait donc été punie par Dieu avec la destruction de Jérusalem et la diaspora du peuple.

Plus explicite et plus détaillé est l'historien Flavius Josèphe, un Juif emmené comme esclave à Rome après 70, qui a écrivit les *Antiquités juives* entre 93 et 94. Il nous a laissé le fameux *Testimonium flavianum*, qui, bien que contenu dans tous les manuscrits, fut remis en question depuis le XVIe siècle. Selon certains critiques, il s'agit d'une interpolation chrétienne. Lisons le texte, qui est très significatif:

> En ce temps-là apparut Jésus, un sage, *qu'il faut bien appeler un homme*, car il était un faiseur de choses extraordinaires (*paradoxa*), un maître des hommes qui recevaient volontiers la vérité. Il attira à lui de nombreux Juifs et aussi des Grecs. *C'était le Christ.* Et lorsque Pilate le condamna à la croix sur une accusation portée par nos chefs, ceux qui l'avaient aimé dès le début ne faillirent pas. En effet, *il leur apparu le troisième jour, vivant à nouveau*, après que les prophètes divins lui eurent raconté ces choses et mille autres merveilleuses le concernant. Et maintenant encore, la tribu (*fule*) de ceux qui, à cause de lui, sont appelés chrétiens, n'a pas failli.[405]

.La technologie informatique nous a permise vérifier ce passage mot à mot et il s'avère que tous les mots (à l'exception de «*chrétiens*») sont également utilisés ailleurs par Flavius Josèphe, souvent avec une fréquence élevée. Il n'y a donc aucune objection à son authenticité. Ajoutons que certains termes (*tribu, accueillir avec plaisir, choses extraordinaires, sage*) ne reviennent pas dans le lexique des Évangiles. Il y a donc dans ce texte au moins un noyau qui remonte certainement

---

[401] PLINE LE JEUNE, *Epistola X*, 96.
[402] TACITE, *Annali*, XV, 44.
[403] SUÉTONE, *Nerone*, 16.
[404] SUÉTONE, *Claudius*, 25,4.
[405] FLAVIUS JOSÉPHE, *Antichità giudaiche*, XVIII, 63-4.

à Flavius Josèphe. Ce passage est important car il documente l'existence de témoignages du premier siècle sur l'historicité de Jésus, même en dehors de la foi chrétienne. On a souligné en italique les phrases qui pourraient être des interpolations chrétiennes (= ajouts par des copistes): *«qu'il faut bien appeler un homme»*, *«il était le Christ* (traduction de l'hébreu 'messie')», *«il leur apparut le troisième jour, vivant à nouveau»*.

Selon J. P. Meier,[406] le passage cité ci-dessus est attribuable à Flavius Josèphe, tandis que ces trois phrases ont pu être ajoutées au fil des siècles par des copistes chrétiens. Contre cette hypothèse quelque peu académique, il faut souligner que tous les termes de ces trois interpolations présumées apparaissent régulièrement dans le lexique de Flavius Josèphe. Il n'y a donc aucune raison philologique de contester l'authenticité du *Testimonium*. La seule objection concerne le contenu de ces trois phrases. Nous sommes confrontés à une contradiction typique de la part des historiens laïques: ils disent qu'il n'y a pas de témoignage séculaire de la résurrection, mais quand pour leur malheur ce témoignage est trouvé, alors ils disent que c'est un faux!

Laissons la querelle aux universitaires, l'important est la conclusion ci-dessus: dans le monde antique, même le monde non-chrétien, nous avons des preuves certaines de l'historicité de Jésus.

Comparons maintenant la cohérence des sources anciennes sur certaines figures contemporaines de Jésus. Le biographe de Cicéron est Plutarque, qui écrit 70 ans plus tard. Auguste a quatre biographes: Plutarque, Suétone, Tacite, Appien, qui écrivent entre 80 et 120 ans plus tard. Tibère a deux biographes: Tacite et Suétone, à environ 80 ans d'intervalle. Le Christ a 8 auteurs contemporains, espacés de 20 à 70 ans: Matthieu, Marc, Paul, Luc, Pierre, Jacques, Judas Thaddée, Jean.

De plus, un historien ne peut pas ignorer le fait qu'en plus des 27 textes canoniques du Nouveau Testament, nous avons tous les autres témoignages des premiers chrétiens et nous n'avons aucune raison de les exclure des sources historiques. Nous pouvons rappeler *la Didachè* (probablement 70 après J.-C.), la *Lettre de Clément Romain aux Corinthiens*, la *Lettre d'Ignace d'Antioche*, le *Berger d'Hermas*, la *Lettre de Barnabé*, la *Lettre à Diognète*, la *Lettre de Papias*, la *Lettre de Polycarpe*, les deux *Apologies de Saint Justin*. Ce sont tous écrits au premier ou deuxième siècle. J'ai déjà mentionné qu'avec les citations de ces auteurs, on pouvait reconstruire tout le texte des

---

[406] MEIER J.P., op. cit., vol. 1.

quatre évangiles canoniques. Plus qu'un *juif marginal*, comme l'a défini J. P. Meier, Jésus semble être au centre de l'histoire dès le début du deuxième siècle.

Et les évangiles apocryphes?

Les questions sur les évangiles apocryphes sont très fréquentes. Ces derniers sont devenus presque une mode après les découvertes les plus récentes, popularisées par des romans et des films d'actualité. «Pourquoi le Vatican a-t-il occulté la véritable histoire de Jésus, celle racontée par les apocryphes? Pourquoi n'en parle-t-on jamais dans les églises? Le christianisme était la religion gagnante, mais il y avait beaucoup d'autres communautés dissidentes qui racontaient une autre histoire sur Jésus!»

Il est vrai qu'en plus des *évangiles canoniques*, nous disposons aujourd'hui des *évangiles dits apocryphes*, c'est-à-dire cachés, tels qu'ils ont été définis par la suite. Les principaux, une vingtaine, sont restés littéralement cachés pendant des siècles et ce n'est qu'au cours des deux cents dernières années que l'on a retrouvé quelques papyri très rares et souvent incomplets, notamment en Égypte. Pourquoi sont-ils restés cachés? Pourquoi ont-ils été considérés comme *non canoniques*?

Nous avons déjà vu dans le premier chapitre que la prédication orale des origines suivait des règles précises de fidélité. À partir de cette tradition, au premier siècle, tous les livres du Nouveau Testament prirent une forme écrite, les *textes canoniques*, parce qu'ils étaient conformes à la règle ou au *canon* apostolique. En particulier, les quatre évangiles nous sont attestés comme des sources canoniques par Papias d'Hiérapolis, Justin de Sichem, Irénée de Lyon, Clément romain et d'autres auteurs chrétiens primitifs, tous avant la fin du deuxième siècle. Le document le plus ancien répertoriant le *canon* complet du Nouveau Testament est le *Canon de Muratori*, datant d'environ 180-190. Ce canon a été défini sur la base des critères suivants: *antiquité* (tous les livres furent écrits au cours du premier siècle), *apostolicité* (tous s'accordaient sur la transmission fidèle de la prédication apostolique), *universalité ou catholicité* (ils devaient être acceptés par les communautés de Rome, d'Alexandrie, d'Antioche, de Jérusalem et d'autres communautés fondées par les Apôtres).

Il est compréhensible qu'aux IIe, IIIe et IVe siècles, avec la propagation du christianisme dans le monde antique, la contrefaçon et la falsification de la doctrine originale se soient également répandues. Il y a toujours eu des faussaires dans l'histoire et certains philosophes, surtout en Égypte, profitèrent de la circonstance favorable pour faire passer leur pensée pour un évangile apostolique, mais ils n'avaient pas tenu compte des communautés fondées par les Apôtres ni des sciences historiques contemporaines!

Allons-y dans l'ordre et partons de la situation historique de l'époque.

Tous ces *Évangiles* qui ne répondaient pas aux critères de l'antiquité, de l'apostolicité et de l'universalité ne pouvaient pas être inclus dans le canon apostolique et furent bientôt marginalisés par les communautés chrétiennes; pour cette raison ils restèrent *apocryphes* (cachés).

Comme on peut le voir, ces critères se trouvent dans la foi chrétienne et pourraient être aujourd'hui accusés de sectarisme. Un historien séculier pourrait dire: «Les chrétiens ont marginalisé et dissimulé tous ces textes qui racontaient la véritable histoire de Jésus».

Aujourd'hui, nous pouvons argumenter calmement grâce aux sciences historiques et profanes. La philologie, la papyrologie, l'historiographie philosophique nous offrent tout l'attirail scientifique. Nous pouvons appliquer des critères profanes aux apocryphes, en étudiant leur forme linguistique, le caractère paléographique des manuscrits et leur contenu philosophique.

Voyons d'abord leur classement. Les apocryphes se concentrent sur deux sujets peu développés par les évangiles canoniques et très intéressants pour l'imagination et la curiosité populaire: l'enfance de Jésus (*apocryphes de l'enfance*) et les dernières révélations du Ressuscité sur les derniers temps, sur le destin futur (*Gnostiques apocryphes*).

Pour le premier sujet, nous pouvons rappeler le *protévangile de Jacques* et l'*évangile de l'enfance,* attribué à Thomas, qui ne contiennent que peu ou pas d'informations sur les actions de Jésus pendant son ministère public. Ils satisfont la curiosité populaire sur l'enfance de Jésus, avec des détails qui trahissent l'ignorance des institutions juives et avec un langage non sémite.

Quant au second sujet, il s'agit de l'*évangile apocryphe de Pierre*, dont nous ne possédons qu'un seul fragment (datant probablement de 120 -140 après JC). C'est le seul qui décrit la scène de la Résurrection, avec des tonalités spectaculaires, présentant un Jésus ressuscité «dont la tête dépasse les cieux, accompagné de deux hommes dont les têtes atteignent les cieux». Comme on peut le constater, le fait historique de la résurrection est confirmé, mais un style communicatif légendaire est utilisé, totalement étranger aux Évangiles canoniques.

Les évangiles apocryphes gnostiques

Les Évangiles gnostiques, en revanche, constituent une question distincte. Les plus célèbres sont les quatre apocryphes de Nag Hammadi (un village égyptien) écrits en copte (la forme la plus récente de l'égyptien ancien, avec de nombreux emprunts au grec): l'*Évangile de Thomas, Philippe, Marie et de la vérité*. Ils sont également devenus célèbres grâce au *Da Vinci Code*, de Dan Brown. Les manuscrits datent du 4ème siècle, ils remontent donc à plus de 300 ans après les événements. Il n'est pas difficile de démasquer ces faussaires qui voulaient vendre leur philosophie gnostique en la mélangeant à la tradition synoptique précédente. Regardons attentivement quelques citations de ces apocryphes.

«Celui qui parvient à l'interprétation de ces paroles ne goûtera point de mort!»[407]. Le salut vient donc de la connaissance, non des bonnes œuvres.

«L'âme est une chose précieuse placée dans un corps méprisable».[408] C'est une théorie platonicienne, qu'aucun juif n'aurait écrite, car dans la Bible, le corps a été créé par Dieu; c'est une «bonne chose»! Il ne peut pas être «méprisable».

> «Si nous sommes comme des enfants, entrerons-nous dans le royaume?» Les disciples lui ont demandé. Il répondit: «Quand tu auras fait un de deux, quand tu auras fait la partie intérieure comme la partie extérieure, la partie extérieure comme la partie intérieure, et la partie supérieure comme la partie inférieure, quand tu auras fait un être du mâle et de la femelle de sorte qu'il n'y ait plus ni mâle ni femelle,... alors tu entreras dans le royaume.»[409]

Le lexique est abstrait, philosophique, voire contradictoire (*interne, externe, supérieur, inférieur...*). Des mots incompréhensibles pour un lecteur ordinaire. Seuls quelques «élus» pouvaient l'interpréter, ou essayer de l'interpréter!

> Simon Pierre leur dit (aux disciples): «Que Marie s'éloigne de nous! Car les femelles ne sont pas dignes de la vie.» Jésus dit: «Voici, je vais la guider pour qu'elle devienne un homme, pour qu'elle devienne un esprit vivant égal à vous, les hommes. Car toute femme qui devient un homme entrera dans le royaume des cieux».[410]

---

[407] *Évangile de Thomas*, n.1.
[408] MORALDI L., *I vangeli gnostici*, Adelphi, Milan 1994, p. 53.
[409] *Évangile de Thomas*, n. 22.
[410] *Ibid.*, n. 114.

Chacun comprend aisément que cette dévalorisation de la féminité est étrangère à la pensée biblique, qui consacre des mots très différents à la maternité de Marie et à la dignité des femmes, premiers témoins de la résurrection. Les propos de l'auteur qui se fait passer pour l'apôtre Thomas sont issus de la philosophie néo-platonicienne et gnostique qui dévalorise le corps et la procréation. Les fantasmes de Dan Brown, qui voulait nous faire croire que ces Évangiles exaltaient la femme, sont ainsi réfutés! Non seulement cela, mais Dan Brown, ignorant que l'évangile de Philippe définit Madeleine comme une «amie» de Jésus, a voulu nous faire croire que le terme «*koinonos*» était juif et signifiait «épouse», alors qu'il est grec et signifie «amie».

Les citations pourraient continuer, mais pour ne pas ennuyer le lecteur, on propose tout de suite une analyse critique objective, à la lumière des sciences historiques.

Du point de vue philologique, le lexique est étranger à la langue sémitique. Des termes tels que «émanations, plérome divin, éons, syzygies, chambre nuptiale, excès de lumière en carence», etc. reviennent. Aucune trace des aramaïsmes surabondants dans les évangiles canoniques. Les auteurs n'étaient certainement pas des témoins oculaires de la prédication de Jésus!

Du point de vue philosophique, les thèses de ces apocryphes sont absolument incompatibles avec le christianisme. Le lecteur n'hésitera pas à reconnaître dans ces textes une philosophie dualiste (le corps est considéré comme *méprisable*, «le monde est issu d'une transgression»), gnostique (le salut est dans la connaissance), machiste (la femme entrera dans le royaume si elle devient mâle). Comme l'écrit J. P. Meier,[411] le mythe gnostique, qui dérive surtout de l'*Évangile de Thomas*, distingue un royaume de lumière, avec des esprits divins, par opposition au monde matériel. Ce dernier est donc mauvais, méchant. Le sexe est donc considéré comme un mal et le rôle des femmes emprisonnant de nouveaux esprits dans les corps est condamné. Seuls quelques privilégiés, les philosophes gnostiques, grâce à la seule connaissance, pourront se libérer du monde matériel maléfique. Comme on peut le constater, ce texte est un mélange de panthéisme et de polythéisme, avec des mythologies d'origine iranienne, égyptienne et néo-platonicienne, mêlées à quelques dictons de type synoptique.

J'ajouterais que l'argument le plus fort contre la fiabilité de ces écrits est peut-être l'absence de citations de l'Ancien Testament. Dans

---

[411] MEIER J.P., op. cit., vol. 1, pp. 127-154.

les Évangiles gnostiques, c'est incroyable, nous ne trouvons aucune référence à l'histoire du salut! Les personnages bibliques ne sont jamais mentionnés, alors que dans les Évangiles canoniques, Abraham apparaît 33 fois, Moïse 37, David 38, Isaïe 13. De toute évidence, les auteurs des Évangiles gnostiques n'étaient certainement pas juifs et ne pouvaient donc pas être des témoins directs de la vie de Jésus. La conception gnostique est ahistorique, atemporelle, immatérielle, absolument incompatible avec le contexte culturel du judaïsme, qui a une vision historique, temporelle, complète (spirituelle et corporelle) de l'homme. La philosophie gnostique ne s'affirme qu'à partir du IIe siècle, notamment en Égypte, dans un environnement certainement étranger au judaïsme.

Du point de vue paléographique, enfin, ces textes nous sont parvenus sur des manuscrits du IVe siècle, découverts en 1945 dans une bibliothèque gnostique du village égyptien de Nag Hammadi. Cette découverte confirme une utilisation uniquement locale des textes. De plus, les manuscrits sont défectueux et nous ne pouvons pas les comparer, puisque nous n'avons reçu qu'un seul exemplaire!

Nous en avons suffisamment pour affirmer que ce sont des textes intéressants pour connaître la philosophie gnostique répandue du milieu du IIe siècle au IVe siècle; mais ce sont des textes complètement trompeurs si nous les prenons comme sources sur le Jésus historique. À proprement parler, ils ne peuvent même pas être appelés «Évangiles», puisqu'ils ne comportent aucune séquence historique de la vie de Jésus. Il serait plus pertinent de les définir comme des traités philosophiques gnostiques. On peut se demander s'ils peuvent être qualifiés de «chrétiens», car la déité de Jésus est conçue dans une perspective mythologique étrangère au christianisme.

L'Évangile gnostique de Judas, particulièrement mis en lumière par les médias, a également été publié récemment, grâce aussi à la traduction diffusée dans le monde entier par National Geographic en 2006. L'enthousiasme s'est immédiatement refroidi lorsque les sciences historiques contemporaines ont été appliquées à ce manuscrit. D'un point de vue philologique, le lexique est totalement étranger au contexte juif. Jésus est défini comme appartenant au «royaume de Barbelo», qui est une divinité féminine égyptienne du mythe gnostique. On parle d'«étoiles divines» qui ont même le pouvoir de guider la vie humaine. On dit qu'un ange, *Saklas*, est le créateur des hommes. Pour le peuple juif, toutes ces déclarations sont blasphématoires! Du point de vue paléographique, l'*Évangile de Judas* nous est donc parvenu sur un seul manuscrit, très défectueux, datant du IVe siècle, en langue copte. Il s'agit donc d'un écrit très éloigné des événements. Enfin, du point de vue philosophique, nous trouvons une structure cosmologique mythique, dans laquelle il est question d'*archontes*, d'esprit *auto-généré*, d'*éon illuminé*, de *luminaires*... dans un labyrinthe confus d'esprits et de divinités. Ce texte n'est pas non plus un Évangile, mais un exposé de la cosmologie gnostique, qui emprunte certaines phrases de la tradition synoptique pour donner du prestige à la mythologie.

Les critères séculaires d'authenticité

Alors pourquoi non seulement l'Église a exclu ces évangiles apocryphes du canon, mais aussi les historiens séculiers considèrent-ils ces sources sur Jésus comme peu fiables?

Pour répondre, revenons aux critères de fiabilité des sources historiques:

a) *Le critère de l'antiquité*. De toute évidence, une source plus ancienne est plus fiable. Les évangiles canoniques furent écrits 30 à 60 ans après les événements, alors que pour les apocryphes, la distance est même supérieure à 100, 200 ou 300 ans.

b) *Le critère linguistique et culturel*. C'est le critère décisif, à mon avis. Nous avons vu que les évangiles canoniques ont des structures syntaxiques et un lexique d'origine juive ou araméenne, ils furent donc écrits par des témoins directs de la prédication araméenne du Maître. Les apocryphes, quant à eux, sont même écrits en copte égyptien, avec un lexique néo-platonicien, étranger à l'araméen. Ils parlent de «syzygies, d'émanations, du royaume de Barbelo, de l'ange Saklas...; c'est une terminologie abstraite et philosophique, étrangère au contexte culturel dans lequel Jésus vécut. La culture des apocryphes n'a rien à voir avec le judaïsme: le corps et la matière sont considérés comme «méprisables», la cosmologie est polythéiste et panthéiste, tous ceux qui ignorent ces «vérités» sont discriminés, la féminité est même méprisée. En bref, nous sommes en présence d'un monde culturel *totalement différent* des évangiles canoniques. Le fait que seuls de très rares manuscrits aient survécu, et qui plus est incomplets et défectueux, ne dépend certainement pas de la censure ecclésiastique, mais du caractère ésotérique et cryptique du gnosticisme. Il s'agissait d'un cercle restreint d'intellectuels dont le langage était incompréhensible pour le monde extérieur, comme le lecteur peut aisément le constater à partir des exemples ci-dessus. Ces philosophes s'inspiraient probablement des traditions synoptiques et johanniques, en fait ils connaissaient quelques dictons des évangiles canoniques, mais ce ne sont qu'un prétexte pour introduire ensuite les contaminations philosophiques et mythologiques gnostiques.

c) *Le critère de l'attestation multiple.* Les nouvelles sont plus fiables si elles sont rapportées par plusieurs sources indépendantes. De nombreux récits fabuleux et légendaires des apocryphes ne se trouvent que dans quelques manuscrits isolés. En revanche, les événements centraux de la vie de Jésus sont attestés par tous les livres du Nouveau Testament, par les premiers auteurs chrétiens et aussi par plusieurs apocryphes.

En conclusion, ce sont précisément les critères séculiers des historiens qui excluent les apocryphes comme sources non fiables pour connaître le Jésus historique. Le Vatican n'a rien à voir avec leur exclusion! Comme l'a écrit J. P. Meier:

> Nos seules sources indépendantes sur le Jésus historique se réduisent aux quatre Évangiles, à quelques données éparses ailleurs dans le Nouveau Testament, et à Flavius Josèphe et Tacite... Je ne pense pas que... les évangiles apocryphes et les codes de Nag Hammadi nous offrent de nouvelles informations fiables ou des propos authentiques indépendants du Nouveau Testament. Ce que nous trouvons dans ces documents ultérieurs est plutôt une réaction aux écrits du Nouveau Testament... par des chrétiens fantaisistes... ou des gnostiques qui ont développé un système mystique spéculatif.[412]

Malheureusement, comme nous l'avons déjà mentionné, il y a toujours eu des faussaires dans l'histoire. Il était difficile pour eux de ne pas profiter d'une si bonne occasion. Ils pouvaient même faire passer leur philosophie pour l'«Évangile» écrit par les apôtres de Jésus: par Thomas, Philippe, Pierre, Jacques..., comme l'annonce d'une foi qui se répandait dans le monde antique et qui jouissait d'un prestige croissant. Mais ils n'avaient pas prévu la critique historique des Lumières et la critique scientifique de notre époque, qui ont réfuté ces prétentions absurdes de polluer le message moral chrétien *par une contrefaçon discriminatoire, chauvine et polythéiste...*

---

[412] MEIER J.P., op. cit., vol. 1, p. 155.

CHAPITRE V

LA LUMIÈRE DU SAINT-SÉPULCRE

Un sens à cette vie

Au terme de cette étude, nous pouvons répondre plus complètement à la question initiale. Rappelez-vous: «Quel sens ont aujourd'hui, pour nous qui vivons en l'an deux mille, toutes ces études sur le passé, sur le Suaire, sur les Évangiles? Ne sommes-nous pas davantage tournés vers l'avenir que vers le passé?».

Cette question ne concerne pas seulement le Suaire et les Évangiles, mais étend notre regard sur un horizon beaucoup plus large et profond. Il s'agit de la question la plus importante, concernant le sens de notre vie entière.

À présent, nous avons tous compris que la demande de plaisir, de succès, de pouvoir n'a qu'une valeur partielle. Elle ne satisfait pas entièrement la demande de sens. Les névroses de masse qui font souffrir tant de gens aujourd'hui ne sont pas dues au manque de plaisir, ou de succès, mais au manque de sens, au nihilisme de ceux qui ne croient en rien. Lorsqu'une personne se sent inutile, il lui semble que sa vie n'a pas de sens et elle tombe dans la crise la plus profonde, la crise du sens.

Le philosophe et psychanalyste Victor E. Frankl, fondateur de la *logothérapie*, désormais répandue dans le monde entier, l'a très bien clarifié: dans son texte *À la recherche d'un sens dans la vie*,[413] il a défié la théorie freudienne, expliquant que la question du plaisir sensible n'est pas la plus importante. C'est plutôt une spécification d'une autre question, plus large et plus profonde, qui implique non seulement les sens, mais aussi l'intelligence et les sentiments.

Frankl a compris la profondeur de cette question grâce à son expérience de survivant dans trois *camps de concentration* nazis.[414] Dans

---

[413] FRANKL V.E., *Alla ricerca di un significato della vita*, Mursia, Milan 1974. Dix millions d'exemplaires en ont été vendus aux États-Unis, où il a été considéré comme l'un des dix livres les plus influents du siècle par la *Congress Library*.

[414] Frankl a raconté, avec des mots émouvants, cette expérience dans le texte *Découvrir un sens à sa vie*, publié pour la première fois en 1947. Il s'est vendu à au moins neuf millions d'exemplaires. Frankl a reçu une trentaine de diplômes honorifiques d'universités du monde entier, et ses 34 livres ont été traduits dans plus de 20 langues, dont le chinois et le japonais.

cette situation extrême, il a vu que seuls ceux qui trouvaient une motivation, un but pour continuer à se battre et espérer pouvaient survivre. D'autres situations extrêmement difficiles lui ont fourni des éléments allant dans son sens. Des enquêtes montrent que presque tous les toxicomanes américains ont commencé ce voyage parce qu'ils pensaient que la vie n'avait pas de sens. Des pourcentages très élevés d'alcooliques disent la même chose.[415]

De ces situations extrêmes, nous comprenons que nous ne pouvons pas nous contenter de la seule question instinctive et immédiate. Notre regard transcende l'objectif quotidien immédiat et cherche un sens plus complet, capable de satisfaire notre soif d'amour, de relations humaines, de connaissance. Cette question se manifeste de façon dramatique dans les camps de concentration, la toxicomanie et l'alcoolisme, mais elle émerge naturellement en chacun de nous, dans la vie de tous les jours.[416]

Frankl rapporte que lors de ses conférences dans 200 universités sur tous les continents, il a rencontré des milliers de jeunes en quête de ce sens existentiel. Un courriel représentatif de cette recherche, qui lui a été envoyé par un jeune Américain, résume tout ce que nous avons vu: «J'ai obtenu un bon diplôme, j'ai une voiture de luxe, la sécurité financière, la disponibilité des relations sexuelles.... Maintenant, je dois juste expliquer ce que tout cela signifie.»[417]

La conscience personnelle doit apporter une réponse à cette question. Il n'y a pas de réponse universelle. Chacun doit découvrir jour après jour, à partir de sa situation irremplaçable, un objectif à atteindre. Dans les labyrinthes de l'existence, c'est précisément la lumière du Ressuscité qui nous garantit que notre vie a toujours, malgré tout, un sens. Il nous a révélé que nous sommes nés pour aimer, que nous devons lutter contre la discrimination, car chaque personne a la dignité d'enfant de Dieu. Il a ouvert pour tous nous un horizon de résurrection qui nous fait surmonter la peur de la mort. Il nous a révélé que notre vie est entre les mains d'un Père miséricordieux.

À la lumière de deux mille ans de christianisme, nous pouvons mieux comprendre le sens du rayon de lumière qui continue à briller du Saint-Sépulcre, du Ressuscité. C'est une source d'où est partie la plus grande révolution de l'histoire. Elle nous montre aussi un chemin à suivre, une direction, un sens.

---

[415] FRANKL V.E., *Alla ricerca di un significato della vita*, op. cit., pp. 16-18.
[416] FRANKL V.E., *Alla ricerca di un significato della vita*, op. cit., p. 16. «Parmi les milliers d'étudiants interrogés, issus de 48 universités américaines différentes, 78 % considèrent que leur objectif est de *trouver un sens à leur vie*».
[417] FRANKL V.E., *Alla ricerca di un significato della vita*, op. cit., p. 13.

Seul l'amour est crédible

L'Évangile est le texte le plus révolutionnaire de l'histoire parce qu'il nous a appris à aimer. Il a radicalement transformé nos idées sur l'amour, qui est le sentiment le plus important pour chacun d'entre nous. Examinons de plus près cette révolution éthique.

Dans les civilisations anciennes, la conception de l'amour était très bien résumée par l'*eros* des Grecs. Nous en avons une splendide description dans les textes platoniciens et dans la poésie grecque et latine. L'*eros* a été conçu comme un amour possessif qui voulait dominer l'autre, un sentiment assoiffé de beauté et de perfection. Il s'est toujours dirigé et s'est élevé vers le plus parfait, le plus fort, tout en rejetant le faible. L'*eros* recherchait sa propre satisfaction égocentrique, se limitait au plaisir immédiat (*carpe diem*: profiter de l'instant qui passe) et s'éteignait avec la fin de la vie terrestre. Il était adressé au cercle restreint des membres de la famille. Au maximum, il s'étendait à son propre peuple, tandis qu'il devenait une haine agressive envers les ennemis.

Cette conception grecque de l'amour avait également été intégrée à la civilisation romaine. Emblématiques sont les divinités qui, dans la mythologie augustéenne, avaient donné naissance à la civilisation de Rome: *Mars et Vénus*, le dieu de la guerre et la déesse de l'amour érotique. [418] Les statues de ce couple étaient exposées dans toutes les fêtes publiques, lors des jeux dans les amphithéâtres, arènes, théâtres construits dans les principales villes de tout le monde connu à l'époque,[419] afin que toute la population de l'empire puisse s'approprier les mythes fondateurs de cette civilisation. *Eros (Vénus)*, en tant que soif possessive, était toujours discriminant et se transformait en haine *(Mars)* envers quiconque se mettait en travers de ce désir de domination. Le sacrifice de milliers de gladiateurs dans le monde antique constituait la vérification dramatique de cette conception éthique.

Avec l'Évangile, une nouvelle façon d'aimer est entrée dans l'histoire. Elle a bouleversé tous les anciens schémas, au point que dans les Évangiles, ce n'est jamais le terme *eros* qui est utilisé pour désigner l'amour, mais toujours le terme *agape* (ou *charis* = don gratuit).

Non pas que l'*eros* devait être effacé. L'*eros* n'était que le début de l'amour humain, c'était l'instinct naturel, mais il devait être complété

---

[418] ZANKER P., *Augusto e il potere delle immagini,* Einaudi, Turin 1989.
[419] Les recherches archéologiques ont permis d'identifier au moins 170 amphithéâtres romains disséminés sur le territoire de l'Empire, dont ils constituaient des moyens de propagande efficaces (WEBER C.W., *Panem et circenses,* Garzanti, Milan 1986, pp. 30-31).

et purifié par l'amour révélé par l'Évangile, l'*agape* chrétien. Un amour donateur, gratuit, qui veut servir l'autre, qui se penche vers le dernier, vers les plus faibles, pour les élever à la dignité d'enfants de Dieu. Un amour qui sait pardonner et aimer même les ennemis et qui ne s'arrête pas au présent, mais s'étend au-delà de la mort. C'est la grande révolution morale qui a changé le monde, même si nous ne nous en sommes pas aperçus en lisant les manuels d'histoire, car dans ce cas il n'y avait pas de champs de bataille, pas de conquérants et pas de dirigeants.

Dans l'histoire, il n'est venu à l'esprit d'aucun homme, d'aucun philosophe, que nous pouvions aimer comme le révèle l'Évangile. L'amour comme *agape* est l'irruption dans l'histoire d'une révélation qui ne peut être expliquée humainement, qui est surhumaine.

Il y a eu de nombreuses révolutions importantes: la révolution américaine, la révolution française... mais ce sont des changements institutionnels, politiques qui n'ont pas transformé le cœur de l'homme, qui restait en proie à la colère et à la violence. La révolution chrétienne, en revanche, a changé le cœur de l'homme et a été l'inspiratrice de tous ses droits durement conquis au cours des deux millénaires suivants.

Une clarification est essentielle à ce stade. Apparemment, *eros* et *agape* sont deux formes d'amour incompatibles. Il semble, à une première lecture superficielle, que l'*agape* doive effacer l'*eros*. Si tel était le cas, nous devrions renoncer à être humains, nous devrions supprimer notre nature. En fait, les premiers auditeurs de l'Évangile connaissaient bien les Écritures. Ils connaissaient tous le Cantique des Cantiques, ce qui dissipait tout doute sur la positivité d'*eros*.

Comme l'a clairement expliqué Benoît XVI,[420] l'*eros* est la première manifestation de l'amour humain, une tendance naturelle, qui a une valeur irrépressible. Nous sommes tous nés grâce à l'*eros*, à l'attraction entre les deux sexes. Sur cette tendance naturelle, l'Évangile déclenche une énergie de don, capable de s'abaisser à ceux qui sont plus faibles. L'amour évangélique ne supprime pas l'amour humain, mais le complète et le perfectionne.[421] Observons maintenant de plus près comment l'*agape* a changé l'histoire.

---

[420] BENOÎT XVI, Lettre encyclique *Deus caritas est*, Libreria Editrice Vaticana, Cité du Vatican 2006.

[421] *«Gratia perficit naturam, non tollit»* (SAINT THOMAS D'AQUIN, *Summa Theologiae I, 1, 8, ad 2*): *«La grâce divine* (agapè, dans ce cas) *ne supprime pas la nature* (eros), *mais l'amène à la perfection»*.

Comment cela pourrait-il changer le monde?

C'est précisément la lumière du Ressuscité, avec sa révélation sur l'amour, qui a progressivement changé le monde au fil des siècles. Réfléchissons: le Ressuscité apparaît aux disciples, et ne cherche aucune vengeance, aucun triomphalisme, il n'est pas un chef militaire ou politique, mais confie la mission de répandre cette nouvelle façon d'aimer à cette petite communauté. Cela semblait être une mission impossible.

L'homme moderne n'a aucune idée à quel point l'*agape* a changé le monde. Un bref aperçu des relations humaines les plus importantes peut nous aider. Evidemment, le tour d'horizon suivant n'a pas pour but de masquer les incohérences de l'histoire. Il faut toujours distinguer l'extraordinaire lumière du Ressuscité, de l'Évangile, des scandales des chrétiens au cours des siècles.

Commençons par regarder la condition de la *femme* avant l'Évangile: elle était dévalorisée et souvent humiliée par un machisme avilissant. Cette condition de souffrance des femmes était répandue dans toutes les civilisations anciennes. L'amour compris comme un *eros* possessif rendait très difficile une relation d'égalité et de réciprocité affective. Ce n'est qu'avec la révélation de l'amour chrétien que la femme conquiert sa plénitude et sa valeur d'égalité par rapport à l'homme. La figure de Marie, Mère de Dieu, a été le point de référence pour la dignité des femmes de génération en génération, même si l'émancipation féminine a été un chemin lent, et pas encore pleinement réalisé. L'*eros* conduisit irrésistiblement à la domination et à l'exploitation; mais si l'amour authentique sert l'autre, le chauvinisme masculin n'a plus de sens.

Continuons notre aperçu. Dans les civilisations anciennes, la dignité de l'*enfant* n'était pas respectée; il était considéré comme inférieur parce qu'il n'était pas encore adulte. Il pouvait être manipulé, voire abandonné ou supprimé lorsqu'il ne répondait pas aux normes d'intégrité physique. Il était souvent contraint à la profession et au mariage. Au contraire, l'Évangile nous a appris que l'éducation de l'enfant est le sens de la vie adulte et la mesure de la valeur d'une civilisation. L'amour chrétien comme attention aux plus petits et aux plus faibles a bouleversé les priorités. Bien sûr, dans l'histoire, il y a eu et il y a encore de nombreuses injustices envers les enfants, mais celles-ci, après le message de l'Évangile, ne peuvent plus prétendre à aucune légitimité.

Des millions d'*esclaves*, dans toutes les civilisations anciennes, furent exploités de manière inhumaine. À l'époque d'Octave Auguste, il y avait environ deux millions d'esclaves en Italie sur une population de cinq ou six millions d'habitants.[422] Une situation similaire, sinon pire, caractérisait toutes les sociétés anciennes, dont la structure économique était toujours basée sur l'esclavage. Avec l'Évangile, pour chaque forme d'esclavage, un chemin d'émancipation a commencé, qui a malheureusement connu des rechutes et des échecs, mais qui représente néanmoins un objectif pour toute l'humanité. L'Évangile a culpabilisé tous les esclavagistes, car il a révélé que tout homme est digne d'être aimé et de voir ses droits respectés.

Avant l'Évangile, *le malade* chronique était souvent abandonné à sa maladie. *Les handicapés* pouvaient être supprimées. Lors des épidémies, dans l'antiquité, les gens abandonnaient les malades par peur de la contagion. Et les médecins eux-mêmes s'enfuyaient souvent. Ce n'est qu'avec le christianisme que les premiers hôpitaux furent construits, car l'Évangile nous a appris que dans la personne qui souffre, il y a un autre Christ, digne d'aide et de soins physiques et spirituels. La certitude que le malade est un enfant de Dieu a ouvert un nouvel horizon au-delà du monde, ce qui était interdit à l'*eros*. Selon certains historiens, c'est précisément cette prise en charge des malades qui favorisa une plus grande résistance des chrétiens aux tragiques épidémies qui frappèrent tout l'empire romain en 165 et 250, décimant jusqu'à 30 % de la population.[423] Ce n'est qu'avec les Évangiles que nous avons pu comprendre que, comme l'a écrit le pape François, «l'individu, plus ses conditions de vie sont fragiles et vulnérables, plus il est digne d'être reconnu pour la valeur qu'il a. Et il doit être aidé, aimé, défendu et promu dans sa dignité.»[424]

Nous concluons notre tour d'horizon par l'analyse de l'*autorité* dans le monde antique. Les puissants dominaient et exploitaient les sujets, qui étaient exploités. L'exploitation de millions d'esclaves et de soldats en était un signe clair. L'Évangile nous a cependant révélé que l'autorité est un service aux citoyens. Sa mission n'est pas la construction d'empires, mais surtout une aide aux derniers, aux plus nécessiteux. Tout comme le Maître qui, à la fin de sa vie terrestre, comme symbole de cette nouvelle conception, voulut laver les pieds de ses disciples. Lorsque l'humanité a oublié ou méprisé cet enseignement... des guerres sans fin ont éclaté, avec des millions de morts. Lorsque l'humanité a fait de ce modèle d'autorité un service d'amour envers les plus faibles, il y a eu une meilleure répartition des richesses, la

[422] HOPKINS K., *Conquistatori e schiavi, sociologia dell'Impero Romano*, Boringhieri, Turin 1984, p. 113.

[423] STARK R., *Ascesa e affermazione del cristianesimo*, Lindau, Turin 2007, pp. 109-130.

[424] BERGOGLIO J.M. – PAPE FRANÇOIS, *È l'amore che apre gli occhi*, Rizzoli, Milan 2014, p. 198.

classe moyenne a augmenté, les pauvres ont diminué et une collaboration pacifique entre les peuples a été établie.

Naturellement, cet aperçu mériterait une étude et un développement beaucoup plus approfondis, mais les traits esquissés me semblent suffisants pour tirer les conclusions de notre parcours de recherche. Après les indications bibliographiques, les auteurs proposent une conclusion écrite à quatre mains, qui entend résumer le message pour l'homme d'aujourd'hui.

INDICATIONS BIBLIOGRAPHIQUES

Liste des principaux textes pouvant être utilisés par le lecteur pour des études approfondies

- Agnoli Francesco, *Indagine sul Cristianesimo, come si costruisce una civiltà*, Piemme, Milan 2010.
- Aland Kurt, Aland Barbara, *Il testo del Nuovo Testamento,* Marietti, Gênes 1987.
- Balthasar (Von) Hans Urs, *Solo l'amore è credibile*, Borla, Rome 1991.
- Bardy Gustave, *La conversione al cristianesimo nei primi secoli*, Jaca Book, Milan 1981.
- Bergoglio Jorge Mario – Papa Francesco, *E' l'amore che apre gli occhi*, Rizzoli, Milan 2014.
- Boyarin Daniel, *Il Vangelo ebraico. Le vere origini del cristianesimo*, Castelvecchi, Rome 2012.
- Brambilla Franco Giulio, *Il crocifisso risorto. Risurrezione di Gesù e fede dei discepoli*, Queriniana, Brescia 1998.
- Carmignac Jean, *La naissance des Evangiles Synoptiques*, OEIL, Paris 1984.
- Castellucci Erio, *Davvero il Signore è risorto. Indagine teologico-fondamentale sulla risurrezione di Gesù*, Cittadella, Assisi 2005
- Ceruti-Cendrier Marie-Christine, *I Vangeli sono dei reportages*, Mimep-Docete, Pessano con Bornago (MI) 2008
- Davis Stephen, Kendall Daniel, O'Collins Gerald (Ed.), *La risurrezione. Un simposio interdisciplinare sulla risurrezione di Gesù*, Libreria Editrice Vaticana, Cité du Vatican 2002.
- Dhanis Edouard (Ed.), *Resurrexit*, Actes du Symposium International sur la Résurrection de Jésus, (Rome 1970), Libreria Editrice Vaticana, Cité du Vatican 1974.
- Dunn James, *Gli albori del cristianesimo, voll 1/3*, Paideia, Brescia 2006.
- Dunn James, *Dal Vangelo ai Vangeli. Storia di una continuità ininterrotta*, Ed. San Paolo, Turin 2012.
- Ehrman Bart, *I Cristianesimi perduti. Apocrifi, sette ed eretici nella battaglia per le sacre scritture*, Carocci, Rome 2005.
- Frankl Victor Emil, *Alla ricerca di un significato della vita*, Mursia, Milan 1974.
- Frankl Victor Emil, *Uno psicologo nei lager*, Ares, Milan 2012.

- Gerhardsson Birger, *Memory & Manuscript, Oral Tradition and Written Transmission in Rabbinic Judaism and Early Christianity*, William B. Eerdmans Publishing Company, Grand Rapids, (Michigan) 1998.
- Flüsser David, *Jesus*, Morcelliana, Brescia 1997.
- Girard René, *Il capro espiatorio*, Adelphi, Milan 1987.
- Grelot Pierre, *L'origine dei Vangeli. Controversia con J. Carmignac*, Libreria Editrice Vaticana, Cité du Vatican 1989.
- Hopkins Keith, *Conquistatori e schiavi. Sociologia dell'Impero Romano*, Boringhieri, Turin 1984.
- Jeremias Joachim, *Teologia del Nuovo Testamento. Vol. 1: La predicazione di Gesù*, Paideia, Brescia 1976.
- Jeremias Joachim, *Abba*, Supplemento al Grande Lessico del Nuovo Testamento, Paideia, Brescia 1966.
- Jeremias Joachim, *Le parabole di Gesù*, Paideia, Brescia 1973.
- Jeremias Joachim, *Le parole dell'ultima cena*, Paideia, Brescia 1973.
- Jeremias Joachim, *Gesù e il suo annuncio*, Paideia, Brescia 1993.
- Kasper Walter, *Gesù il Cristo*, Queriniana, Brescia 2013[12].
- Kasper Walter, *Misericordia. Concetto fondamentale del Vangelo. Chiave della vita cristiana*, Queriniana, Brescia 2013.
- Kasser Rodolphe, Meyer Marvin, Wurst Gregor (Ed.), *Il Vangelo di Giuda*, National Geographic, White Star, Vercelli 2006.
- Kessler Hans, *La risurrezione di Gesù Cristo. Uno studio biblico, teologico-fondamentale e sistematico*, Queriniana, Brescia 1999.
- Küng Hans, *Essere Cristiani*, Mondadori, Milan 1976.
- Küng Hans, *Tornare a Gesù*, Rizzoli, Milan 2013.
- Lambiasi Francesco, *L'autenticità storica dei vangeli. Studio di criteriologia*, EDB, Bologne 1986.
- Latourelle René, *Miracoli di Gesù e teologia del miracolo*, Cittadella, Assisi 1987.
- Maggioni Bruno, Prato Ezio, *Il Dio capovolto. La novità cristiana. Percorso di teologia fondamentale*, Cittadella, Assisi 2014.
- Martini Carlo Maria, *Qualcosa in cui credere. Ritrovare la fiducia e superare l'angoscia del tempo presente*, Piemme, Milan 2010.
- Meier John Paul, *Un ebreo marginale. Ripensare il Gesù storico*, voll. 1/4, Queriniana, Brescia 2002/2009.
- Metzger Bruce M., *Il testo del Nuovo Testamento. Trasmissione, corruzione e restituzione*, Paideia, Brescia 1996.
- Metzger Bruce M., *Il canone del Nuovo Testamento. Origine, sviluppo e significato*, Paideia, Brescia 1997.
- Moraldi Luigi (Ed.), *Testi gnostici*, UTET, Turin, 1992.
- Moraldi Luigi (Ed.), *I Vangeli gnostici. Vangeli di Tomaso, Maria, Verità, Filippo*, Adelphi, Milan 1994.

- Moraldi Luigi (Ed.), *Tutti gli apocrifi del Nuovo Testamento. Vangeli*, Piemme, 2005[5].
- Nestle Eberhard, Aland Kurt (Ed.), *Novum Testamentum Graece*, Deutsche Bibelgesellschaft, Stuttgart 2012, 28e édition.
- O'Collins Gerard, *Gesù risorto. Un'indagine biblica, storica e teologica sulla risurrezione di Cristo*, Queriniana, Brescia 2000[2].
- Ratzinger Josef – Benedetto XVI, *Deus caritas est*, Libreria Editrice Vaticana, Cité du Vatican, 2006.
- Ratzinger Josef – Benedetto XVI, *Caritas in veritate*, Libreria Editrice Vaticana, Cité du Vatican, 2009.
- Ratzinger Josef – Benedetto XVI, *Gesù di Nazaret, Parte I*, Rizzoli, Milan 2007. *Parte II*, Libreria Editrice Vaticana, Cité du Vatican 2011.
- Schulz Hans, *L'origine apostolica dei vangeli*, Gribaudi, Milan 1996.
- Schürer Emil, *Storia del popolo giudaico al tempo di Gesù Cristo*, voll. 1-2, Paideia, Brescia 1987.
- Theissen Gerd, Merz Annette, *Il Gesù storico. Un manuale*, Queriniana, Brescia 2007.
- Thiede Carsten Peter, D'Ancona Matteo, *Testimone oculare di Gesù*, Piemme, Casale Monferrato 1996.
- Scheler Max, *Il risentimento nell'edificazione delle morali*, Vita e Pensiero, Milan 1975.
- Schlier Heinrich, *Sulla risurrezione di Gesù Cristo*, Morcelliana, Brescia 2005.
- Segalla Giuseppe, *La ricerca del Gesù storico*, Queriniana, Brescia 2010.
- Stark Rodney, *Ascesa e affermazione del cristianesimo. Come un movimento oscuro e marginale è diventato in pochi secoli la religione dominante dell'Occidente*, Lindau, Turin 2007.
- Weber Carl, *Panem et circenses. La politica dei divertimenti di massa nell'antica Roma*, Garzanti, Milan 1986.
- Zanker Paul, *Augusto e il potere delle immagini*, Einaudi, Turin 1989.

CONCLUSION

Nous sommes donc arrivés à la conclusion de notre voyage: du Suaire de Turin au noyau germinal de l'Évangile, la Résurrection, qui ferme le cercle, nous ramenant à l'éclair de lumière de la Sainte Toile.

Les récits évangéliques, qui pendant des siècles ont ému le peuple chrétien, reçoivent aujourd'hui, grâce à la science et à la technologie, une confirmation inattendue et nous remplissent d'une émotion encore plus intense. Les Évangiles avaient été plutôt laconiques et essentiels. En quelques verbes, ils avaient résumé un drame bouleversant: «On l'a flagellé... on lui a tressé une couronne d'épines... on l'a crucifié... il a vu et il a cru». Aujourd'hui, grâce au Suaire, nous pouvons presque toucher de nos propres mains ce que ces maigres mots signifiaient réellement. Remarquez que les textes de l'histoire ancienne ne nous ont transmis pour aucun autre personnage une coïncidence de toutes ces souffrances concentrées en un seul individu.

Nous avons vu que les caractéristiques de l'image sur le Suaire nous orientent vers la lumière de la résurrection, la «mère de tous les miracles». Nous n'avons pas d'autre explication satisfaisante.

Comment le corps torturé du crucifix a-t-il pu disparaître de ce tissu, sans laisser de traces de mouvement, sans déchirures ni taches? Une hypothétique extraction manuelle aurait inévitablement produit ces altérations du tissu et de l'image.

Pourquoi le processus de fibrinolyse du sang s'interrompit-il après 36-40 heures?

Comment s'est formée l'image tridimensionnelle du Suaire, résultant d'une mystérieuse déshydratation et oxydation des seules fibrilles superficielles du tissu? L'hypothèse scientifique la plus plausible est celle d'une irradiation instantanée par des rayons ultraviolets extrêmement puissants. Les sciences historiques, comme la papyrologie, la philologie, la concaténation causale des événements, s'accordent avec les sciences physiques et biochimiques, comme l'anatomie, la botanique, les lois de la transmission de la lumière.

De l'irradiation matérielle, nous sommes ensuite passés à l'étude de l'irradiation spirituelle qui, à partir du Ressuscité, s'est étendue aux premiers disciples et ensuite au monde entier. Nous avons vu que les Évangiles ont provoqué la plus grande révolution éthique de l'histoire. Le chemin de l'humanité a été marqué. Un critère pour juger du bien et du mal nous a été révélé, sur lequel nous pouvons tous nous accorder. C'est sur ce critère que repose la reconnaissance progressive des droits de l'homme, sans distinction de sexe, d'âge, d'ethnie, de foi ou de conviction politique. Même si cette reconnaissance est loin d'être pleinement réalisée, l'Évangile nous a néanmoins indiqué le but à atteindre.   C'est pourquoi un philosophe laïc comme Benedetto Croce a dit que «nous ne pouvons pas ne pas nous appeler chrétiens».

C'est aussi cette révolution éthique qui témoigne de l'irruption du surnaturel dans l'histoire. Nous devons tous réfléchir au fait qu'aucun homme n'avait été capable de le concevoir.

Peut-être est-ce là précisément le premier signe de l'origine divine des Évangiles. Comme l'a écrit un grand théologien, Hans Urs Von Balthasar, cette révélation de Dieu descendant d'en haut et se mettant au service de l'homme, avec un amour nouveau et gratuit, prêt à pardonner et à aimer ses ennemis, est le grand miracle qui rend les Évangiles crédibles: seul l'amour est crédible.

Le Suaire est important, les manuscrits, les aramaïsmes et la concaténation des événements sont importants, mais la crédibilité de l'amour miséricordieux est encore plus importante. L'étude par la méthode historico-critique des Évangiles, extraordinairement confirmée par le Saint Suaire, nous a aidés à mieux comprendre la crédibilité de l'amour.

Les auteurs

Fig. 1 – Jean Gaspard Baldoino, *Enterrement du corps de Jésus enveloppé dans le Suaire*, XVIIe siècle, Chapelle du Saint Suaire, Nice.

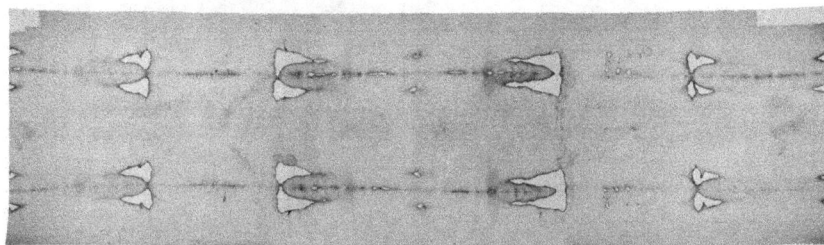

Fig. 2 – Le Suaire (du grec *sindon*, drap) est un lin jaune, fabriqué dans des temps très anciens. Ses dimensions sont de 442 cm sur 113 cm (Archidiocèse de Turin, 2002).

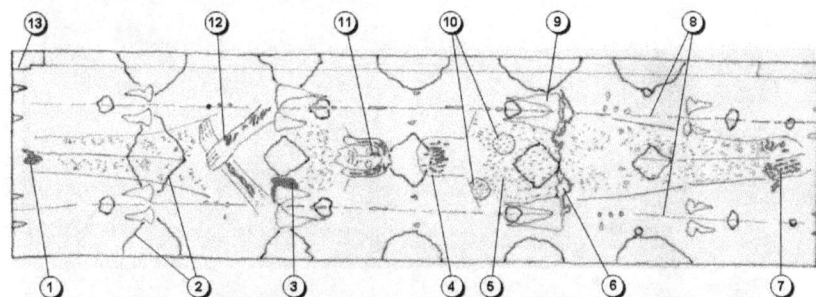

Fig. 3 – Lecture du Suaire (Maurizio Paolicchi): 1. Plaie par clou au pied droit. 2. Halos causés par l'eau. 3. Blessure de lance sur le côté. 4. Blessures par épines à la tête. 5. Coups du fléau. 6. Coulée de sang dans la région lombaire. 7. Blessure par clou au pied droit. 8. Lignes carbonisées produites par l'incendie de 1532. 9. Trous triangulaires produits par l'incendie de 1532. 10. Excoriations aux épaules dues au transport du *patibulum*. 11. Blessures d'épines au front. 12. Blessure par clou au poignet gauche. 13. Zone d'échantillonnage pour la datation par le radiocarbone.

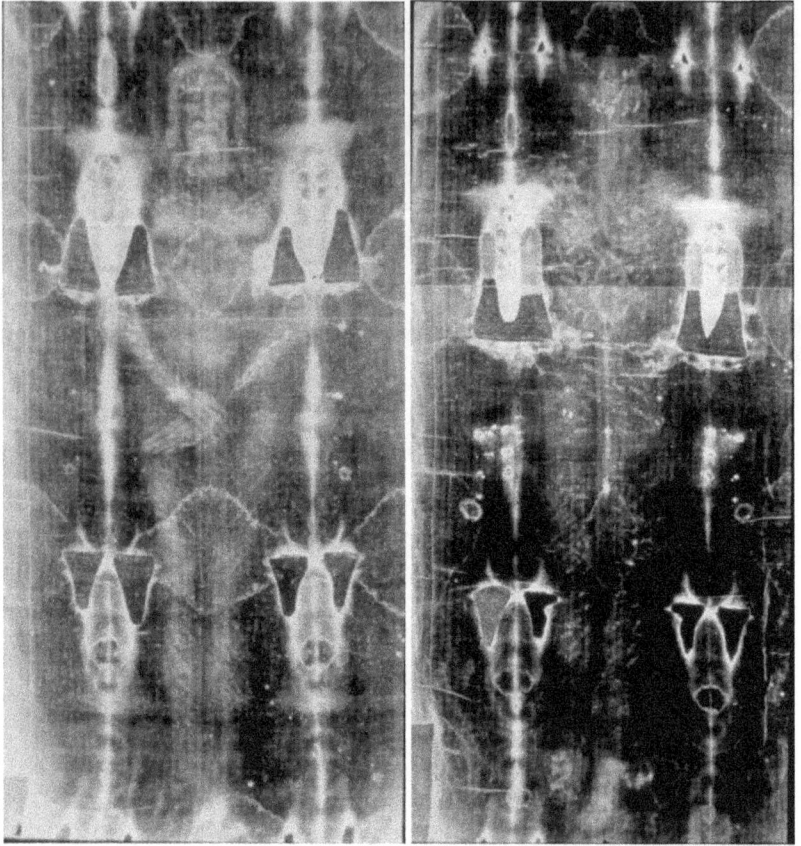

Fig. 4 – Suaire, négatif photographique, frontal et dorsal (Vernon Miller,1978).

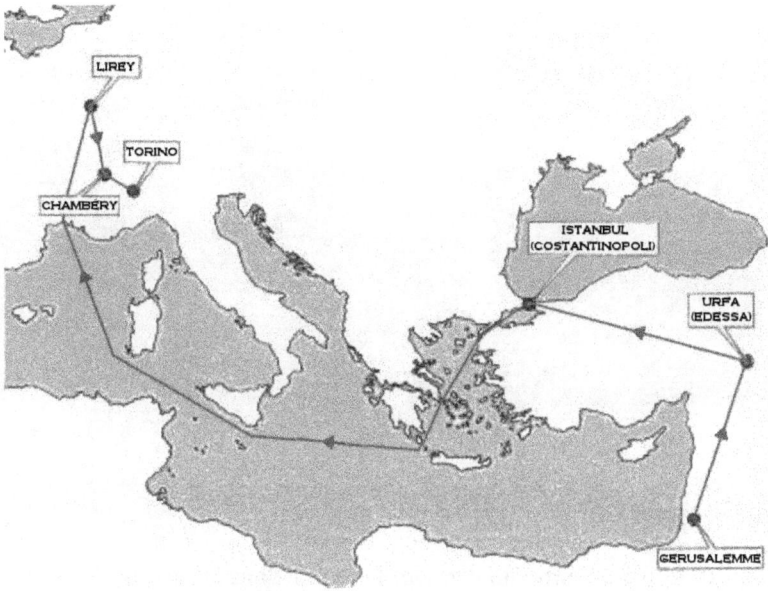

Fig. 5 – Le voyage du Suaire de Jérusalem à Turin (Maurizio Paolicchi).

Fig. 6 – Le reliquaire qui contient le Suaire dans la cathédrale de Turin. (Aldo Guerreschi).

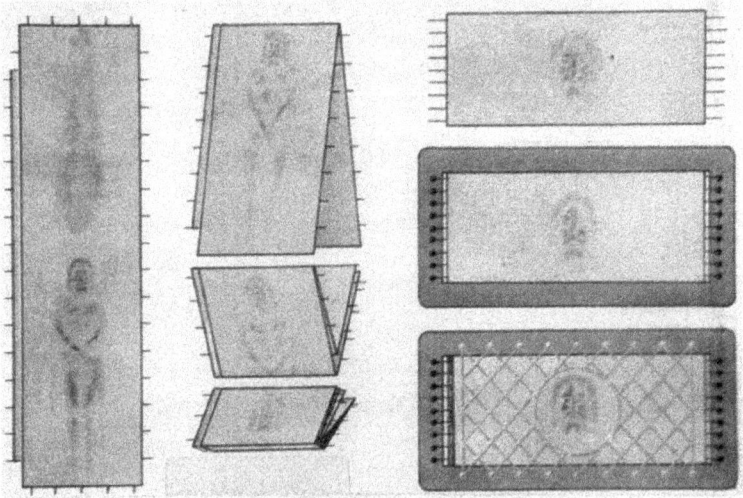

Fig. 7 – Il est probable que le *Mandylion* était le Suaire plié. (Ian Wilson)

Fig. 8 – Thaddée, le roi Abgar et les saints, icône du Xe siècle, monastère de Sainte-Catherine au mont Sinaï. (Ian Wilson).

Fig. 9 – Codex Pray, fol. 27v., 1192-95 (Bibliothèque nationale Széchenyi, Budapest, Hongrie).

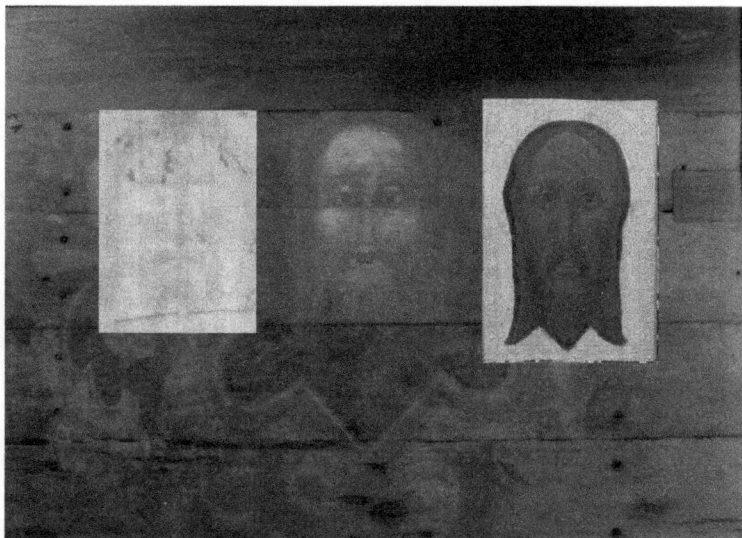

Fig. 10 – Comparaison entre le visage du Suaire (à gauche), le visage de Templecombe, Angleterre, XIIIe-XVe siècle (au centre), et la Sainte Rostre de la cathédrale de Jaén, Espagne, XIVe siècle (à droite). (Ian Wilson).

Fig. 11 – L'*Imago pietatis* de la basilique des Quatre-Saints-Couronnés, Rome, XIVe siècle (Heinrich Pfeiffer).

Fig. 12 – Le crucifix du Suaire (Giulio Ricci).

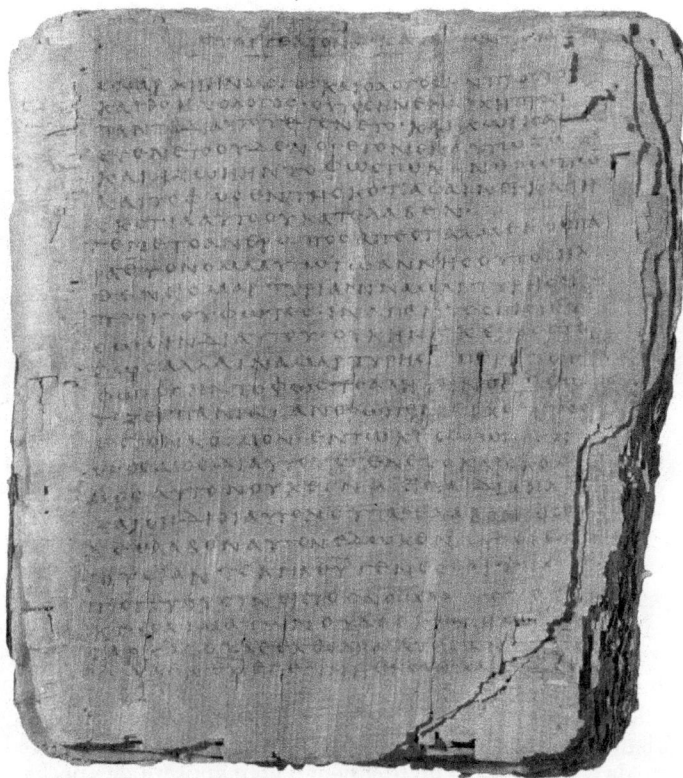

Fig. 13 – Papyrus Bodmer II (P 66) – Conservé à la *bibliothèque Bodmer de Cologny* (Genève), il fut publié en 1956 et suscita un grand émoi parmi les chercheurs, car il fut daté, par le professeur Herbert Hunger de Vienne, au plus tard au milieu du deuxième siècle; il contient une bonne partie de l'Évangile de Jean en 104 pages. Ce manuscrit s'accorde parfaitement avec les principaux manuscrits du quatrième siècle (*Codex Vaticanus, Sinaiticus, Alexandrinus...*). Il démontre ainsi une fidélité rigoureuse dans la transcription des copistes. Il n'y a aucune trace de manipulation, d'interpolation ou d'ajout! Grâce à des manuscrits très anciens comme celui-ci, nous sommes sûrs de lire aujourd'hui le même texte que celui écrit par les évangélistes.

Fig. 14 – Papyrus Rylands (P 52) – Conservé à *la bibliothèque J. Rylands* de Manchester, il s'agit peut-être du plus ancien manuscrit des Évangiles. Il date d'environ 125, selon la datation du professeur Colin H. Roberts, confirmée ultérieurement par des philologues. Il contient Jn 18, 31-33. De la taille d'une carte de crédit, il s'agit du fragment d'un manuscrit de «poche» trouvé avec un soldat en Égypte. L'Évangile de Jean doit donc dater d'au moins 90/100, car il fallut environ une génération pour passer d'Éphèse – où l'original fut écrit – à l'Égypte. Le papyrus contient 114 lettres grecques, en parfait accord avec tous les manuscrits ultérieurs.

Fig. 15 – Papyrus 7Q5 – Il s'agit d'un fragment conservé à la *bibliothèque Rockefeller* de Jérusalem et découvert dans la septième grotte de Qumran. Il ne contient que 11 lettres alphabétiques complètes et 8 autres partielles, disposées sur 5 lignes. Selon l'étude de José O'Callaghan, confirmée par des comparaisons informatiques avec toutes les combinaisons possibles dans la littérature grecque, il n'est compatible qu'avec Mc 6,52-53. Ce papyrus, comme tous les manuscrits de Qumran, ne peut pas être postérieur à 68 après J.-C., année où la communauté essénienne scella les textes dans les grottes, avant d'être massacrée par la légion romaine Fretensis. Le déchiffrement proposé par O'Callaghan a été contesté par d'autres chercheurs, qui ne connaissaient cependant pas encore les preuves informatiques ou qui les ont niées.

Fig. 16 – *Le copiste Eadwine,* MS R.17.1, Canterbury, vers 1150-60, Trinity College, Cambridge, Royaume Uni. Les copistes effectuaient un travail patient de copie avec un effort considérable. À ces milliers de «travailleurs» anonymes de l'Évangile, nous devons une immense gratitude.

SOMMAIRE

www.ingramcontent.com/pod-product-compliance
Lightning Source LLC
Chambersburg PA
CBHW022127080426
42734CB00006B/266